Human Buddha

인간석가

2
위대한 인연

들어가는 말

숙제를 마치며

김윤이 金尹伊

    붓다는 2500년 전의 인물임에도 지금도 곁에서 고마운 친구로 그리고 명확하고 친절한 스승으로 존재하고 있습니다.

    인간적인, 너무나 인간적인 붓다를 처음 만난 건, 사춘기 시절이었습니다. 책을 덮은 후 감동의 진한 여운이 가시질 않았습니다.

    붓다가 제시한 팔정도八正道의 길은 삶의 나침반이 되었습니다.

    말이나 글로 제게 영향을 끼친 좋은 친구와 스승들이 많지만, 누군가 제게 책을 추천해 달라고 하면, 저는 주저없이 <인간석가>를 추천하곤 했습니다. 하지만 절판이 된 책이라, '도서관에서 빌려서 읽으세요' 혹은 '중고서점에서 잘 하면 구할 수 있습니다.'라고 할 수밖에 없었습니다. 그리고 언젠가 이 책을 다시 출판해서 세상에 내놓아야겠다고 생각을 해왔습니다. 삶의 우여곡절을 겪으며 이제서야 숙제처럼 책의 개정판을 내놓게 되었습니다.

    이 책을 작업하는 동안, 다시 붓다와 깊은 대화를 나누며 마음이 밝아졌음을 느낍니다. 참으로 감사한 일입니다.

    붓다의 빛나는 말씀이 널리 퍼져 나가 사람들의 마음에 환한 등불이 켜지는 황홀한 상상을 하며 홀가분하게 숙제를 마칩니다.

진리를 선물하는 것이 (다른) 모든 선물의 공덕을 뛰어넘네.

진리를 맛보는 것이 (다른) 모든 맛보다 좋네.

진리에서 찾는 즐거움이 (다른) 모든 쾌락보다 낫네.

-법구경-

개정판이 나오는데 큰 힘이 되어 주셨습니다.

고 양 순 님 • 김 석 환 님 • 박 대 성 님

윤 상 현 님 • 이 옥 분 님 • 이 승 욱 님

황 정 미 님 • 익 명 님

진심으로 감사드립니다.

보시행을 보고 진심으로 기뻐할 줄 아는 사람들도 보시한 것과 같은 행위자라고 할 수 있으며 공덕을 입을 것입니다.

- <인간석가> 제 4장 연생의 제자들 §전도의 거점 中 -

목차 ☙

숙제를 마치며 2
참다운 인간의 모습 6
불자의 교전만이 아님을 확신 9

제 4 장 연생緣生의 제자들

§야사의 고뇌 13
§전도傳道의 길 27
§병을 고치다 38
§불을 예배하다 51
§우루벨라 캇사파의 귀의 63
§삼보三寶의 의의 75
§캇사파 형제의 귀의 82
§불佛·법法·승僧의 조건 100
§난입자亂入者 107
§사랑의 십자가十字架 117
§웨누와나(죽림정사竹林精舍)의 기증 124
§전도傳道의 거점 134

§귀성歸城의 권유 151
§기연機緣 168
§우파데사와 고리타 183
§우란분재盂蘭盆齋와 공양 199
§개명改名 216
§대부호의 아들 피팔리야나 231
§야나의 결혼 242
§정신뿐인 부부 259
§함께 출가한 부부 272
§사제師弟의 이별 289
§바바리의 제자 17인의 귀의 301
§샘솟는 붓다의 지혜 316

참다운 인간의 모습

고교신차高橋信次

　솔직하게 말해서 나는 소설같은 것은 거의 읽은 적이 없습니다. 하물며 그 구성, 줄거리의 전개, 인물의 묘사 등에 대해서는 아주 생소한 풋내기입니다. 창작이라는 것은 작가의 인생 경험이 기초가 되어 주제에 대한 면밀한 자료와 현지조사, 오랜 시간에 걸친 구상이 작품의 배경을 이룬다고 듣고 있습니다. 그런데 이 [인간석가]에 있어서는 그러한 과정이 전적으로 생략되었으며 오로지 영적인 시사와 손의 움직임에 따라 절로 쓰여진 것입니다. 이런 의미에서 믿음성이 없고 진실을 전달하지 못한다고 탓할지 모르겠습니다.

　그러나 불교나 성경을 공부한 사람들의 말을 들어보면 내 이야기를 통해서 지금까지 몰랐던 사실이 분명해졌으며, 불경의 의미를 잘 이해할 수 있게 되었다고 좋아하고 있습니다. 뿐만 아니라 지금 내 주위에는 마음의 문이 열려 전생윤회의 과정을 증명하는 분들이 많이 나타나서 이 책의 내용이 진실하다는 것을 충분히 뒷받침해 주고 있습니다. 그런 터무니없는 일이 어디 있느냐고 반문하는 분이 있을지 모르겠습니다만 화엄경십지품華嚴經十地品이나 신양성서 사도행전 제 2장에 그 제자들이 과거세의 말(방언)을 하는 영적 현상이 기록되어 있는데 그와 꼭같은 현상이 지금 내 주위에서 일어나고 있습니다.

그래서 나는 뜻을 굳히고 이 책을 쓴 것입니다. 지금까지 출판된 석가전은 석가와 그 제자들의 행적이 주된 내용이며 출가에서 깨달음에 이르는 과정에 대해서는 거의 언급이 없는 것 같습니다. 당연한 일일 것입니다. 불경은 석가가 직접 쓴 것이 아니라 석가가 인도에서 45년간 설법한 것을 나중에 제자들이 문자로 기록한 것이며, 다시 티벳(지금의 네팔)을 거쳐 중국에 건너가서 한문으로 옮겨진 것입니다. 2천 5백 년이나 지나는 동안 불교학자들의 지知와 의意가 가미되어 그 본래의 뜻이 흐려진 것은 당연한 사실입니다. 불교(정법)는 머리로 아는 것이 아니라 마음과 몸으로 깨닫는 것입니다. 석가의 깨달음과 참된 정법은 무엇이었던가, 그 알맹이는 긴 세월 동안 안개 속으로 사라진 느낌입니다.

가령 불교 용어에 제법무아諸法無我라는 말이 있습니다. '만유萬有의 제법諸法은 인연생기因緣生起의 것이며 자아인 실체가 없음을 말함으로써 집아執我의 잘못을 저지르고 있는데, 이것을 가리켜 무아無我의 설說로 삼고 있다'는 것이 지금까지의 해석입니다. 의미가 아리송합니다. 나의 해석은 법이란 바로 질서입니다. 대자연은 그 질서에 따라 움직이고 있습니다. 따라서 질서에 자의恣意가 있어서는 안 됩니다. 그렇다고 해서 질서에는 그 밑바닥에 아무 것도 없다거나 의지가 없다는 것은 아닙니다. 질서에는 반드시 의지가 있습니다. 그 의지란 우右에도 좌左에도 치우치지 않는 중도의 마음인 것입니다. 하루에는 낮이 있고 밤이 있으며 결코 한쪽으로 치우치지 않습니다. 공기가 물이 줄었다 불었다 하겠습니까. 수만

년 수억년 옛날이나 지금이나 변함이 없습니다. 무아는 중도의 마음을 가리키고 있습니다. 따라서 모든 법은 무아라는 중도를 축으로 움직이고 있으며, 일체의 생멸(실은 생멸하지 않는 것이지만…)은 중도에 의지하고 있는 것입니다.

인간의 생활도 이러한 자연이 가르치는 중도의 정신을 살려 나간다면 조화와 질서 있는 생활이 이루어질 것입니다.

이와 같이 불교 용어 한 가지만 예를 들어도 먼 인도 시대와 지금 사이에는 상당한 거리가 있는 것 같습니다. 물론 석가가 그러한 설법을 했는가 아닌가에 대해서는 지구라는 대자연의 환경 속에서 생활하고 있는 인간 그 자체를 깊이 살펴본다면 대개 짐작이 갈 것입니다.

아무튼 이러한 의미에서 기존의 석가전과는 상당히 내용이 다르며 특히 출가와 성도의 부분은 될 수 있는 대로 상세하게 기술하였습니다. 지금까지 자칫 석가는 인간이 아니라 신의 화신처럼 전해져 우상화된 경향이 있습니다만 인간의 고뇌 없이 어찌 인간이 깨달을 수 있겠습니까. 석가도 한 사람의 인간이었습니다. 그리고 그러한 가운데에서 참다운 인간의 모습을 발견하였으며 붓다가 된 것입니다.

이 글을 통해서 [인간석가]의 전모를 이해하고 그 정신을 생활에 실려 나간다면 필자의 기쁨 더할 나위 없겠습니다.

불자의 교전만이 아님을 확신

윤안輪岸 김해석金海錫

이 [인간석가]는 여느 석가전과는 특이하게 다른 데가 두 가지 있다.

그 첫째가 깨달음의 과정과 내용이 아주 극명하게 묘사되었다는 점이다. 깨달음의 경지는 깨달은 자만이 설명하고 표현할 수 있는 일이다. 저자 고교신차의 깨달음이 붓다의 경지의 것이었는지는 일단은 독자들의 판단에 맡길 수밖에 없다. 하지만 그의 일련의 저서 [마음의 발견] [마음의 원점] [원설·반야심경] 등을 아울러 읽어보면 이에 대한 해답은 자명해질 것으로 안다. 그의 저서며 강연 등이 모두 체험적 대각에서 얻어진 지혜의 용현湧現이었던 것인 만큼 그의 설법은 우리의 일상생활에 실감있게 전달되고 있다.

그 둘째는 석가전에 난데없이 그리스도와 모세가 붓다의 수호령·지도령으로 등장하고 있는 점이 특이하다. 석가보다 500여년이나 후의 인물인 그리스도가 붓다의 수호령으로 등장한다는 사실은 일반적인 사고방식(물질계의 3차원적 사고방식)으로써는 도저히 납득이 가지 않는 대목이다. 하지만 영계(공계空界)는 시간과 공간을 초월한 불생불사의 세계이고 지상의 육체적 형제와는 달리

비슷한 수준의 영혼들끼리 그룹을 짓고 생활하고 있는 실재계의 실상을 이해한다면 그 궁금증은 쉽게 풀릴 것이라고 여겨진다.

석가, 모세, 그리스도는 영혼의 형제들로서 이 태양계의 아가샤 영단(지구인류를 말함. 우주공간의 다른 천체에도 인류가 살고 있음)을 이끌어가고 있는 대지도령들이다. 그래서 이들이 필요에 따라 이 지구상에 윤번으로 내려와 말법시대를 다스리게 되어 있는데 그 때마다 서로가 서로의 수호·지도령의 역할을 담당하게 된다.

고교신차는 생전의 강연장에는 의례건 영적 현상이 무수히 일어났다. 이스라엘의 그리스도 시대, 인도의 고타마 시대의 장면들이 비일비재하게 재현되었다. 마음의 문을 연 연생의 사람들이 과거세의 말로써 재회의 감격과 당시의 상황들을 소상하게 들려주고 있다.

이 책에 나오는 인명, 지명 등의 고유명사가 오늘날 불가에서 쓰고 있는 것과는 상당히 다른 것도 있지만 가급적 원본 그대로 살려 적은 이유는 전기한 영적 현상에서 받은 인상이 너무나 고압적이고 신약성서 사도행전 2장과 흡사한 장면들이 너무나 감동적으로 신빙성 있게 재현되었기 때문이다.

[마음의 발견]을 처음 읽었을 때와 마찬가지로 이 [인간석가]를 옮기면서도 몇 군데 대목에서 나는 절로 눈물이 쏟아지는 감동에 몸을 떨어야 했다.

[인간석가]는 불자만의 교전이 아님을 확신한다. 이 책을 계기로 하여 기독교, 불교, 무교를 막론하고 만교가 귀일하는 그 일점에 진리는 오직 하나로 있을 뿐이라는 실상에 눈 뜨고 나아가 일상생

활이 진리의 나타남인 자연의 중도를 척도로 삼고 성공적인 삶이 되기를 기대해 마지 않는다.

끝으로 이 책의 출판을 가능하게 해준 법우인 재일교포 김정자 金貞子(우산가자友山佳子) 여사의 법보시에 깊은 감사를 드린다.

제 4 장

연생緣生의 제자들

§야사의 고뇌

붓다가 미가다야에 와서 세 번째의 보름달을 맞이했다. 크고 둥근 밤하늘의 만월은 마치 그림처럼 아름답다. 두 손을 벌리면 성큼 다가와 품에 안길 것처럼 친근하게 느껴졌다.

눈부시게 빛나는 낮의 태양이 지상의 모든 생물에게 생명과 힘을 주는데 비해서 휘영청 밝은 밤하늘의 달은 생명의 신비를 암시하며 망향의 감상에 젖게 한다.

둥그런 보름달을 보고 있으니 생명의 신비가 피부에 와 닿고 하염없는 감상을 유발한다. 감상에 취하여 그 늪에 빠지면 인간은 허무감에 사로잡히지만 한편 감상도 낭만도 없는 돌덩이 같은 마음은 신리神理와 출가의 연분과는 아예 거리가 먼 것이라고 하지 않을 수 없다. 밤하늘에 뜬 보름달은 인간의 마음을 그대로 공중에 띄워 놓은 것 같다. 붓다는 시간 가는 줄도 모르고 어느새 만월과 일체가 되어 있었다.

날이 샜다. 강가의 강둑은 새벽의 안개에 싸였다. 발길에 밟히는 풀잎은 붓다의 발을 촉촉하게 적셨다. 우루벨라 숲에서 습관적으로 하던 아침 산책을 오늘도 즐기고 있었다.

붓다의 산책은 자연과의 대화였다. 인간의 길을 초목 가운데에서 사색하고, 마음을 씻어내는 데는 다시 없는 좋은 시간이었다. 아침은 하루의 출발점이기도 하고 하루의 계획을 세우는 중요한 시간이기도 하다.

오늘 아침은 유달리 안개가 깊었다. 수면에 비치던 아름다운 강둑은 녹음도 그 자취를 감추고 안개 속에서 허우적거리고 있었다. 인간의 선한 마음이 부조화한 안개에 가려 제 모습을 찾아볼 수 없는 것과 닮았다. 짙은 안개 때문에 몇 발자국 앞밖에 볼 수 없었다.

붓다는 강둑을 걷고 있었다. 그리고 전방에 인기척을 느꼈다. 누군가가 조그맣게 웅크리고 수면을 응시하고 있었다. 안개가 짙어 잘 분간할 수 없었으나 가까이 다가가 보니 젊은 청년이었다. 입고 있는 의복으로 미루어보니 부호의 아들임이 분명하다.

청년은 고민에 빠져 있었다. 그리고 그 고민의 늪에서 헤어나려고 몸부림치고 있었다. 붓다는 청년의 고민이 무엇이며 지금부터 벌어질 사태를 알아차렸다. 신발이 그의 옆에 가지런히 놓여 있고 흰 옷자락은 흙과 이슬로 얼룩졌다. 두 손으로 머리를 감싸고 넋을 잃고 있었다. 붓다는 청년 뒤에서 조용히 말을 건넸다.

"젊은이, 정신 차리고 내 말을 들어요.
고통에서 도망치기 위해서 죽어서는 안 돼요. 죽어도 고통에서 벗어날 수는 없어요. 우선 그 고통에서 해방된 다음에 죽는 것이 좋소. 그 방법을 가르쳐 주리다."

청년은 붓다 쪽으로 고개를 돌렸다. 얼굴이 갸름하고 창백하다. 말없이 붓다를 쳐다보던 그 청년은 갑자기 일어서더니 후다닥 옷깃을 여미고 맨발인 채로 무릎을 꿇었다.

"브라흐만님, 저는 괴롭습니다.
괴롭고 괴로워서 어찌할 바를 모르겠습니다.
저를 살려 주십시오."

밤새도록 강둑을 헤맸을 성싶었다. 그의 얼굴에는 고통의 그림자가 깊게 깔려 있었다. 고생이란 모르고 호강스레 자란 양가집 아들임이 얼굴과 옷차림에서 금방 드러났다. 그의 눈에는 눈물이 빛나고 있었다. 붓다를 보고 브라흐만이라고 부르며 매달렸다. 그는 밤새도록 괴로워하며 죽음을 결심하고 있었다. 그 결심이 이승의 집착을 순간적으로 떨쳐버렸는지 모른다. 그래서 그의 눈에는 붓다가 저승의 브라흐만으로 보였던 것이다.

붓다는 발밑에 엎드려 떨고 있는 청년의 등을 어루만지며,

"나는 브라흐만이 아니요. 나는 붓다라오.
그대가 괴로워하고 있는 모습을 보고 그 고민을 풀어주고 싶소. 그대는 양가의 자식으로서 무엇 하나 불편한 것 없이 편안하게 살아왔소. 그런데 마음을 밖으로 돌려놓고서는 아무리 고뇌에서 벗어나려고 발버둥쳐야 소용없는 짓이오. 고뇌에서 해방되기 위해서는 우선 그 원인부터 제거해야 하오."

하고 말했다. 붓다의 말은 청년의 마음에 깊이 파고들었다. 볼을 타고 흐르는 눈물을 닦을 생각도 하지 않고 붓다의 얼굴을 쳐다보면서 애원했다.

"저는 바라나시 교외에 사는 장자의 외동아들 야사라고 합니다. 아버지는 우파시카 어머니는 우파사카라고 합니다. 무엇 하나 불편한 것 없이 유복하게 살아 왔습니다.
그런데 저는 사랑하던 한 여성에게 배신당하여 이렇게 괴

롭습니다. 그 여성은 우리 관에 출입하는 무희舞姬입니다. 그 무희舞姬와 장래를 약속한 사이인데 어제 저녁 춤이 끝난 다음, 보아서는 안 될 장면을 목격하고 말았습니다.
 그녀는 같은 악단의 악사와 뒹굴고 있었습니다. 나는 순간 설마하고 의심했습니다만 틀림없는 그녀였습니다.
 저의 사랑하는 무희舞姬였습니다. 저는 낭떠러지에서 떨어진 기분이었습니다. 허무와 절망으로 집을 뛰쳐나와 강가의 물속에 뛰어들려고 하던 참이었습니다.
 하느님께 빌고 있을 때 붓다의 목소리가 들렸던 것입니다. 틀림없는 브라흐만의 목소리라고 생각했습니다. 붓다님의 목소리는 자비로 넘치며 흔들리는 제 마음을 바로잡아 주고 있습니다. 아무쪼록 저의 이 고통을 벗겨주십시오.
 어떻게 해야 이 고통에서 벗어날 수 있을까요."

어린아이가 어머니에게 매달리듯 애원하였다.

 "야사여. 사랑하는 마음은 귀한 것이오.
 하지만 맹목적인 사랑은 올바른 판단을 잃고 말지요.
 이룰 수 없는 욕망 때문에 인간은 자칫 자신을 잃고 고통을 만든다네.
 그대는 보아서는 안 될 무희舞姬의 장면을 목격하고 마음속에 독을 만들며 괴로워하고 있소.
 인간의 마음은 항상 변화해 마지않는 변덕꾸러기지.
 마음을 밖으로 돌려 욕망의 진흙구덩이에 자신을 두기 때문이오. 아름다운 것을 보고 동경하는 것은 죄가 없지만 만족할 줄 모르고 욕심껏 그것을 독점하려는 데 고통의 함정이 숨어 있소. 마음을 상실한 자들은 한때의 쾌락에 몸을 맡기고 고통에서 도피하는 자도 있지만 실상인즉 더 많은 고통의 씨앗을 뿌리고 있다네.

그대는 무희舞姬를 알기 이전의 마음으로 돌아가야 하오. 그 때의 마음에는 고통도 슬픔도 없었고 평화스러운 마음 뿐이었지 않은가?

아무리 아름다운 꽃이라도 언젠가는 시들어빠져 볼품없이 되듯 인간도 늙으면 허리는 굽고 얼굴은 주름투성이가 되며 초라한 몰골이 되고 만다오.

눈에 비치는 일체의 현상은 무상한 것이오.

내가 설하는 정도를 실천하면 인생의 고통에서 벗어나 영원한 기쁨을 누릴 수 있네. 인간의 눈으로 포착한 것, 귀로 들은 것, 몸으로 느낀 것은 모두가 다 무상한 것이오. 오관五官으로 수용한 현상을 보고 그 뒤에 숨은 실상을 이해하여 보다 풍부한 자신을 만드는 교재로 삼아야 하네. 오관五官은 절대적인 것이 못 된다는 것을 알아야 하지. 육체는 영원한 것이 아니오. 육체를 지배하고 있는 마음이야말로 영원한 자신이라는 점을 깊이 명심하오. 객관적으로 본 육체의 눈을 절대라고 믿어서는 안 되오.

설사 그 무희舞姬가 아무리 아름답다 해도 육안으로 본 것이라면 언젠가는 이 세상에서 사라질 것이오. 또한 아무리 소중한 물건이라도 죽은 뒤에 저 세상에 가져갈 수는 없잖소. 가져갈 수 있는 것은 이승에서 경험한 일체의 마음의 기록 뿐이라는 사실을 깨달아야 하오.
 둥글고 풍부하며 평화스럽고 변하지 않는 부동심의 자신을 완성하시오."

"붓다…. 알았습니다. 눈이 뜨였습니다. 저는 지금까지의 어리석은 잘못을 붓다님의 말씀으로 확실히 깨달았습니다. 소원입니다. 저를 제자로 거두어 주십시오. 저도 영원한 평안을 얻고 싶습니다."

야사는 붓다의 자비에 넘치는 신리神理에 눈떴다. 미망과 고뇌로 흐렸던 야사의 눈은 비로소 광채를 되찾았다. 괴로움의 눈물이 환희의 눈물로 바뀌었다.

짙은 안개는 아침 햇살에 서서히 밀려가고 있었다. 야사의 마음을 보고 있는 듯하였다. 안개는 기류를 타고 강물 위를 흘러간다. 언덕에서 물 속을 들여다보니 물고기들이 놀고 있다. 이리저리 기세 좋게 헤엄쳐 다니고 있다.

붓다는 야사의 손을 잡고 움막으로 돌아왔다. 움막에는 다섯 아라한들이 아침 명상에 잠겨 있었다.

"코스타니야, 한 청년을 소개하겠다. 바라나시의 교외에 사는 야사라는 청년이다. 좋은 친구가 되어 주어라."

그들은 붓다의 갑작스러운 소개를 받고 한동안 머뭇거리다가 이내,

"예, 잘 알았습니다."

하고 한목소리로 대답했다.

"저는 야사라고 합니다.
앞으로 잘 지도해 주시기 바랍니다."

조금 전의 야사와는 생판 달라졌다. 새로 태어난 것처럼 똑똑한 목소리로 인사를 건네는 것이었다. 마가다의 말과는 달리 바라나시의 말은 매우 세련된 부드러운 말이었다. 야사는 몸짓도 부드럽고 다섯 사람들과는 대조적이었다.

이렇게 해서 여섯 번째의 제자 야사가 탄생했다.

붓다를 위시해서 여섯 제자들은 유행遊行에 대해서 이야기를 나누고 있었다. 그 때 움막 밖에서 시끌벅적한 말소리가 들려왔다.

붓다는 여섯을 안에 두고 인기척을 좇아 밖으로 나왔다. 마을 사람들이 강둑에 흩어져 야사를 찾고 있었다. 한 사람의 베이샤商人(상인) 같아 보이는 사나이가 붓다 앞으로 다가와,

"이 근처에 혹 젊은 청년을 보지 못했습니까?
사로몬님, 보았다면 알려 주십시오."

하는 것이었다.

"그 청년이란 어떤 청년입니까."

하고 붓다가 물으니,

"저희들의 주인인 우파시카의 귀중한 외동아들입니다.

그의 부모님과 저희들은 간밤 내내 잠도 자지 않고 찾고
있는 중입니다."

하는 대답이 돌아왔다. 사나이의 눈은 충혈되어 있었다. 밤새도록 청년을 수색하는데 지친 모습이었다. 붓다는 잠시 무엇을 생각했는지,

"나의 제자들에게도 한 번 물어볼 테니 기다리시오."

하고 움막으로 돌아와,

"야사, 그대의 가족들이 그대를 찾아왔는데 어떻게 하겠는가. 그대는 순순히 집으로 돌아가야 하네."

하고 야사를 재촉했다.

"저는 일단 죽은 몸입니다.
죽은 목숨을 구해 준 분은 붓다입니다.
저는 새로 태어난 것입니다. 여기 있게 해 주십시오."

붓다와 다섯 아라한에게 합장한 채 바위처럼 꼼짝하지 않고 일어날 생각을 않는다.

붓다는 잠깐 생각에 잠기더니 야사를 움막 한쪽에 숨겨둔 채 다섯 아라한을 데리고 그들이 있는 강둑으로 돌아왔다.

"제자들도 그런 청년은 보지를 못했다고 말하는데…"

"아! 이것 큰일났습니다. 저 아래쪽 강둑에 도련님의 신발을 발견한 사람이 있었습니다. 아무래도 물 속에 들어간 것 같습니다. 젊은 마을 사람들이 아래쪽으로 내려갔습니다. 이런 불쌍한 일이 어디 있습니까."

눈물을 흘리면서 마치 자기의 자식을 잃은 듯이 슬퍼하는 것이었다. 붓다는 속으로 당황했지만 한 사람의 청년을 구제하려면 우선 이렇게 하는 길밖에 없다고 생각하여 입을 다물고 있었다. 다섯 아라한들도 같은 생각이었다.

"소란을 피워 미안합니다."

마을 사람들은 짤막한 인사를 남기고 강 아래쪽으로 사라져 갔다.

붓다는 앞으로의 야사의 신변에 대해서 생각했다. 언젠가는 야사의 부모에게 털어놓고 이해를 구하지 않으면 안 된다. 중요한 것은 본인의 의지에 달렸지만 대지주의, 그것도 하나밖에 없는 외동아들인 만큼 출가는 부모에게 크나큰 충격이 될 것이 틀림없다.

움막 구석에 숨어 있던 야사는 붓다의 얼굴을 보자,

"붓다, 저는 집에는 돌아가지 않습니다.
이 후의 문제는 제가 처리할 테니 제발 제자로 남게 해주십시오. 두 번 다시 같은 고민에 빠지고 싶지 않습니다."

하고 자신의 신념을 굽히려 들지 않았다. 붓다는 야사의 집안

사정을 고려해서 일단은 집에 돌아가서 가족을 안심시키도록 설득해 보았다. 하지만 야사는 완강하게 초지를 굽히지 않았다.

그 날 오후의 일이었다. 야사의 부모는 마을 사람들의 안내를 받고 신발이 놓였던 장소에 와서 서럽게 울음을 터뜨렸다. 마을 사람들도 다 울었다. 누구나 가슴 속에 인생의 허무함을 느꼈다. 어제까지 그토록 건장하던 젊은 목숨이 지금은 모습을 감추고 영원한 이별을 고하고 말았다. 야사의 육체는 강물 속에 삼켜져 무한으로 흐르는 물이 되고 말았다. 우파시카, 우파사카 그리고 마을 사람들은 이젠 다만 영원한 잠 속에 숨어버린 야사의 명복을 빌 따름이었다.

붓다는 멀리서 이 광경을 보고 있었다. 그리고 그들에게 자비의 빛을 던져주었다.

바로 그 때였다. 낡은 사로몬의 옷을 입은 젊은이 한 사람이 우파시카와 우파사카가 있는 곳으로 성큼성큼 다가갔다. 방금 삭발한 머리는 파랗다. 이 젊은이가 어제까지의 야사라고는 아무도 알지 못했다. 야사는 가까이 가서, 조용히 무릎을 꿇고 앉아 강을 보고 합장하고 있는 양친의 등 뒤에서,

"아버지, 어머니, 야사는 이렇게 건강하게 살아 있습니다.
걱정은 필요없습니다. 저는 이제 다시 태어났습니다.
그래서 이렇게 수행자의 한 사람이 된 것입니다.
밤새 걱정을 끼쳐드려서 면목이 없습니다."

그리고 마을 사람들에게는,

"여러분에게 소란을 피워드려서 대단히 죄송합니다."

하고 깊이 고개를 숙였다. 우파사카는 아들의 얼굴을 보자마자,

"야사야, 아… 야사야, 네가 그렇게까지 괴로운 줄은 몰랐구나. 이 어미에게 다 이야기해 보려무나, 무엇이든지 소원은 다 들어줄 테니까, 자 어서 이야기해요.
솔직하게 다 털어놔요."

야사의 손을 꼭 붙들고 기쁜지 슬픈지 그녀는 제정신이 아니었다. 아버지 우파시카는 야사의 건강한 모습을 확인하고 나자 조금 전까지의 침통하던 얼굴이 환하게 밝아지고 웃음이 피어났다. 그리고 아들의 출가는 일시적인 감상일 것이라고 여기고 야사를 구석구석 훑어보는 것이었다.

"아버지, 오랫동안 고생만 시켜드려서 죄송합니다.
오늘까지 저를 이토록 키워주신 은혜 절대로 잊지 않겠습니다. 진심으로 감사드립니다.
지금부터는 오늘 아침 저를 죽음에서 구해주신 영혼의 아버지, 코살라 국 카필라 성의 왕자, 고타마 붓다님의 제자로서, 일생을 바쳐 불쌍한 사람들을 제도하면서 살아갈 작정입니다. 부디 저를 용서하고 허락해 주시기 바랍니다."

야사의 입에서 이런 말이 쏟아져 나오자 아버지 우파시카의 얼굴은 갑자기 굳어졌다.

"너 그것 본심에서 하는 말이냐. 너는 내 대를 이을 몸이 아니냐. 그것은 허락할 수 없다.
자 집으로 돌아가자. 함께 돌아가야 돼."

우파시카의 얼굴은 파랗게 떨고 있었다.

"누가 뭐라 해도 저는 집에 돌아가지 않습니다.
붓다의 제자가 된 것입니다. 출가한 것입니다."

야사는 아버지의 말에 조금도 굴하지 않았다. 부드러운 얼굴 모습과는 걸맞지 않게 꿋꿋한 그의 신념 앞에 양친은 아연실색했다. 어버이와 자식간에 잠시 동안 침묵이 흘렀다. 어머니 우파사카는 치밀어오르는 슬픔을 가눌 길 없어 두 손으로 입을 막으며 어찌할 바를 몰랐다.

"너의 각오가 그렇게까지 단단하다면 할 수 없다.
그렇다면 붓다라는 분에게 이 아버지를 안내하여라.
한번 만나봐야겠구나."

야사의 성격을 아버지 우파시카는 잘 알고 있었다. 더 이상 야사를 설득해 보아야 소용없다는 것을 알고, 이렇게까지 아들의 결심을 굳히게 한 붓다라는 분이 도대체 어떤 인물인지 직접 한번 만나보고 싶어졌다. 야사는 일어서서 붓다가 있는 움막으로 부모를 안내했다.

붓다의 움막은 초라하기 그지없었다. 우로를 피할 정도의 간단한 것이어서 야사가 심복할 만한 인물이 거처하기에는 어울리지 않는 것이라고 우파시카는 생각했다. 하지만 야사를 이렇게까지 귀의시킨 붓다라는 분은 틀림없이 위대한 인물일 것이라는 생각도 들었다. 움막 안은 대여섯 명이 앉을 수 있을 정도로 협소했으며 멍석 위에 붓다가 앉아 있었다.

　야사의 소개로 야사의 부모는 예의를 갖추고 붓다에게 정중하게 인사를 올렸다. 붓다는 이미 부모의 마음을 환히 내다보고 있었으며 우파시카가 질문을 하기 전에 사물의 인연, 부모와 자식간의 관계, 마음과 육체의 문제, 인생의 목적과 사명에 대해서 차례차례로 설법해 나갔다. 그리고 인간이 해탈하기 위해서는 팔정도八正道의 실천 이외에는 다른 방법이 없다는 것도 설명해 주었다.

　움막 안은 어두워졌다. 붓다의 설법은 시간 가는 줄 모르게 계속되었으며 태양은 어느새 서쪽 하늘에 기울고 있었다.

　우파시카와 우파사카는 붓다의 설법에 마음으로 큰 감명을 받았다. 그리고 야사가 귀의하게 된 도리를 이해하였다. 부모는 재가在家의 몸으로 귀의하기로 하였다. 아들의 출가를 흔쾌히 승낙하고 붓다에게 아들의 장래를 간곡하게 부탁하였다.

　이렇게 해서 야사의 양친은 재가신도 제1호의 불제자가 되어 팔정도八正道를 정진하게 되었다. 우파시카와 우파사카는 이를 계기로 붓다의 정법 유포에 측면에서 경제적 지원을 해나가게 된다.

　양친은 아들 야사를 붓다에게 맡기고 일단은 귀가하지만 어머니 우파사카는 매일 움막을 방문했다. 그리고 방문할 때마다 식량을 가져왔다. 며칠 동안 이런 일이 계속되자 남편 우파시카로부터 야사의 수행에 방해가 되어서는 안 된다는 주의를 받는다.

우파시카도 내심은 매일 움막을 찾아가서 붓다의 설법도 듣고 아들의 건강한 모습도 보고 싶었지만 꾹 참고 견디었다.

야사는 그전에도 베다나 우파니샤드 등을 배워 그 의미를 잘 소화하고 있었다.

그래서 붓다가 설하는 내용을 이해하는 속도가 빨라 붓다도 흡족하게 여기고 있었다.

야사는 출가한 지 열흘 만에 아라한의 경지에 이르렀다.

스스로의 생활을 바로잡고 집착에서 떠난 야사의 마음은 아름다웠으며 마음의 문을 여는 기회가 의외로 빨리 왔다.

자신의 사명과 자각에 눈뜬 야사의 마음은 다른 다섯 명에 결코 뒤지지 않는 훌륭한 사로몬을 만들었다.

§전도傳道의 길

야사는 이미 다섯 아라한들과 십년지기十年知己처럼 친해져 있었다. 붓다는 여섯 아라한들과 앞으로의 전도傳道활동에 대해서 의논했다.

"나는 가까운 시일 안에 마가다 국의 라자그리하로 떠난다. 야사는 바라나시에서 붓다스트라(깨달음에의 길)를 펴 제자들을 모으도록 하여라. 코스타니야 등은 유행遊行을 하면서 나의 가르침을 설법해야 하므로 이 우기雨期에 더욱 자신의 마음을 닦아 붓다스트라를 확고하게 마음속에 명기하여 힘을 길러야 한다."

"예, 알겠습니다."

코스타니야가 일동을 대표해서 대답했다. 야사는 마을 친구들에게 인생의 무상과 영원한 평안을 얻을 수 있는 정도를 설법하면서 라자그리하까지 가겠다고 붓다에게 약속하였다.

우기雨期도 그 고비를 넘겼고 포교 유행遊行의 시기가 되었다.

이 무렵에 붓다에게 귀의한 자는 거의 80명에 이르고 있었다. 야사의 사건 이후 사람들이 붓다를 보는 시각이 달라진 데에도 그 원인이 있었지만 동시에 정법 포교에 대한 붓다 자신의 적극적인 자세가 더 교세 확장의 불씨가 됐던 것이다.

드디어 교화활동의 출발이 다가왔다. 여섯 명의 아라한들은 붓다의 지시대로 각기 제자들을 이끌고 미가다야의 땅을 뒤로 했다.

교화활동을 하면 당연히 귀의자는 불어난다. 정법은 자신에겐 엄격하고 남에겐 관용한 것이 특징이며 이 점 붓다 자신이 늘 제자들에게 행동으로 가르치고 있었다.

관용한 마음은 본디 사랑의 마음이며 사람을 따뜻하게 감싸고 용서하는 하늘처럼 넓은 마음이기도 했다. 그런 만큼 사람에 따라서는 그것을 기회로 붓다의 귀의자답지 않는 짓을 벌이기도 했다.

붓다는 제자로 입문하는 조건으로 여러 가지 방법을 강구했다. 이를테면 입문 희망자가 와도 적어도 한 달 동안은 입문을 허락하지 않기로 하였다. 마음이 진실로 굳기 전에는 입문을 허용하지 않았다. 또 마음뿐이며, 마음과 육체의 밸런스가 결여된 자도 제자로서는 부적격이다. 붓다의 제자가 될 수 있는 적격자는 말법의 세상을 구제하겠다는 큰 자각과 의무와 책임감에 불타는 자라야 한다. 한동안은 그런 결심이 선 자라도 연약한 자는 붓다의 제자로서는 견디기 힘들다. 용기 있는 자라야 한다. 게으르지 않고 늘 노력하는 자라야 한다. 자제自制와 관용의 소유자라야 한다.

여러 모로 생각한 끝에 우선 최저 7일 동안 산중에서 자신의 지나간 인생을 반성하고 마음이 맑고 풍부해진 자만을 입문시키기로 했다. 즉 반성으로 후광aura이 환하게 나타나는 자에 한해서 입문시키기로 했다. 그래서,

붓다에 귀의하는가.
담마에 귀의하는가.
승단에 귀의하는가.

라는 세 가지 서약을 받고 입문시키는 것이 이상적인 방법이라

고 결정했다.

세 가지 서약을 요약하면 불佛·법法·승僧으로서 부끄럽지 않는 자기 자신을 확립하는 데 있다. 즉, 붓다와 그 법을 믿고 붓다의 제자로서 부끄럽지 않는 생활을 하겠다고 맹세하는 것이다.

이 조건에 차지 않은 자는 입문을 허락하지 않는다.

예수는 오는 자는 거절하지 않았으며, 믿는 자, 따라오는 자는 누구나 차별없이 받아들였다. 그 대신 입문한 자에 대한 교육은 준엄했다. 제자들이 탄 배가 폭풍우를 만나 당장에 배가 난파될 지경에 이르렀을 때 제자들은 예수에 대한 신심이 흔들렸다. 그러면 예수가 기슭에 나타나 '너희들의 신앙은 가짜였던가'라고 훈계했다. 제자들은 예수의 계획을 깨닫고 신앙심이 얕은 자신의 연약한 마음을 부끄러워하게 된다. 그런가 하면 때로는 제자들의 마음을 지적하여 '너는 지금 이런 것을 생각하고 있는데 어째서인가' 하고 엄하게 추궁하기도 했다.

붓다의 방법은 이와는 대조적이었다. 입문할 때가 엄격했다. 그러나 일단 입문한 뒤에는 제자들의 마음의 움직임을 일일이 지적하거나 엄하게 다스리는 짓은 별로 하지 않았다. 엔간한 일은 본인에게 맡겨 본인 스스로 깨달아 할 수 있도록 내버려 두었다. 법을 아는 것은 본인의 책임이며 본인의 노력에 달렸다고 가르쳐 놓았기 때문이다.

불佛·법法·승僧의 세 가지 서약을 붓다는 라자그리하에 도착하는 즉시 제자들에게 지시할 복안이었다. 따라서 그 때까진 아직 80명 제자들의 서약은 받지 않고 있었다. 앞으로 교화활동을 적극적으로 전개하여, 설법할 기회가 많아질수록 귀의자는 급격히 늘어날 것이며 명예로운 교단을 만들기 위해서는 이 정도의 서약은 필수적인 조건이기도 했다.

라자그리하로 간 목적은 우루벨라 캇사파의 배화교拜火敎를 교화시키는 일이었다. 물론 이것은 붓다 혼자의 가슴 속에 숨겨둔 목적이었다.

붓다의 일행은 바라나시에서 잠시 설법을 한 뒤 많은 젊은 이들과 함께 강가 강의 둑을 따라 동쪽으로 내려갔다.

우기雨期가 지난 뒤라 녹음은 대지를 덮고 태양빛도 따가웠다. 이럴 때 만일 대지가 건조하여 가뭄이 타면 유행遊行은 견디기 힘들 터였지만 우기가 지난 뒤라 대지는 촉촉하게 젖었고 공기도 맑아 한낮의 햇빛도 그다지 고통스러울 정도는 아니었다.

사로몬의 일단이 대열을 지어 행진하는 모습은 역시 장관이었다. 길 가는 사람들은 저마다 걸음을 멈추고 일행이 지나가는 것을 흥미있게 바라보았다.

바라나시는 상공업의 중심지인 동시에 바라문 계급이 많이 사는 도시였다. 마하바라문은 많은 제자들을 거느리고 수행이다, 제사다 하면서 매일 분주한 나날을 보내고 있었다.

야사는 마하바라문인 바바리를 잘 알고 있었다. 바바리 역시 야사의 집을 방문한 적이 있었으며 고타마 붓다에 대해서는 이미 야사의 아버지 우파시카로부터 들어 알고 있었다. 야사는 그런 줄도 모르고 마하바라문인 바바리의 집을 방문하여 붓다의 가르침을 설법하였다. 그 결과 수년 후에 붓다가 마가다 국의 그리드락터에 체류할 때 바바리의 제자들이 붓다스트라佛敎를 배우기 위해서 유학하는 기회를 맞게 된다.

붓다의 일행은 야사를 선발대로 삼고 바라나시의 교외에서 산길을 택해서 행군했다. 한낮의 더위를 피할 수도 있을 뿐만 아니라 파다리가마에 이르는 지름길이기도 했다.

도중에 참선을 하기 위해서 나무 그늘을 찾아 휴식을 취했다.

붓다가 명상에 잠겨 있는데 젊은 마을 사람들이 큰 소리를 지르면서 누군가를 찾는 모양이었다. 그 중 한 사람이 명상중인 붓다에게 이렇게 묻는 것이었다.

"사로몬, 이 근처에 한 유녀가 오지 않았던가요. 틀림없이 이쪽으로 왔는데… 보았으면 가리켜 주십시오."

붓다는 눈을 감은 채,

"그대들은 한 여자를 추적하여 무슨 기쁨이 있는가.
그대들의 마음속을 나는 훤히 알고 있소. 그대들은 바라나시에서 한 유녀를 데리고 이 산중에 놀러 나왔습니다.
평소에 함께 놀던 유녀와는 달리 그녀는 물건을 훔쳐 도망쳤군요. 그런 가엾고 형편없는 여자를 찾아낸들 무슨 위안이 될 것이며 그대들의 마음이 편안해지겠는가 잘 생각해 보세요."

하고 훈계했다.

사나이들은 붓다로부터 하나하나 사실을 정확하게 지적당하자 처음 태도와는 달라졌다. 붓다 앞에 무릎을 꿇고 엎드렸다. 자신의 마음을 들여다보고 하나하나 지적당하고서는 견딜 재간이 없다. 모르는 것이 당연한데 알아버리니 견딜 수 없다.

  사람이란 대개 좋은 면은 보이고 싶고 부끄러운 면은 숨긴다. 자기의 입장만을 생각하기 십상이며 자신의 생각과 행위를 거짓 없이 털어놓을 수 있는 사람은 한 사람도 없다.

  그들 젊은 사나이들은 바라문 교전을 공부하고 있었다. 슈바라가 되면 상대방의 생각, 행동, 과거 등을 모두 꿰뚫어보는 능력을 갖추게 된다는 것을 알고 있었다. 그래서 이 선인仙人은 슈바라가 틀림없다고 생각했다. 여자를 쫓아 그 행방을 하필이면 슈바라에게 물은 것을 그들은 수치스럽고 후회스럽게 여겼다.

  청년들의 가정은 모두 유복하였으며 청춘을 즐기고 있는 한인閑人들이기도 했다. 그런 만큼 붓다의 말은 그들에게 충격적이었다. 청년 가운데에는 어리석은 자신의 과거를 청산하고 그 자리에서 귀의하는 자가 나타났다.

  이 이야기는 바라나시의 수행자들 귀에도 들어갔는데 자아와 아집이 강한 그들은 붓다의 교화력에 두려움을 느꼈다.

  몇 년 후에 야사는 고향으로 돌아가 바라나시에서 붓다스트라의 전도에 몰두한다. 이 때에는 이미 고을마다 붓다의 위대함이 널리 퍼져 한번 그의 설법을 듣고 싶어하는 기근機根이 싹터 있었으므로 야사의 설법은 진솔하게 잘 먹혀들어 갔다.

야사는 미남이었다. 설법 솜씨도 뛰어났다. 붓다에 귀의하는 사람은 남자뿐만 아니라 후엔 비구니(출가한 여성)들도 많았는데 야사는 그 비구니들의 선망의 대상이었다. 그래서 결과적으로는 비구니의 마음을 어지럽히게 된다. 야사는 일부러 자신의 얼굴에 흙을 발라 비구니들의 눈을 속이는 일도 있었다.

그는 붓다의 여섯 번째의 아라한답게 항상 긍지를 가지고 계를 잘 지켰다. 결코 눈을 밖으로 돌려 마음을 파는 일이 없었다.

마음을 밖으로 돌리면 정욕의 포로가 되기도 하고 물질, 지위, 명예 등의 욕망에 사로잡히기도 한다.

인간이라는 것은 수행에 전념하여 정진을 게을리하지 않고 있다가도 한번 유혹에 기울면 물건이 비탈길을 굴러떨어지듯 가속도가 붙어 그 동안의 정진이 영이 될 뿐만 아니라 이자까지 붙어 온다. 원래의 마음으로 돌아가고 싶어도 여간 어려운 일이 아니다. 그 마음으로 돌아가기 위해서는 그 때까지의 노력의 몇 곱절의 고통을 겪지 않으면 안 된다. 야사는 그것을 알고 있었다.

그래서 그는 일체의 유혹에서 떠나 항상 자신에 대한 경계를 게을리하지 않았으며 평안한 마음자리를 유지하고 있었다. 비구니들이 아무리 성화를 부리고 유혹을 해도 발가락 사이의 때만큼도 여기지 않았다.

붓다는 바라나시의 산중에서 교화된 청년들과 야사의 친구들을 데리고 파다리가마에 도착했다. 붓다는 지난날 코스타니야 등 다섯의 크샤트리아를 찾았을 때와 같은 불안한 마음은 티끌만큼도 없었으며 용기와 자신으로 충만했다.

파다리가마에 도착하자 바로 설법을 시작했다. 지나가던 수행자들도 걸음을 멈추고 붓다의 설법에 귀기울였으며 청중수는 날로 늘어갔다.

날란다 마을에 도착한 것은 바라나시를 떠난 지 근 두 달이나 지난 뒤였으며 한낮의 태양은 참기 어려울 정도로 뜨거운 햇볕을 쏟고 있었다. 우기雨期도 지나 비다운 비라고는 오지 않았으므로 길은 불에 달군 양철처럼 뜨거웠다. 그 길을 일행은 묵묵히 걸었다. 오늘날처럼 탈 것이 많아 어디든지 마음먹은 대로 편안하게 여행할 수 있는 것도 아니어서 당신의 수행자는 자신의 체력과 다리만이 의지할 수 있는 교통수단의 전부였다. 걷는것 이외에는 목적지에 갈 방법이 없었다.

라자그리하 성의 북문으로 통하는 산길을 남하하여 성문에 다달은 것은 노을이 붉은 저녁 무렵이었다. 붓다는 감회가 깊었다. 카필라를 도망쳐 나온 최초의 수행장이 다름아닌 라자그리하의 마을이었기 때문이다.

반다바의 수행장은 예날과 조금도 다름이 없었다. 산은 녹음으로 뒤덮여 낯익은 수목들도 7년 전의 그 위치 그대로였다. 암중모색하면서 수행하던 동굴도 옛날 그대로였다.

타다 남은 관솔 가다귀가 뒹굴고 있었다. 동굴 속에 앉아 보니 옛날의 자신으로 돌아간 듯했다. 7년의 세월은 긴 것 같지만 지내놓고 보니 꿈결처럼 짧기만 하다.

젖은 가다귀였지만 관솔혹이 달린 덕이었는지 그땐 잘도 탔다. 고타마는 타고 있는 불길을 보면서 언제 깨달을지 모르는 조급한 마음이 앞서 그 불덩이를 집어서는 냅다 암벽에 던진 적이 있었다. 관솔 가다귀는 찡하고 소리를 지르면서 천정에 부딪쳐 고타마의 발밑에 떨어졌다. 관솔은 무표정하게 고타마를 쳐다보고 있었다.

붓다는 관솔 가다귀를 7년 전 그 때처럼 바라보고 있다. 부러진 가다귀도 붓다의 발밑에서 쳐다보고 있다. 붓다는 가만히 그것을 집었다. 유심히 살펴본 다음 제자리에 놓았다.

신이 무엇이며 깨달음이란 도대체 어떤 것일까. 그땐 정말 아무 것도 몰랐다. 신이라든가 깨달음이라는 것은 현실의 자신과는 멀리 떨어진 공중을 날아다니는, 도저히 손이 닿지 않는 것으로만 여겨졌다.

그러나 우주즉아宇宙卽我를 경험하고 보니 깨달음의 경지는 가장 가까운 자기 자신의 마음과 행동 가운데, 그러니까 지극히 자연스러운 일상생활 가운데 있다는 것을 알게 되었다.

엄청난 착각이었던 만큼 엄청난 기쁨이기도 했다.

출가해서 6년 동안의 세월은 시종 우회의 길이었다. 하지만 그 우회의 길을 걸었으므로 자연과의 만남이 가능했다고도 볼 수 있다.

걸어온 길을 되돌아보니 반겨주는 자연만은 언제나 한결같은 부동의 자세였다. 동물도 식물도 광물도 서로 의존하면서 조화라는 안정을 유지하고 있다. 자연은 조화를 가르치고 있으며 중도中道의 마음이 얼마나 행복한 것인가를 웅변으로 말하고 있다. 깨닫고 보니 자연 속에 숨겨진 중도中道의 신리神理가 붓다의 마음에 빛이 되어 방사되어 온다.

붓다는 반다바의 수행장에서 제자들과 금후의 교화활동에 대해서 의논했다. 여섯 명의 아라한들은 붓다가 짠 시간표와 일정에 따라 순회법회도 열었고 반성의 명상에 잠기기도 하면서 자기 확립을 위한 생활을 다져 나갔다.

붓다는 홀로 우루벨라의 숲으로 가서 다음에 귀의시킬 제자들에 대해서 브라흐만의 지시를 받는다.

붓다가 반다바 산의 동굴 속에서 밤이 깊도록 명상삼매에 잠기고 있을 때였다. 제자들은 이미 깊은 잠에 빠진 지가 오래다.

붓다의 앞에 모습을 드러낸 브라흐만은 언제나처럼 길을 가르쳐주는 아몬이었다. 아몬은 조용히 서 있었다.

"붓다여, 법을 옳게 이해하여 여기까지 잘도 정진해 주었습니다. 지금의 마음, 초심을 잊지 말아야 합니다. 제자들을 올바르게 인도하여 바라문들과의 논쟁에 휘말려들지 않도록 각별히 지도하세요. 가야 다나에는 붓다의 다음 제자들이 기다리고 있습니다. 가야 합니다, 가야다나로…."

붓다가 생각하고 있는 것을 브라흐만이 대변해 주었다.

"아몬님, 언제나 변함없는 지도 감사합니다.
초심을 결코 잊지 않고 앞으로도 계속 정진하겠습니다.
감사합니다."

붓다의 말이 끝나자 아몬의 모습은 어둠 속으로 스르르 사라져 버렸다.

브라흐만의 모습은 언제 만나도 숭고하다. 말은 엄격하지만 항상 자애에 넘치는 태도로 붓다의 선도 역할을 담당해 준다.

의문이 생기면 즉석에서 해답을 내려주고 미로에 빠지면 손을 내밀어 준다.

언제 어디에서나 브라흐만은 붓다를 지키고 있으며 빛을 보내주고 있었다.

붓다는 절로 가슴에 뜨거운 것이 치밀어오르는 것을 막을 길이 없었다.

§병을 고치다

다음날 아침 붓다는 모든 제자들을 동굴 앞에 집합시켜 놓고 설법했다.

"사로몬들이여, 나는 근간에 우루벨라로 떠납니다.
 잠시 동안 여러분과 헤어지게 되는데 그 동안 바라문 계급의 사로몬, 사마나들이 혹시 까다로운 논쟁을 걸어오더라도 절대로 거기 말려들지 말기를 당부합니다.
 상대방의 감정을 돋구어 놓으면 이쪽도 또한 마음 속에 풍파가 일어나서 상대를 굴복시키려고 하게 됩니다.
 그것은 오히려 스스로 괴로움의 원인을 만드는 것입니다.
 절대로 이쪽에서 논쟁을 걸어서는 안 됩니다.
 어떤 말을 상대가 하더라도 인욕忍辱의 마음을 잊지 말기 바랍니다.
 그런데 그 인욕忍辱으로 말미암아 마음속에 앙금을 남기게 되어서는 더욱 안 됩니다.
 앙금은 마음 속에 숨어 있다가 언젠가는 노여움의 불을 당겨 괴로움의 원인을 만들기 때문이지요.
 아무리 역겨운 일을 보고 듣더라도 마음속에 독의 씨앗은 뿌리지 마세요.
 필요한 것만 마음에 새기고 자신의 수행에 힘쓰도록 하세요.
 거목은 결코 바람과 맞서지 않습니다.
 자연 그대로 살아가므로 넘어지지 않습니다.
 중도中道의 마음은 거목처럼 자연에 거역하지 않습니다.

자연이 준, 있는 그대로의 마음으로 감사와 보은의 행동을 실천해 나가는 오직 그 길 뿐입니다.

중도中道를 근본 삼아 서로의 잘못을 애정으로 타이르고 상호 협조정신으로 생활해 가야 합니다.

남을 도왔다고 해서 그 보답을 기대해서도 안 됩니다. 기대와 보답을 바라는 마음이 아욕의 온상을 키우게 됩니다. 그렇다고 해서 남의 도움을 받은 자가 감사의 마음을 잊고 구체적인 행동으로 표시하지 않는 것, 이 또한 보은의 도리에 어긋나는 것입니다.

태양을 비롯한 자연은 우리의 생존을 위해서 무주상으로 보시해 주고 있습니다.

우리가 이에 대한 감사와 보은을 하는 길은 많은 중생을 위해서 봉사하는 것입니다.

중생들의 앞에 서서 그들의 괴로움과 슬픔을 덜어주는 것이 우리에게 부과된 사명입니다.

나는 우루벨라로 떠나지만 내가 없는 동안에도 수행을 굳세게 하고 육근六根을 보다 청정히 해서 자기 자신을 확립해 주기 바랍니다."

80여 명의 제자들은 붓다의 설법에 감동하여 새로운 결의를 다졌다. 코스타니야는 붓다의 단독 여행이 걱정이 됐다.

"붓다, 이번 여행에 저를 데려가 주시기 바랍니다.

붓다에게 뜻밖의 위험이 일어나면 어떻게 합니까?

부디 함께 데려가 주시기 바랍니다."

"코스타니야, 정말 고맙구나.

그러나 너희들은 선배로서 새로 입문한 제자들을 지도하는 것이 보다 중요한 일이다.

머지않아 나의 과거세에서 함께 정도를 설법한 사도들이 이 라자그리하로 올 것이다. 그 때까지 너희들은 금생의 선배로서 최대의 노력을 기울여야 한다."

"예, 잘 알았습니다."

과거세에 함께 정도正道를 설법했다는 말을 듣고 코스타니야는 붓다로부터 무엇인가 머리를 한 대 얻어맞은 기분이라 힘없는 대답을 했다.

붓다는 아라한들에게 그의 부재중에 주의할 사항들을 일려 준 다음 떠날 준비를 서둘렀다. 준비래야 의복은 입은 그대로이고, 여행에 필요한 것은 탁발용 바리때, 음료수, 약초 분말, 독사나 독충에 물렸을 때 바르는 지렁이 즙액, 음식을 끓여 먹을 수 있는 조그마한 질그릇 정도가 전부다. 지극히 간편하다. 이것들을 한데 묶어서 어깨에 메거나 허리에 차고 가면 된다.

여러 제자들은 라자그리하의 남문까지 붓다를 배웅했다.

붓다는 남문에 이르러 한 가닥 감회에 사로잡혔다. 바로 수개월 전만 해도 붓다는 이름도 없는 한낱 수행자에 지나지 않았다. 자신을 마중하고 배웅해 주는 사람은 아무도 없었다. 그런데 지금은 자신을 붓다라 부르고 스승으로 받들어 주고 있지 않은가. 교도의 책임감을 새삼 무겁게 느꼈다. 그러나 그 책임감 때문에 자신의 마음을 다치거나 흐리게 하는 일은 없었다. 맑게 갠 하늘처럼 넓고 훤할 뿐이었다.

한때 고타마는 카필라 성의 왕자였다. 많은 시종들이 시중들었으며 불편한 것이라곤 아무 것도 없었다. 그런데도 카필라 성의 생활은 늘 초조했고 정신적 고민을 떨칠 길이 없었다. 적으로부터 성과 주민을 지키는 것이 고타마의 책임이었는데 그 책임감에서 오는 중압감은 견딜 수 있었지만 여러 가지로 얽혀 있는 현실의 모순이 보이지 않는 창살이 되어 고타마를 감옥 같은 생활로 몰아넣는 것만 같았다.

6년 동안의 고행으로 심신이 다 지쳐 죽음을 눈 앞에 두었을 때 비로소 자신에 눈떴다. 자신에 눈 뜨니 그 이상 두려운 것이라곤 없어졌다. 주위의 상황에 마음이 흔들리는 일도 없어졌다.

시종과 왕자, 제자와 붓다, 이 두 짝은 외형은 다르지만 어딘가 고통점이 있는 것 같았다.

지금 고타마의 심경은 그러한 상대적인 세계를 초월하여 제자는 자신의 분신이며 자기 자신인 양 느껴지기도 했으며 제자들의 동향에 따라 마음이 흔들리는 일도 없어졌다.

카필라 성에서 이따금 여행을 떠날 때에도 역시 많은 크샤트리아들이 배웅해 주었다. 하지만 딱딱한 격식적인 예절과 인사 그리고 여인들의 배웅은 질색이었다.

그러한 격식과 형식적인 예절을 전혀 찾아볼 수 없는 지금의 생활은 비록 몸은 수드라 같은 거지꼴이지만 마음은 수드라와는 달리 한없이 자유스럽다. 노예에겐 자유가 없다. 옷 모양은 노예와 다를 바 없지만 마음의 자유는 형용할 수 없을 만큼 크다. 베이샤도 크샤트리아도 말하자면 마음의 노예가 되어 있었으며 인간은 모두가 다 무엇인가의 노예가 되어 살아가는 것만 같다.

지금의 누더기 같은 붓다의 겉옷을 보면 산중에서 산적을 만나도 걱정될 일이 없을 정도였다. 돈이 될 물건이라곤 한 조각도 없으니 도적들은 쳐다보기조차 안 할 것이었다. 이렇게 마음 편안한 자유 때문에 '거지 맛을 사흘만 보면 그만둘 수 없다'는 말도 나오는 모양이다.

제자들과 헤어진 붓다가 산길을 빠져나와 강을 건너고 마을을 지나서 목적지 우루벨라에 도착한 것은 그로부터 대엿새 후의 일이었다.

이 대엿새 동안의 여행은 그야말로 혼자만의 시간이었으며 따라서 마음의 조종법, 설법의 요령, 앞으로의 계획 등 충분히 생각할 여유가 있었다.

붓다는 낯익은 보리수 거목을 등지고 앉아 수개월 전의 수도생활을 회상하였다. 그리고 얼마 동안 거기 체류하면서 가야다나의 생활을 살펴보기로 작정했다. 주위를 살펴보았으나 한때의 친구였던 동물들은 보이지 않았다. 벌써 9개월이란 세월이 흘렀으니 동물들도 저마다 성장하여 주거지를 옮겼을지도 모를 일이었다.

새들은 어떻게 되었을까 퍼뜩 생각이 든 붓다가 나무 위를 쳐다보니 공교롭게도 얼굴에 하얀 새똥이 떨어졌다. 아차 싶었지만 붓다는 이내 친한 친구라도 만난 기분이 들어 혼자 기쁨이 복받쳐

소리내어 웃었다. 모닥불의 흔적도, 모아둔 섶과 가다귀들도, 보리수 거목 뒤의 구덩이도, 그대로 남아 있었다.

'해가 지기 전에'라는 생각이 들어 붓다는 밤의 노숙 준비를 했다. 바랑 속에 망고, 사과, 쌀 등 오는 도중에 보시받은 공양물이 네댓새 분은 족히 들어 있었다. 이것 저것 지참물을 정리하고 나서 붓다는 숲가에 흐르고 있는 네란자라 강으로 내려가 먼지와 땀으로 얼룩진 몸을 씻었다. 무엇인가 마음의 짐을 벗는 듯한 기분이 들었다.

언덕에 올라서서 생각난 일인데 사슴 새끼의 모습이 보이지 않았다. 지난날 수행중에는 새끼사슴이 곧잘 그의 앞에 나타나 코를 벌름거리며 먹이를 졸라댔었다. 잠들어 있으면 옆에 와 앉아서 붓다가 일어나기를 기다리기도 했다. 귀여운 녀석이었다. 9개월 동안이나 헤어져 지냈으니 그 동안 행여 사냥꾼에 붙잡혔을까. 아니면 하이에나의 밥이 되었을까 어쩐지 불길한 기분이 들었다. 붓다는 사슴이 우는 소리를 흉내내어 보았다. 몇 번이나 큰 소리로 되풀이해 보았다. 그러나 그 새끼사슴은 나타나지 않았다. 붓다는 걱정이 되었다. 이튿날도 그 이튿날도 인근의 숲속까지 뒤져 보았지만 헛일이었다. 조금만이라도 좋으니 나뭇잎 사이로 그 얼굴을 조금만이라도 보여주었으면 마음이 놓이겠는데 끝내 새끼사슴은 찾아볼 수 없었다.

동물의 운명은 참으로 오늘 내일을 모른다. 시시각각이 생사의 갈림길이며 언제 자기보다 강한 자의 습격을 받을지 모를 일이다. 그러나 그런 환경 속에서도 그들은 그 시시각각의 일각을 소중히 하고 종족을 보존하며, 어미는 새끼를 낳으면 혼자 자립할 수 있을 때까지 보호 육성하기에 신명을 바치고 있다.

약육강식은 그들의 세계에서는 자연의 섭리로서 어쩔 수 없는 일이지만 살아 있을 동안에는 가여울 정도로 그 생명을 소중히 하고 있다. 새끼사슴은 잡아먹혔을까, 아니면 살아 있을까, 붓다는 새끼사슴의 운명에 행운이 있기를 빌었다.

붓다는 자리를 잡은 지 벌써 나흘째 아침을 맞이했다.

식량도 이젠 바닥이 났기 때문에 세나니 마을로 탁발하러 나갔다. 마을에 내려가니 붓다와 구면인 마을 사람이,

"오랜만입니다. 어디를 다녀오셨습니까?
오래 보이지 않으시기에 어디 먼 곳으로 영영 떠나신 줄 알았습니다. 잘 오셨습니다. 어서 안으로 드시지요."

하면서 붓다의 손을 잡고 다짜고짜로 집 안으로 모셨다.

인정이란 참으로 묘한 것이다. 이따금 탁발을 하러 온 것뿐이었는데 시골 농가의 노인들은 그 동안 붓다의 얼굴이 보이지 않는다고 걱정이었던 모양이다. 그들 눈에는 붓다의 존재는 단지 수행승에 지나지 않은, 아무 인연도 없는 남남이지만 종종 얼굴을 마주친 것으로 마음속에 친근감이 자리 잡게 된 것이었다.

붓다가 귀여운 새끼사슴의 행방을 걱정한 그 마음도 인정의 표출이었다. 사람과 사람, 사람과 동물, 사람과 식물, 사람과 자연, 이것들이 서로 수놓는 마음의 교류는 모든 생명 있는 것들의 마

음 깊숙이 자라고 있는 자연의 감정일지도 모른다.

　인정이 넘치는 마을 사람의 인사말에 붓다의 얼굴에는 절로 미소가 떠올랐다.

　붓다는 방구석에 앓아누워 있는 노파 곁으로 다가갔다. 노파의 이마에 가볍게 손을 댔다. 그러자 노파의 육신 속에 집을 짓고 있던 병마는 금세 물러나고 허리와 하반신이 퍼지면서 요즘 말로 신경통이 눈깜박할 사이에 나아 일어날 수 있게 되었다.

　노파는 눈물을 흘리면서 붓다에게 합장했다. 집안 사람들은 이 기적 아닌 기적에 놀라 붓다를 새로운 눈으로 쳐다 보면서 감사해 했다. 감사의 표시로 쌀과 야채를 붓다가 묵고 있는 보리수 나무까지 적지 않게 날라다 주었다.

　"고타마님, 모레부터 가야다나에서 축제가 있는데 가 보시지 않겠습니까."

　지난 날의 고타마와 현재의 고타마는 비록 그 외모는 변함이 없지만 그 내면이 전혀 달라진 것을 이 마을 농부는 몰랐다.

　붓다는 흔쾌히,

　"어떻게 해서든지 틈을 내어 가 보고 싶습니다."

　붓다가 이 곳에 다시 돌아온 목적은 실은 그 축제일에 우루벨라 캇사파를 만나기 위함이었다.

　"그 축제일엔 다른 나라 사로몬들도 많이 모여듭니다.

저희들도 해마다 참가하고 있습니다. 구난다 캇사파님은 저희 집에 축제의 보시를 얻으러 오십니다. 뭣하면 소개해 드리겠습니다."

하고 농부는 말을 이었다.

"고맙습니다. 틈이 나면 다시 한번 찾아가겠습니다. 오늘은 여러 가지로 친절을 베풀어주어서 고맙습니다."

"천만에요. 환자를 고쳐주셨으니 감사를 드리는 것은 저희 쪽입니다. 시키실 일이 있으면 언제든지 불러주시기 바랍니다. 이런 일은 언제든지 해드릴 수 있습니다."

농부는 정중하게 인사를 하고 숲을 떠났다. 그는 바로 9개월 전 붓다가 대각의 실마리를 잡을 수 있었던, 예의 그 민요를 불렀던 추다리아 추다다의 소작인이었다. 착하고 친절한 농부였다.

인연이란 참으로 묘한 것이어서 한 인연이 생기면 거기서 가지를 뻗은 또 다른 인연이 생긴다. 인연의 실타래는 현상계의 오관五官으로서는 전혀 알 수 없는 일이지만 실재계實在界에서 보면 만나게 되어 있으니까 만나게 된다는 것이 분명하다.

세상은 넓은데 좁다는 느낌이 드는 것은 인연이 있는 사람들끼리 바둑판의 줄 모양 어디에선가 서로 만나도록 틀이 짜여져 있기 때문이다.

농부가 돌아간 뒤 붓다는 하늘을 쳐다보면서 내일의 날씨를 걱정했다. 만일 비라도 오면 모래로 예정된 축제행사가 연기될지도 모른다. 될 수 있으면 날씨가 이 행사를 망그러뜨리지 않았으면 싶었다.

내일밤은 우루벨라 캇사파의 숙사에서 유숙하고 다음날 축제를 견학하리라 작정했다. 우루벨라 캇사파에 대해서는 7년 전에 라자그리하 성에서 빔비사라왕으로부터 소문을 듣고 있었다. 한번은 만나보고 싶다는 생각을 하면서도 이 날까지 미루어 온 인물이다. 그러기에 붓다는 다년간의 숙원이 이루어진다는 기쁨에서인지 마음이 들뜨는 것 같기도 했다.

그를 만나면 우선 이런 점을 지적하고, 대화는 이런 저런 방법으로 전개하리라고 여러 가지 궁리를 했다. 브라흐만의 말대로 우루벨라 캇사파는 과거세에서 과연 붓다의 제자였을까 아직 확인할 수는 없는 노릇이다. 하지만 그의 마음속에는 자신이 있었다.

붓다는 보리수나무 밑에서 마음을 진정시켜 곰곰 생각해 보았다. 결국 맞닥뜨려 승부를 벌이는 수밖에 없다는 것을 깨닫자, 그날 밤은 여느 때와는 달리 일찍 잠자리에 들었다.

언제나 그랬듯이 지저귀는 새소리에 잠을 깬 붓다는 싱그러운 아침 공기를 아랫배 가득히 채우고 나서는 짐을 챙겨 가야다나로 서둘러 떠났다. 해 뜨기 전의 신선한 시간을 택해서.

산 아래 당도하니 캇사파의 형제들이 벌써 제수용 물품들을 산 위로 나르고 있었다.

붓다는 계곡을 따라 산으로 올라갔다. 중턱까지 올라가서 아래를 내려다보니 아름다운 풍경이 한 폭의 그림처럼 펼쳐진다. 네란자라 강이 아침 햇살에 은비늘을 반짝거리면서 유유히 흐르고 있다. 자연의 경관 이상으로 아름다운 것이 어디에 또 있을까.

　붓다는 잠시 걸음을 멈추고 눈 아래 전개되는 황홀한 경치에 빠져들어갔다. 자연의 품에 안기면 신의 위대한 자애심이 몸속까지 스며들어온다.

　신의 자비가 있으므로 비로소 인간은 살 맛이 나는가보다.

　중생에게 자비의 마음을 설해야 한다. 자비가 곧 법이니까.

　정상이 가까워질수록 비탈길은 갑자기 가팔라졌다. 커다란 돌이 좌우에서 붓다의 갈 길을 가로막기도 한다. 붓다는 나뭇가지를 하나 주워서 지팡이로 짚고 한 발자국 한 발자국 숨을 헐떡이며 올라갔다. 먼지로 더럽혀진 승의僧衣는 흐르는 줄땀에 물걸레가 됐다. 그래도 쉬지 않고 올라갔다.

　산정에 오르니 이웃 나라 사로몬들이 제법 모여 있었다. 그리고 이미 명상에 잠긴 자, 물구나무서기로 장시간 견디고 있는 자, 타고 있는 가다귀 불에 팔뚝을 태우고 있는 자 등 여러 가지다. 그곳은 마치 도술사의 집합소 같았다. 그러한 수행이 육체를 단련하기 위한 것이라면 모르되 깨달음을 위한 것이고 보니 죄다 헛일이다. 붓다는 그런 짓이 아무 소용없다는 것을 가르쳐주고 싶었지만 자존심이 강한 그들에게 통할 리가 없었다.

　붓다는 그저 묵묵히 그들 앞을 지나갔다. 정상은 평지로 되어 있었으며 제단은 평지의 중앙에 설치되어 있었다. 제단 가까이 앉

아 있던 한 젊은 수행자가 늙은 수행자에게,

"불의 축제는 질병과 마귀를 쫓는 행사입니다. 이 곳의 축제는 영험이 뛰어나므로 눈여겨 보아 두었다가 우리도 화신火神을 모시고 질병과 재난의 마귀들을 쫓아내어 사람들을 구제해야 합니다."

제법 설법조의 말을 늘어놓고 있었다. 늙은 수행자는,

"그래요, 그렇군요."

하면서 맞장구를 치고 있지만 아무래도 마음에 차지 않는 대답 같았다. 젊은 수행자는 이 곳의 제자 가운데 한 사람이었는지 모른다. 늙은 수행자는 바라문 출신의 사로몬처럼 보였다. 후학을 위해서 견학하러 이 곳에 처음 온 것 같았다.

붓다는 네란자라 강이 내려다보이는 전망 좋은 장소를 가려앉아 산정에서 내려다보이는 아름다운 자연의 경관에 도취되었다. 높은 데서 보면 시야가 넓고 하계의 모양이 손바닥에 얹혀 있는 것처럼 똑똑하게 드러난다.

올바른 판단도 이렇게 높은 곳에서 살펴본다면 더욱 정확해질 것이다. 마음의 상태는 크고 높은 곳을 발판으로 삼아야 하며 그러면 사람들의 습관적 생활의 잘못도 똑똑하게 알 수 있게 되리라.

자신의 마음과 행동을 고차원으로 끌어올리기 위해서는 법을 마음의 의탁지로 삼고 마음에서 일어나는 일체의 욕망을 극복하는 길밖에 없다.

가야다나의 산정에서 얻은 교훈은 '높은 곳에서 보면 시야가 넓어져 무엇이든지 잘 볼 수 있으며 마음이 넓어지면 자신을 제 3자의 입장에서 바라볼 수 있다'는 것이었다.

§불을 예배하다

붓다는 우루벨라 캇사파의 제자들이 모여 있는 집회소에 가서 키가 작고 빼빼 마른 사나이 하나를 붙들고 하룻밤 묵고 갈 것을 청했다.

"미안하지만 나는 라자그리하 마을에서 내일의 축제를 구경하러 온 수행자입니다. 여기서 하룻밤 묵고 갔으면 좋겠습니다만…."

조그만 사나이는 초면의 붓다를 요모조모 살펴본 다음,

"잠시만 기다려 주시오."

라는 말을 남기고 본부라고 여겨지는 움막 쪽으로 사라졌다.

집회소 주위에는 많은 제자들이 분주히 오가면서 일을 하고 있다. 제단을 세우는 자, 제물을 그릇에 담는 자, 모닥불 준비를 하는 자 등이 붓다 앞을 분주히 오가고 있다.

붓다는 그들의 일에 방해가 되지 않도록 비켜 선 채 조용히 바라보고 있었다. 본부 쪽으로 시선을 던지니 빼빼 마른 사나이는 우루벨라 캇사파에게 붓다 쪽을 가리키면서 이야기를 하고 있는 것 같았다. 캇사파와 시선이 마주쳤지만 붓다는 시치미를 떼고 시선을 거두었다. 마른 사나이가 돌아오기를 기다렸다. 조금 후에 붓다 앞에 나타난 사나이는 예의 빼빼 마른 사나이가 아니라 어깨가 딱 벌어지고 눈매가 날카로운 커다란 사나이였다.

"당신이오?"

하고 깔아뭉갤 듯한 말투를 내뱉으며 무례스럽게도 붓다의 아래위를 훑어보고 나서는,

"지금 바빠서 숙박 운운할 경황이 없어요. 신도도 아니고 어디에서 온 수행자인지 모르지만 이미 신도들과 수도승들이 기숙할 숙사는 다 할당이 끝난 뒤요. 빈 자리가 없으니 어디 근처에서 노숙이라도 하는 것이 좋겠구먼."

오만불손하기 그지없다.

큰 사나이의 말대로 붓다는 이 곳 신도도 아니고 아무 것도 아니다. 여기서는 한낱 사로몬에 지나지 않았다. 그뿐만이 아니라 승의는 땀과 먼지로 얼룩졌으며 거지 중의 상거지 꼴이었다. 그들 눈에는 그야말로 어디 말뼈다귀인지 모르는 그런 자에게 잠자리까지 신경 써줄 마음이 일어나지 않는 것이 당연한 일이었을지도 모른다. 그들도 수행자임에는 틀림이 없지만 붓다의 본체를 꿰뚫어 보는 안목은 없었다.

붓다의 키는 그렇게 크지 않았으며 오히려 작은 편이었다.

당시의 인도 사람들은 보편적으로 키가 컸으며 남자는 1미터 70에서 2미터 가까웠고 여자는 1미터 55에서 1미터 70센치 정도였다. 체격도 비교적 건장한 편이었다.

붓다도 고타마 싯다르타 시절에는 체격이 좋았다. 식욕도 왕성했으며 힘도 셌다. 힘을 겨루는 씨름 등을 해도 상대가 아무리 큰

사나이라도 호락호락하게 넘어지지는 않았다.

 6년 동안의 출가와 고행으로 옛날의 싯다르타는 피골이 상접한 산송장과 다를 바 없이 피폐해 버렸다. 하지만 그때부터 벌써 9개월 이상이나 지난 지금은 무엇이든지 잘 먹고 체력의 회복에 신경을 썼으니 근육도 엔간하게 붙긴 붙었으나 그래도 옛날의 싯다르타 시절의 단단한 체구는 찾아볼 수 없었다.

 더욱이 현재의 붓다는 과거의 동적動的인 활달한 기품에서 정적靜的인 인품으로 완전히 변모해 버렸다. 사물의 변화에 흔들리지 않는 침착성과 자애심이 곁들어 있다. 사람을 볼 줄 아는 자라면 붓다가 범상한 인물이 아니라는 것쯤 알았을 터이다.

 그런데 예의 큰 사나이는 키가 작은 붓다와 그의 초라한 행색을 보고 '거지 같은 것이….'하고 아예 상대도 하지 않으려 했다.

 "사정은 잘 알고 있습니다만 어떻게 무리를 해서라도 좀 부탁드리겠습니다."

 붓다는 허리를 굽혀 다시 부탁했다.

 큰 사나이는 일단 붓다의 청을 다시 받아들여 본부를 다녀왔으나 대답은 전과 다름 없었다. 붓다는 본부 움막에 가서 우루벨라 캇사파를 직접 만나기로 결심했다. 그가 밖으로 나오기를 기다렸으나 안으로 들어간 그는 좀체 밖으로 나오지 않았다.

 광장 중앙에 설치한 제단이 겨우 제 모양을 갖추었다. 제단 뒤에는 불을 붙일 나무를 우물 정井자형으로 보기좋게 높이 쌓아올렸다. 제단 앞에는 교조敎祖의 자리가 마련되었다. 거기서 우루벨라 캇사파가 기도를 올릴 것이리라.

그들에겐 불이 신의 상징이다.

태양도 불덩어리이며 우주에 산재해 있는 에너지 입자粒子는 열입자熱粒子의 연緣에 의해서 여러 가지의 물질을 만들고 있다.

불이 없으면 물질 세계는 형성될 수 없으며 불은 에너지원이 틀림 없다.

불을 매체로 한 신앙이 당시의 인도에서는 매우 성행하였으며 서아시아의 조로아스터교 등도 배화교拜火敎의 일종이다.

오늘날 일본에도 불을 피우는 행사가 많다. 불에는 조명, 마중불, 배웅불, 정화불, 영력을 강화하는 불 등이 있어서 신령행사의 중요한 요소가 되어 있는 것 같다.

비록 불이 만물을 살려 창조하는 생명의 등불이라고 할 수 있으나 활활 타오르는 불꽃이 신의 상징이라고 받드는 것은 잘못이다.

열도 에너지도 한갓 형상에 지나지 않으며 열 에너지만으로써는 물질은 성립되지 않는다. 온갖 에너지가 두루 편재해 있으며 그것이 열 에너지를 연으로 해서 집합과 분산을 되풀이 하고 있는 그 점에 열 에너지의 존재 의의가 있다.

문제는 열입자를 비롯한 우주에 편만遍滿하는 에너지, 그리고 그 에너지를 영원히 살리고 있는 위대한 의식意識, 위대한 의사意思 그것이 중요한 것이다.

태양은 만물을 살리는 근원임에 틀림없지만 태양 속에 숨어 있는 신의 의사를 짚어 볼 필요가 있다.

인간은 자칫 물질에 사로잡힌다. 불은 열을 낳고 빛을 낳으며 바람을 일으키고 물질을 변화시킨다. 불은 신의 화신化身이라고 하는 사고방식이 어느새 인간의 마음속에 자리잡고 말았다.

캇사파의 신앙이 불의 축제를 중심으로 이루어졌으며 불은 신이고 악마를 쫓는 것이며 그래서 그의 주위에는 적지않은 기적이 일어났으므로 신도들이 모여든 것 같다.

기적에는 몇 가지 유형이 있다.

교조라는 사람으로부터 자신의 과거의 일 한두 가지를 지적당하면 대개의 사람들은 잘못을 빌고 굴복한다. 그 때 그 사람의 마음은 순일할 정도로 투명하게 맑아진다. 질병이나 재난의 대부분은 마음의 구름이 지어내는 것이므로 그 구름이 걷히면 질병은 순간적으로 낫는다. 본인과 그 가족들은 난치병이 일시에 나았기 때문에 교조의 신통력에 감격하고 맹신에 빠져든다.

이러한 유형은 교조의 신통력이라기보다는 본인 자신의 마음이 자신의 병을 고쳤는데도 그런 진상은 아무도 알지 못한다. 교조 역시 어떻게 해서 병이 나았는지 그 진상을 모른다. 자신에게 신통력이 있다고 자만심에 빠질 뿐이다.

기적의 두 번째 유형은 교조의 배후에 동물령이나 마왕이 붙어 있을 경우다. 교조에 빙의하고 있는 이러한 악령은 오래 묵은 큰 것이 많다.

대개의 환자에겐 악령이 붙어 있다. 그 악령은 교조의 그것보다는 작은 조무래기다. 이런 사실을 교조나 환자는 알 리가 없다.

　교조의 경우 자신의 등뒤에 영험이 뛰어난 신령이 있다는 속삭임도 받고 때로는 신이라고 자칭하는 것이 둔갑술로써 그 모습을 보이기도 하지만 그 정체는 잘 모른다. 그러나 등 뒤에 신은 여러 가지 일을 적중시키기 때문에 교조 자신이 절대적인 신뢰를 받는다. 그래서 환자가 나타나면 교조 등뒤의 악령이 환자의 악령을 본다. 자기보다 급수가 낮은 상대면 그 악령더러 잠깐 환자에게 떨어져 있으라 하고 명령을 내린다. 그러면 환자의 악령은 환자의 몸에서 잠깐 떨어진다. 병은 즉석에서 치유되는 셈이다.

　악령의 세계는 힘이 지배하며 힘이 약한 자는 강한 자의 명령에 따르고 있다. 동물의 세계와 같다. 이래서 신흥 종교가 탄생해서 성황을 이루게 된다.

　질병이나 재난의 원인은 본인 자신에게 있다. 병을 고치는 것도 본인 자신이다. 순연한 육체적인 병은 의사나 본인의 요법으로 낫기도 하지만 그래도 가장 중요한 것은 본인의 마음 상태 여하에 달렸다.

　빙의령을 제령하면 기적적인 현상이 일어나는 것은 당연하나, 중요한 것은 두번 다시 같은 질병을 당하지 않도록 하기 위해서는 당사자에게 신리神理의 법등을 마음속에 밝혀 주어야 하는 일이다. 마왕이나 동물령에게는 그것이 통하지 않는다. 신리神理를 설법할 능력이 없다. 따라서 진짜 구원은 그들에겐 불가능한 일이다.

　또한 교조의 가르침이 일관성 있는 것인가, 성격이 변덕스럽지는 않은가, 사치스럽지는 않은가 등을 살펴보면 진짜인지 가짜인지 금방 알 수 있다.

　천사는 뽐내거나 화내거나 사치스러운 치장은 하지 않는다. 그러면서도 기적을 일으킨다. 악령을 훈계해서 제령해 주기도 하고 본인에게 마음 가짐의 중요성을 가르쳐 괴로움의 원인을 짓지 않도록 지도해 주기도 한다. 이와 같이 천사와 악령 사이에는 여러 가지 다른 점이 많다.

　우루벨라 캇사파는 그 많은 교조들 가운데 발군의 실력자로서 그 영력靈力과 인격은 사방에 널리 알려져 있었다. 그러나 불을 예배하는 신앙은 잘못이었다.

　붓다는 캇사파를 직접 만나 하룻밤 묵고 갈 것을 부탁하려고 벼르고 있었지만 좀체 움막 밖으로 나오지 않았다.

　중천에서 활활 타오르던 불덩어리 같던 태양도 어느새 서쪽으로 빠져들고 있다. 해가 지자 일시에 냉기가 몸을 파고든다. 여기저기서 모닥불을 피워놓고 사로몬, 사마나들이 둘러앉아 잡담을 벌인다. 자랑거리로 꽃을 피우는 자, 교조를 칭찬하는 자, 마을에서 일어난 온갖 화제話題들이 꼬리를 물고 쏟아져나온다.

　움막 밖에서 명상에 잠겨 있던 붓다는 캇사파가 사나이를 데리고 나타났으므로 눈을 뜨고 쳐다보았다. 아침나절 멀리서 그를 본 적이 있었지만 가까이서 보니 체격은 단단하고 온화한 얼굴을 하고 있었다.

　붓다는 벌떡 일어서서 캇사파를 불러 세우고,

　"나는 라자그리하의 반다바 산山의 수행자 고타마 싯다르타라는 사람입니다만 오늘 밤 묵고 갈 수 있도록 좀 힘써 주셨으면 좋겠습니다."

가볍게 고개를 숙이고 그의 회답을 기다렸다.

우루벨라 캇사파의 안색이 돌변했다. 카필라 성의 왕자 고타마 싯다르타의 소문은 이미 빔비사라 왕으로부터 익히 들어 알고 있었으며 마을 사람들로부터는 슈바라가 되었다는 말도 듣고 있었으므로 본능적으로 적개심이 꿈틀거렸다.

'직접 만나보기는 처음이지만 이것 고약한 손님이 찾아왔구나….'

그의 마음은 흔들렸다. 어떻게 조치해야 좋을지 당황했다. 잠시 생각한 그는,

"잠시만 더 저쪽에서 기다려요.
의논을 좀 해보고 나올 테니…"

짤막한 말을 남기고 움막 속으로 다시 들어가 버렸다. 붓다는 우루벨라 캇사파의 마음속을 환하게 읽고 있었으므로 '이것 큰 일이 났구나'라고 생각했다. 우루벨라 캇사파는 간부들을 모아 놓고 붓다의 처리 문제를 의논했다. 결과는 붓다가 예측한 대로,

"숙사는 제공할 수 없습니다만 마침 제구祭具를 보관해 두는 동굴이 있는데 그 안에서 주무시도록 하시오."

간부 한 사람이 나와서 퉁명스럽게 일러주는 것이었다. 그들에겐 음모가 있었다. 붓다는 이미 그것을 알고 있었지만 처음 당하는 일이라 조심을 늦추지 않고 있었다. 사나이는 붓다를 동굴 입구까지 안내하고는 그대로 돌아가 버렸다.

동굴의 문을 열고 굴 안의 상태를 보려고 해도 캄캄한 어둠 속이라 어쩔 수도 없었다. 다시 산정으로 돌아와 모닥불의 불씨를 얻어와 동굴 입구에 불을 지피었다.

문을 살그머니 열고 안을 들여다본 순간 짐승의 비린내가 코를 찔렀다. 짐작했던 대로 구렁이가 살고 있었다. 그들은 고의적으로 그를 이 곳으로 안내했다. 그래도 들어갔다가는 영락없이 구렁이의 밥이 됐을 것이다.

밖에서 잘 수도 없었으므로 붓다는 불 붙은 관솔을 치켜들고 다시 한번 굴 속을 살폈다. 구렁이는 동굴 구석의 고목에 또아리를 틀고 앉아 고개를 쳐들고 금방이라도 덮칠 기세였다. 구렁이는 큰 놈이었다. 몸통의 직경이 17~18센티나 됨직했다. 사람 하나쯤 한 입에 삼킬 정도다.

붓다는 마음을 가라앉혀 구렁이의 의식에게 적의敵意를 버리도록 설득하고 난 뒤 모닥불은 동굴의 입구에 둔 채 우선 옆으로 누울 수 있는 자리를 만들었다. 동굴의 흙은 부드러웠으므로 나무꼬챙이로 쉽게 파졌다. 땅을 판다 해도 몸의 일부만 오목하게 눕힐 수 있을 정도면 충분한 것이었다.

큰 구렁이는 붓다의 이런 작업을 가만히 지켜보고만 있을 뿐 공격할 기미는 보이지 않았다.

파낸 잠자리에는 풀을 깔았고 발치에는 커다란 숯불 덩어리를 세 군데 두었으며 머리는 입구 쪽을 두고 자는 것이다.

구렁이는 독사는 아니었지만 아무튼 고약한 냄새가 굴 안에 가득하게 풍겨서 기분이 좋지 않았다.

하지만 붓다는 첫닭이 울 때까지 푹 잤다. 구렁이는 간밤의 위치에서 조금도 움직이지 않은 것 같았다. 붓다가 일어나도 또아리를 풀지 않았다. 고개를 파묻고 눈만 이쪽을 바라보고 있는 것 같았다. 어젯밤처럼 고개를 쳐들지도 않았다.

발치의 숯불은 이미 사그라졌다. 밖으로 나오니 동쪽 하늘이 희뿌옇게 밝아오고 있었다. 아름다운 별들의 빛도 희미해지고 있었다. 안개가 산기슭에서 강물 위로 퍼져나갔고 사방으로 늘어선 산들은 일망무제의 구름 바다 위에 떠 있다.

안개는 느릿느릿 흘러가고 산은 의젓하게 미동도 않고 있다.

그 아름다운 풍광은 바로 한 폭의 그림을 보는 것 같다. 이런 경관에 빠져들면 현실과 실재계의 경계가 없어지는 것 같기도 했다. 저 세상을 보고 있는 것 같기만 한데 자신을 되돌아보니 현실이다.

저 세상, 이 세상이라고 말하지만 이 두 세상의 차이는 마음 두기에 달렸을 뿐이라고 할 수 있다.

마음이 시끄러우면 산수의 미, 자연의 조화도 눈에 들어오지 않는다. 마음이 안정되고 조화를 이루면 현실을 움직이고 있는 배경도 이해가 되고 현상계와 실재계의 연관성도 볼 수 있게 되리라.

붓다는 지금 동굴 앞에 서서 천상계에 사는 자신을 보는 것이었다.

붓다는 흙을 털고 동굴을 떠나 산정의 광장으로 돌아왔다. 광장에는 벌써 마을 사람들이 공양물을 가지고 모여들고 있었다. 제단도 밤 사이에 완성되어 상 위에는 온갖 제물이 차려졌다. 과실, 야채, 요리된 것들이 줄줄이 얹혔다. 몇몇 제자들이 제단 둘레에 멍석을 깔고 있다. 수행자 가운데에는 벌써 제단 앞에 꿇어앉아 열심히 기도하는 자도 있었다.

붓다는 동굴의 반대편에 있는 연못가에 내려가서 인적이 드문 조용한 장소를 찾아 명상에 들어갔다.

마음이 조화됨에 따라 붓다의 의식은 점점 확대되어 가야다나와 자신의 육체가 아득히 멀어져 콩알만하게 되었다.

가야다나와 자신의 육체가 작아지는 것이 아니라 또 한 사람의 자신이 대우주의 마음과 조화되어 커진 것이다.

불상 등에서 볼 수 있는 후광aura이라는 것은 또 한 사람의 자신의 모습에 다름 아니며 그것은 마음의 조화도에 비례해서 나타난다. 대불이나 큰 관음상은 마음의 넓음과 우주즉아의 모습을 상징하는 것이리라.

붓다는 물질의 육체와 확대되어 가는 의식의 자신을 찬찬히 비교해 보면서, 육체에 매달린 집착심의 어리석음과 가엾음을 확인하고, 이런 것에 번롱당하고 있는 조그마한 인간의 서글픈 모습을 다시금 새롭게 보는 것이었다.

인간은 각자 개개의 생명을 가지며 그 책임은 한결같이 각자에게 있다.

선·악 어느 쪽을 선택하든 그것은 각자의 자유의사에 맡겨졌다.

생명을 소중히 하고 싶으면 선을 택해야 한다.

그러나 인간은 쉬운 쪽을 택하고 어려운 일을 멀리하기 일쑤다.

육체를 지니면 육체의 쾌快·불쾌不快가 마음으로 전달되어 그것이 화근이 되어 인간을 조그마하게 만들어 버린다.

인간의 운명은 여기서 출발한다고 볼 수 있다.

산정山頂에서는 사람들의 말소리가 더욱 시끌짝해졌다. 사람들이 더 몰려와서 성대한 행사가 시작되었으리라. 산길도 인파로 뒤덮인 듯 싶었다.

§우루벨라 캇사파의 귀의

붓다는 명상을 풀고 크게 심호흡을 했다. 싱그러운 아침 공기가 몸속 구석구석을 돌며 활력을 채워 주는 것만 같았다.

붓다는 축제가 벌어지는 산정山頂으로 발길을 옮겼다. 산길은 남녀노소들의 인파로 붐볐다.

산정에 당도해 보니 제단 앞에 우물 정井자형으로 쌓인 장작더미에는 벌써 불이 댕겨졌고 그 불길은 서서히 기세를 더해가고 있었다. 그 불을 둘러싸고 맨 앞줄에 우루벨라 캇사파의 제자들이 진을 치고 앉았고 그 뒷줄에 마을 사람들이 꿇어 앉아 화신火神인 아그니에게 기도를 올리고 있었다.

수행자들은 나발螺髮이라는 트레상투를 머리에 감아올리고 하나같이 가혹한 육체고행을 쌓아온 노병들이었다. 그들의 눈은 마왕의 눈알처럼 부리부리 빛났으며 장작더미의 불길을 미동도 하지 않고 응시하고 있었다.

이런 행사는 바라문교의 베다에 기록되어 있는 것이며 신성한 불을 계속 피워 아그니 화신火神을 받드는 의식이다. 신도들은 대부분 마가다국 사람들과 동쪽의 이웃 나라인 앙가 국의 사람들이었다. 우루벨라 캇사파는 스스로 슈바라라고 자칭하였으며 신도들도 그를 그렇게 믿고 따랐다. 그들의 육체수행은 도저히 인간이 하는 짓이라고는 생각하기 힘들 정도로 끔찍스러운 것이었다. 겨울철이 되면 히말라야 가까운 산으로 들어가서 얼음 속에 몇 시간이고 몸을 담그기도 하고 반대로 활활 타오르는 불가에 알몸을 대어 피부가 빨갛게 익을 때까지 견디기도 한다.

그야말로 불사신이라고 할 만했다. 그러한 육체고행은 그들의 필수과목이었으며 그래서 많은 신도들은 초인적인 그들에게 두려움과 존경심을 보내고 있었다.

대제의 행사는 무르익어 이윽고 기도의 대합창이 가야다나를 진동시키고 있었다. 낭랑하게 산야를 울리며 퍼져가는 기도의 진언은 인간의 마음을 환상의 세계로 끌고 간다. 리듬은 단조로운 것이지만 소리와 선율에 민감한 인간의 마음은 그 합창에 귀를 기울이면 온갖 잡념이 없어지고 그 선율에 마음이 빼앗기게 되는 것이 신기하다.

장사꾼들은 축제 행사에 방해가 되지 않을 만한 장소를 골라잡고 전을 벌이고 있었다. 보자기나 멍석을 깔아놓고 그 위에 토산물과 옷가지를 진열해 놓았다. 사슴가죽으로 만든 물거르게는 탐나는 물건이지만 작은 루비 한 개를 지불하지 않으면 살 수 없다.

붓다는 그 물거르게를 살펴보고 있으니 퍼뜩 아사지의 생각이 났다. 우루벨라의 숲속에서 함께 수행하고 있을 때 아사지는 조심성 없이 생수를 마시고 심한 고생을 했다. 설사와 신열로 며칠을 앓았다. 붓다는 약초를 겨우 찾아내어 아사지에게 먹였었다. 요새 말로 하면 소위 이질 같은 병이었다.

붓다는 생수만은 유별나게 조심했다. 솟아나는 샘물이나 산간의 청수는 상관없지만 내나 강의 생수를 그대로 마신다는 것은 위험하기 짝이 없는 짓이다. 물거르게로 깨끗이 거른 다음에 마시지 않으면 몸이 쇠약해 있을 때는 영락없이 당한다. 다행히 붓다는 여태까지 생수를 마셔서 화를 입은 적은 한 번도 없었다.

땅꾼이 코브라를 가지고 온갖 재주를 부리고 있었다. 오늘날에도 땅꾼은 많은 것 같지만 당시에도 매우 성행한 작업이었다. 가느다란 꼬챙이와 대나무 피리로써 코브라를 마음대로 부렸다. 땅꾼이 시키는 대로 코브라는 전후 좌우로 몸을 꿈틀거리면서 춤을 춘다. 독사답지 않게 애교가 있었다. 땅꾼의 애정이 포악한 독사의 마음을 사로잡고 마음먹은 대로 놀리고 있다. 애정 앞에서는 어떠한 동물도 순종하지 않을 수 없는 모양이다.

그런데 파충류에 대한 인간의 감각은 여느 동물과는 달리 심한 혐오감이 있는 것 같다. 대개의 사람들은 조그만 뱀 한 마리만 보아도 기분이 좋지 않다. 기분이 좋지 않을 뿐만 아니라 무서운 것이라도 만난 듯 섬뜩해진다. 그것은 우리 인류의 기억 속에서 파충류에 몹시 시달려온 과거세가 있기 때문이다. 파충류의 지구 생활은 인류보다도 앞서며 특히 뱀의 서식은 약 5억년 이전으로 거슬러 올라가는 것이다. 최초에는 그렇게 큰 것이 아니었지만 점점 그 몸집이 커져서 파충류 전성시대에는 사람의 두세 배 되는 동물까지도 한 입에 삼키는 거대한 놈까지 있었다.

지상에 강림한 인류는 뱀의 공격이 큰 고민이었다. 다른 파충류는 일정한 장소에 집단적으로 서식하거나 또는 집단적으로 이동하는 것이었으므로 용이하게 피할 수가 있었다. 그런데 뱀은 달랐다. 어디에서든지 불쑥 나타나 인간을 덮쳤다. 생물이 있는 곳에는 어디든지 서식하고 있는 흉물이었다. 뱀에 대한 인류의 수난 경험은 자손 대대로 이어져 조그마한 것 한 마리만 보아도 과거세의 악몽이 되살아나게 되었다. 즉 뱀을 보는 것만으로도 독특한 공포감에 사로잡힌다.

그러나 그들도 따져보면 신神의 사생아다. 분별없는 공격 일변도의 투쟁 본능만 있는 것이 아니라 모든 생물이 진화도상에 있는 것처럼 그들도 또한 진화의 길을 걷고 있다.

뱀의 사육은 어렵지만 어릴 때부터 잘 다스리면 유순해질 것이다. 그런 점에서는 다른 파충류보다 사육하기가 쉬울지 모르겠다. 강한 생명력과 전생윤회의 경험이 그러한 체질을 형성하고 있다고 보아지기 때문이다. 그런데 뱀은 예로부터 악의 상징으로 보아 왔다. 뱀은 주로 음습한 곳을 좋아하며 먹이를 보면 몰래 접근하여 덮친다. 그리고 그 긴 몸으로 먹이를 칭칭 감고 숨통을 죈다. 한 번 물면 죽어도 놓치지 않는 집요한 잔인성은 여느 동물에서는 찾아볼 수 없는 특이한 성질이다. 뱀에는 밝음이 도무지 없다. 그 잔인성과 집념은 악의 특성을 그대로 드러내고 있다. 인간이 악에 오염되면 뱀처럼 된다는 말도 뱀의 성질을 꼬집은 것이다. 아무튼 인류는 뱀에 시달려 뱀을 멀리해 온 역사를 가지고 있다.

한편 산정의 대합창은 그칠 줄 모르고 계속되고 있었으며 불의 신을 참배하려는 마을 사람들이 줄을 이어 몰려들고 있었다. 참배가 끝난 사람들은 주변에 늘어선 노점상으로 몰려가 성시를 이루고 있었다. 붓다는 그 인파 속에 묻혀 이 때만은 마을 사람들과 함께 이곳저곳을 기웃거리며 돌아다녔다. 닭과 옷의 교환, 망고와 계란, 쌀과 다반의 교환 등 대단한 상거래였다.

당시에는 화폐라는 것이 없어서 모든 것이 물물교환에 의한 경제유통이었으므로 교환품의 가치 판단이 매우 힘들었다. 한쪽이 자신의 물건을 비싸게 우기면 다른 한쪽에서는 그것을 깎아 내리고 싸게 차지하려고 한다. 그러면 또 다른 제삼자가 개입하여 자신의 지참품을 들어 보이면서 흥정을 붙여온다. 서로 탐나는 물건을 싸게 에누리하려고 하기 때문에 상담은 좀체로 이루어지지 않는다. 시끌벅적하기가 싸움터 같다.

이렇게 되면 축제의 대합창은 이미 상거래의 소음 속에 묻혀버려 중단하지 않을 수 없게 된다. 축제 행사측도 이 점을 잘 예견하여 산정이 인파로 뒤덮일 무렵이면 막을 내린다. 그리고 축제행사는 경제교류의 장터로 돌변해 버리는 것이다.

마을 사람들의 신분은 한눈에 알아볼 수 있다. 머리에 감는 터번의 천이 비단인가 무명인가에 따라서도 알아볼 수 있으며 몸의 장식품도 눈에 띄게 달랐다. 수드라는 터번을 감지 않는다. 탐나는 물건이 있어도 주인인 크샤트리아(무사)나 베이샤(상공업자)의 옆에 가만히 참고 서 있어야 한다. 그들에겐 그것이 당연한 생활이었으며 불평도 하지 못한다. 마음속에서는 모순과 불공평을 알고 때때로 반항심이 불끈거리기도 하지만 반항했다가는 맞아 죽어도 호소할 곳이 없다. 이러한 노예들이 주인을 따라 산정에까지 와 있었다.

붓다는 그들을 보니 새삼스럽게 가슴이 아팠으며 그들에게도 평등한 권리가 주어져야 한다고 생각하는 것이었다. 출가의 목적은 이러한 인간들의 해방에도 있었지만 붓다가 된 지금도 현실의 사바 세계는 도처에 모순덩어리가 넘치고 있었다.

이 무렵 우루벨라 캇사파는 대제의 기도를 마치고 제자 한 사람에게 동굴의 상황을 알아오도록 분부했다. 간밤의 붓다가 구렁이의 밥이 되었을 것이라는 생각이 들었기 때문이다. 말하자면 그 구렁이는 그가 사육하고 있는 것이었다. 사료는 돼지나 닭이었는데 고타마가 찾아온 간밤까지 그 구렁이는 며칠째 굶어온 공복 상태였다. 당연히 고타마는 구렁이에 휘말려 죽었을 것이라고 여겼다. 동굴을 다녀온 제자가 이렇게 보고했다.

> "잠자리의 흔적이 있었습니다. 출입문도 단단히 잠겨 있었습니다. 그런데 그 수행자는 보이지 않았습니다.
> 구렁이는 동굴 구석에서 또아리를 틀고 머리를 파묻은 채 조용했습니다. 구렁이의 모양새를 보니 간밤의 사로몬은 잡아먹힌 듯 싶습니다."

듣고 있던 캇사파는 고개를 끄덕이더니,

"불쌍하게 되었구나."

하면서 다른 제자들을 둘러보고

"고타마를 본 사람은 없는가."

하고 물었다. 고타마의 얼굴을 아는 자가 없었으며 장로급의 제자 하나가

"본 사람은 아무도 없는 것 같습니다."

라고 대답하자 그는 잘 됐다는 듯이 더 이상 추궁하지도 않고 입을 다물고 말았다. 붓다는 캇사파의 이 거동을 인파 속에서 건

너다보고 죄다 알고 있었다. 축제도 끝났으므로 서서히 그를 만나보고 싶기도 했지만, 축제가 방금 끝난 뒤이기도 하려니와 경원하는 그의 눈앞에 별안간 나타나면 큰 충격을 주고 어쩌면 반항적이 되어 좋은 결과를 얻기가 힘들지 모른다는 생각이 들었다. 그래서 오늘밤은 일단 우루벨라의 숲으로 후퇴하기로 작정했다.

다음날 아침 붓다는 다시 간밤의 수행장인 가야다나로 갔다. 마침 집회가 끝나고 모두들 잡담의 꽃을 피우고 있는 중이었다.

붓다는 우루벨라 캇사파에게 하룻밤 묵게 해준 데 대해서 인사를 하기 위해서 그들 사이를 헤치고 들어갔다. 붓다의 모습을 본 순간 캇사파의 얼굴색이 돌변했다. 놀람과 긴장으로 마치 화석처럼 굳어진 그는 입도 잘 움직이지 못했다.

"그저께 밤은 편안하게 묵게 해주어서 감사합니다."

붓다가 인사를 하니 주위의 제자들도 서로 얼굴을 쳐다보면서 캇사파 스승의 반응을 숨을 죽이고 바라보았다. 캇사파는 한동안 입이 열리지 않았다. 그러나 다년간 많은 제자를 거느려 온 교주답게 외교적인 몸짓을 이내 되찾고,

"어서 이리로 오십시오. 그저께 밤은 참으로 실례가 많았습니다. 이것저것 경황없는 상황에서 무례한 대접을 한 것 같습니다."

하고 얼버무리면서 그 당장의 체면을 수습하는 것이었다. 붓다는 주위의 제자들에게는 눈도 주지않고 캇사파를 잠시 응시하고 난 뒤 조용히 입을 열었다.

"당신은 아라한이라고 자칭하고 있지만 아라한이 아니오. 아라한의 경지에 이른 자라면 설령 아무리 미운 수행자라도 불행에 빠뜨리는 짓은 하지 않는 법. 당신은 나를 두려워했으며 내가 축제에 참석하는 것을 싫어했소. 이유는 나에게 지는 것이 두려웠기 때문이오. 아라한이라면 승부에도 집착하지 않으며 공포심도 가지지 않소. 사람들 앞에서는 선량한 얼굴을 하고 뒷구석에서 꿍꿍잇속을 차리는 것이 아라한인가? 대답해 보시오."

일이 고약하게 전개되는 것을 지켜보고 있던 제자들과 수행자들은 더 이상 그 자리에 있는 것이 스승 우루벨라 캇사파에게 큰 낭패를 줄 것이라는 생각이 들어 한 사람 두 사람씩 모두들 자리를 뜨고 말았다.

캇사파는 붓다에게 대꾸할 말이 없었다. 붓다의 입에서 쏟아진 말 한 마디 한 마디는 그대로 화살이 되어 캇사파의 가슴에 꽂혔다. 그리고 그때까지 자신이 걸어온 인생의 사념과 행위에 대한 반성의 등불이 켜졌으며 그 불빛은 커다란 동그라미가 되어 물결처럼 퍼지는 것을 느꼈다. 고타마 붓다의 소문은 익히 들어 알고 있었지만 자신의 생애를 통해서 이처럼 도리에 맞는 말을 하는 수행자를 만나보기는 처음이었다. 캇사파는 선 채로,

"당신이 말씀하신 그대로입니다. 늙은 수행자의 잘못된 행위를 용서해 주시기 바랍니다. 변명해 드릴 말씀은 하나도 없습니다."

하고 용서를 빌었다. 조금 전의 위세 당당하던 그의 모습은 눈곱만큼도 찾아볼 수 없었다. 한 사람의 진지한 수행자의 자세로 그는 돌아왔다. 고개를 떨군 채 그는 그 자리에 무릎을 꿇고 두 손을 땅에 짚었다. 그리고 용기 있게 이렇게 말했다.

"제발 이 사람을 제자로 거두어 주십시오.
늙은 몸이긴 합니다만 제발 부탁드립니다."

흘러내리는 뜨거운 눈물을 닦을 생각도 않고 그는 붓다의 두 손을 꼭 붙들고 애원하였다. 붓다는 그가 여태까지 저지른 모든 잘못을 낱낱이 지적하면서 신리神理의 위대함과 마음의 존엄성에 대해서 설법했다. 캇사파는 하나하나 납득을 하면서 마음의 절대성에 대해서 새삼 눈을 떴다.

"당신의 기분은 알겠습니다만 스승을 잃은 제자들의 입장도 잘 살펴보고 처신하십시오…"

붓다가 이렇게 타이르자,

"예, 저는 진짜 붓다를 만나게 되어 행복합니다.
제자들에게는 지금의 이 심경을 알려주고 그들의 의견을 들어보기로 하겠습니다."

그는 눈물을 닦고 멀리 떨어져 이 광경을 바라보고 있는 제자들 쪽으로 걸어갔다. 마음의 짐을 내린 그의 발걸음은 가벼웠으며 얼굴도 한결 밝아졌다. 머리 둘레에는 후광aura이 뚜렷이 나타나고 있었다.

　붓다는 혼자 광장에 남았지만 그들의 마음이 평화를 찾고 안심입명의 인생을 보낼 수 있도록 브라흐만에게 기도드리고 진심의 감사를 올렸다.

　　"붓다, 당신의 법의 교화는 참으로 훌륭했소.
　　자신을 가지고 앞으로도 계속 중생을 제도해 주십시오."

　라는 말을 남기고 브라흐만은 이내 사라지고 말았다. 붓다는 마음속으로 몇 번이고 되풀이해서 브라흐만의 협력에 감사했다.

　캇사파는 그의 제자 500여 명을 한 곳에 집합시켜 놓고 큰 소리로 말했다.

　　"수행자들이여, 지금부터 내가 하는 말을 잘 들어주시오. 나는 지금 이 순간부터 아그니 화신의 신앙을 버리고 고타마 붓다의 제자가 될 것을 결심했습니다. 붓다의 가르침이야말로 내가 줄곧 갈구해온 바로 그것이었습니다. 지금 그것을 분명히 확인할 수 있었으므로 나의 결심은 굳어졌습니다. 지금부터 붓다의 가르침에 귀의하겠거니와 나의 뜻에 찬성하는 수행자들은 나를 따라오시기 바랍니다."

　나이답지 않은 찌렁찌렁한 목소리였다. 수행자들 사이에 동요와 소음이 일어났다. 서로 얼굴을 쳐다보면서 웅성거리기 시작했다. 오랜 세월 동안 아그니 화신을 믿고 교조인 우루벨라 캇사파를 따라오지 않았던가. 교조가 갑자기 태도를 바꾸어 아그니 화신을 버린다고 하니 그들 사이에 동요가 일어나는 것은 당연한 일이었다.

　한동안 소요가 계속되었지만 아그니 화신이라 하더라도 결국 신앙의 대상은 살아 있는 교조가 아니었던가. 그렇게 믿고 따르던 교조가 갈구해온 것이 붓다의 가르침이었다고 한다면 그들 역시 붓다에 귀의하는 것이 바로 제자로서의 도리인 것 같기도 했다. 그리고 막상 교조를 떠나서 다른 곳에서 수행의 길을 찾는다 해도 캇사파 이상으로 기대를 걸 수 잇는 곳이라곤 아무데도 없는 실정이었다. 캇사파의 신앙은 일국의 임금까지 믿고 따르고 있을 정도가 아닌가. 그런 교조가 붓다에 귀의하겠다고 하는 것이니 거기 무슨 잘못이나 착오가 있을 턱이 없다고 여겨졌다. 붓다의 신리는 앞으로 직접 배워보기로 하고 여기서는 일단 교조의 말을 믿고 함께 귀의하는 것이 순리일 것만 같았다.

　제자들의 반응은 전원 귀의였다.

　우루벨라 캇사파는 붓다 앞으로 돌아와 꿇어앉아,

　"붓다… 보신 바와 같습니다. 전원 제자로 거두어 주시기 바랍니다. 아무쪼록 부탁드립니다."

　하고 엎드려 붓다의 대답을 기다렸다.

　붓다는 가볍게 고개를 끄덕이더니 붓다스트라의 제자로서의 조건을 비로소 제시하였다.

　"도를 구해 찾아온다면 도를 가르쳐 주겠습니다.

붓다의 도는 팔정도八正道를 마음의 척도로 삼고 자신이 체험한 일체의 상념과 행위를 하나 남김없이 반성하여 잘못된 부분을 진심으로 브라흐만에게 사과하고, 그 후에 불佛·법法·승僧의 삼보三寶에 귀의하는 것입니다.

그러기 위해서는 캇사파 당신의 지시 하에 지금부터 7일 동안 숲 속에서 각자 마음을 올바르게 수정해 주시기 바랍니다. 나는 우루벨라의 숲을 떠나 라자그리하의 교외 반다바다나에 가 있겠습니다.

8일째 되는 날 아침 거기서 여러분과 다시 만나도록 하겠습니다."

§삼보三寶의 의의

우루벨라 캇사파는 깊이 고개를 숙였다.

"예, 잘 알았습니다. 서둘러 그렇게 시행하도록 하겠습니다. 참으로 고맙습니다."

정중히 인사를 드린 후 캇사파는 제자들에게 아그니의 제단을 산골짜기에 버리게 하고 동굴 속의 그 구렁이도 자유롭게 놓아주었다. 그는 붓다와 함께 우루벨라의 마을을 향해서 하산했다. 하산하는 도중에 그는 몇 번이고 되풀이해서 붓다에게 감사의 뜻을 표했다.

아그니의 제사에 대해서는 그들도 내심 의문이 없었던 바 아니었다. 그 의문이란 아무리 엄격한 육체고행을 해도 아라한의 경지에 도달할 수가 없었을 뿐만 아니라 제자들 가운데는 병마에 시달려 재기불능인 자도 생겨났던 것이다. 또한 엄한 수행을 하면 할수록 마음은 투쟁적이 되어 정신이 이상해지는 자도 나타났다. 그러나 이런 현상들은 제자들의 수행이 부족한 탓에 일어난 사고事故들로 여길 뿐 그 원인을 깊이 살펴보지 않고 무시되고 말았다. 더욱이 아그니 축제의 오랜 역사적 습관이 이런 그릇된 신앙을 지속적으로 성행시켜 온 원인이기도 했다.

신앙의 형태가 형식이나 틀에 박힌 진행의식을 취하게 되면 내용보다는 겉모양에 사로잡히기 일쑤이다. 즉 마음을 알기가 힘들게 된다. 긴 역사가 흐르는 동안 바라문이 학문화되고 형식화되어 버린 것도, 또한 오늘날의 불교가 사찰과 전통 속에 묻혀버린 것도, 마음이라는 내용보다는 겉모양의 형식을 더 중요시해온 데 그 원인이 있다고 하겠다.

　이런 일은 첫째 지식知識과 지혜智慧가 혼동되어 그 구별이 모호해진 데 원인이 있기도 하지만 더 큰 원인은 인간이라는 것은 자칫 환경에 지배되어 눈에 보이는 외형에 사로잡히는 습성을 지니고 있기 때문이라고 하겠다.

　누구나 어렵고 고통스러운 일보다는 쉽고 편안한 일을 택하고 싶어하며 가난한 생활보다는 풍족한 생활을 추구하는 것이 인지상정이라고 할 수 있다.

　하지만 그런 습성이 몸에 배면 사물의 본질을 알기가 더욱 힘들어지고 종내는 진실과 허위의 구별마저 불가능해지며 인간의 본성인 신성神性·불성佛性을 상실하기에 이른다.

　우루벨라 캇사파의 신앙은 불火의 신神 그 자체에도 문제가 있었지만 동시에 신앙의 형태가 습관적 행사로 전락하여 행사를 위한 신앙으로 전도되었다는 지적을 면할 길이 없다.

　많은 제자들이 행사화된 신앙에서 급선회하여 붓다의 행에 귀의한 자신들의 처신에 당혹감이 없었던 바도 아니었다.

　하지만 오랜 타성에서 깨어나지 않으면 마음의 실상은 끝내 알 길이 없으며 그들 자신도 구원받지 못했을 것이었다. 아그니 화신을 버리고 붓다에 귀의한 것은 그들로서는 참으로 힘드는 일대 혁명이었다고 아니할 수 없다. 하지만 그것은 그들 자신을 구원하는 길이고 보니 붓다가 취한 태도는 크나큰 자비행이 아닐 수 없다.

그건 그렇다 하더라도 우루벨라 캇사파의 행동은 참으로 용기 있는 것이라고 하지 않을 수 없다. 보통의 범인凡人이었다면 제자들 앞의 체면도 있고 교주의 체통을 세우기 위해서라도 붓다에게 대항했을 것이다. 그런데 그는 그토록 믿고 있던 아그니 신마저 미련없이 팽개쳐 버리고 붓다에 귀의해 버린 것이다.

"아라한의 경지에 이른 자라면 아무리 볼품없는 수행자라도 불행에 빠뜨리는 짓은 하지 않는다."
"아라한이라면 승부에 사로잡히지 않으며 공포심도 가지지 않는다."

붓다의 이 말이 캇사파의 마음을 쥐고 흔들어댔던 것이다.

그는 자칭 아라한이라고 했으며 슈바라라고 신도들에게 인식시켜 그 동안 많은 제자들을 이끌어 왔지만 붓다 앞에서는 어린 애송이에도 못미치는 것이었다. 그는 비록 교조의 몸이긴 하였으나 항상 수행자의 한 사람이라는 자각심과 더욱 배우겠다는 향학심을 버리지 않고 있었다. 이런 진취적인 마음이 붓다의 말에 귀를 기울이게 한 기근이 됐던 것이다.

붓다에 귀의함으로써 그는 비로소 한 사람의 참다운 수행자가 되었다. 그는 스스로의 용기에 의해서 교조라는 굴레에서 벗어나 자유로워질 수 있었다. 그와 그의 제자 몇 사람이 라자그리하의 마을까지 붓다를 수행했다.

나머지 제자들은 각기 숲속의 적당한 장소를 찾아 지금까지의 인생에서 지은 마음의 때를 벗기기 위한 명상적 반성에 들어갔다.

즉 불佛·법法·승僧에 귀의하는가 아닌가를 스스로의 마음에 묻는 것이었다. 그리고 일주일 후 그 결심이 확고하게 선 자에게 입문이 허용되는 것이었다. 귀의하는 마음이 되었는가 아닌가는 한 사람 한 사람의 후광aura에 의해서 판별할 수 있다.

반성은 신이 인간에게 부여한 자비이며 스스로를 구제할 수 있는 유일한 능력이다.

과거의 잘못을 인정하고 그 잘못을 신에게 빌고 두 번 다시 같은 잘못을 되풀이하지 않겠다는 자기 완성을 이룰 때 누구에게나 후광은 예외없이 방사된다.

불佛·법法·승僧 귀의의 조건은 마음의 존엄성과 붓다의 제자로서의 긍지를 심어 주는 것이었다.

불佛·법法·승僧 귀의의 조건이란 앞서도 말한 바와 같이,

붓다佛에 귀의하는가.
담마法에 귀의하는가.
승단僧에 귀의하는가.

의 세 가지이다.

즉, 불佛을 믿는가, 법法을 믿는가, 승僧으로서의 몸과 마음을 닦을 자각심이 있는가의 세 가지이다.

붓다의 경지는 누구나 다 희구하는 것이지만 붓다가 되기 위해서는 영혼의 길고긴 전생윤회의 역사가 누적되어야 하며 그리고 그러한 과정을 거치지 않고서는 도저히 이루어질수 없는 최고의 경지다.

붓다의 문하생이 되기 위해서는 우선 붓다를 믿는 것에서부터 시작되어야 했다. 믿음이 없으면 신심信心과 신앙은 성립될 수 없는 것이기 때문이다. 마음을 믿는 신심 신앙은 신의 길일 뿐만 아니라 생활 전반에 걸쳐 해당되는 삶의 실천 사항이다.

물건을 생산하는 것도 팔린다는 믿음이 있기 때문에 만든다. 사람과 사람의 교제뿐만 아니라 가정 내에서의 생활도 서로 믿음이 있기 때문에 조화를 이루어 살아갈 수 있다.

믿음이 없다면 인간은 한 시도 살아갈 수 없다. 극단적인 예가 가령 자신을 믿을 수 없다면 죽음을 택할 길밖에 없지 않은가.

마음의 세계는 모두 믿음에 의해서 지탱되고 있다.

특히 지상에서는 인간의 의식량이 겨우 10% 정도밖에 작용하지 않고 있으므로 내일의 운명도 알 수 없는 노릇이다. 그러기에 더욱 더 믿음의 문제가 진지하게 다루어지지 않으면 안 된다.

이것은 비단 현상계에만 국한되는 문제가 아니다. 저 세상인 실재계에서도 마찬가지다. 인간은 신의 자식이기 때문에 신을 보고 싶어하는 마음이 일어난다. 하지만 신을 볼 수는 없다. 신을 볼 수 있는 영혼의 소유자는 석가, 예수, 모세의 세 사람 뿐이다.

영적 차원이 높아져서 신을 보았다고 하는 자가 있는데 이것은 저 세상의 천사를 보았거나 아니면 가짜를 본 것에 지나지 않다.

신은 저 세상에서도 인간 앞에 그의 모습을 나타내는 일이 없다. 왜냐하면 저 세상, 이 세상을 막론하고 신은 인간의 마음과 만물의 에너지 속에 살아가는 능력으로서, 의사意思로서 중도中道 속에 그 몸을 숨기고 편재偏在하고 있는 존재이기 때문이다.

　석가, 예수, 모세가 신을 볼 수 있는 것은 신의 의사를 차질없이 인간에게 전달할 수 있도록 부여된 권능權能이며 그것은 또한 우주 창조의 창세기부터 약속된 일이기도 하다. 이렇게 보면 믿음의 문제는 석가, 예수, 모세 이외의 인간들에게는 저 세상에서도 연면히 계속되는 문제라고 아니할 수 없다.

　붓다佛를 믿는다는 것은 만생만물을 지배하는 신神을 믿는다는 것과 마찬가지의 말이 된다. 동시에 그것은 자신의 본심을 믿는 것과도 마찬가지의 의미를 담고 있다.

　붓다의 깨달음은 그만큼 위대하고 권위 있는 것이었다. 따라서 붓다의 문하생은 우선 붓다에 귀의하는 것이 선결문제가 된다.

　다음에 담마法란 붓다佛가 설하는 정법正法을 말한다. 만생만물은 모두 정법正法이라는 신의 마음에 의해서 순환되며 신의 자비 속에서 살려지고 있다. 이것을 스스로의 힘으로 깨닫는다는 것은 지극히 어려운 일이다. 객관적으로는 이해할 수 있지만 이것을 체험적으로 인식할 수 있는 분은 붓다 뿐이다. 그래서 붓다가 설법하는 정법正法·불법佛法을 믿는다는 것이 문하생으로서의 제2조건이 되는 이유이다.

　제 3의 승단僧團은 중도라는 팔정도를 일상생활에 실천할 수 있는가 없는가의 자신의 결심 문제다. 팔정도는 자계自戒의 길이다. 각자 신성, 불성을 깨닫기 위해서는 중도中道라는 척도를 기준으로 한 생활을 통해서 조화의 마음을 알지 않으면 안 된다. 자계自戒의 길을 태만히 하고 형식에만 사로잡힌다면 이미 붓다의 제자로서의 자격은 없다. 승단僧團의 길은 그만큼 어렵고 엄격하다. 자기 자신에겐 준엄하고 철저해야 한다. 반성과 자계自戒로써 지금까지 쌓아온 업業을 타파하고 이기지 않으면 안 된다. '세 살 버릇 여든까지 간다'라는 속담처럼 업業을 수정하기란 여간 어려운 일이 아니다.

노력과 용기가 필요하다. 또한 끊임없는 탐구와 지혜를 기울이지 않으면 안 된다. 성격상의 나쁜 습관을 고치고 개조하는 일은 여간 어려운 일이 아니다. 하지만 이러한 노력을 게을리하면 나쁜 습관에서 벗어나기란 영영 불가능하다.

붓다의 제자가 되기 위해서는 인간으로서의 자각에 눈 뜨고 자신을 지엄하게 다스려 나갈 수 있는 자가 아니면 안 된다. 그래서 승단에 귀의함으로써 불자다운 긍지와 명예를 저버리지 않고 정진하겠다는 맹세 조항을 끝에 넣었던 것이다.

§캇사파 형제의 귀의

우루벨라 캇사파에겐 두 아우가 있었다. 한 사람은 난데야 캇사파, 또 한 사람은 구난다 캇사파라고 했다.

가야다나의 계곡 하류에 있던 난데야 캇사파는 형이 소중하게 다루는 제단과 제기들이 부침하면서 하류로 떠내려오는 것을 목격하고서는 형에게 큰 사고가 일어났다고 대경 실색했다. 그는 막내 아우 구난다 카삿파의 수행장을 찾아가 동생을 재촉하여 가야다나의 산정으로 달려갔다. 그런데 산정에는 형은 물론 많은 제자들과 제단도 없었다. 둘은 서로 얼굴을 쳐다볼 뿐 말문이 막혔다.

"그토록 훌륭한 형의 일이 아닌가!
어쩌면 산적들에게 일을 당한 게 아닐까?"

난데야 캇사파는 덜컥 겁이 났다. 그들은 데리고 간 제자들과 함께 인근 일대를 샅샅이 뒤졌다. 만일 산적들의 습격을 받았다면 핏자국이라도 남아 있어야 하고 형의 숙사도 마땅히 흐트러져 있어야 할 터인데 그렇지가 않고 말끔히 정돈된 채 그대로가 아닌가. 도대체 어찌 된 영문인지 종잡을 수가 없었다. 둘은 급히 산을 내려와서 마을 사람들에게 물어보니, 젊은 사로몬을 따라 라자그리하로 떠난다는 말을 남기고 하산했다는 것이었다.

"형이 너에게 라자그리하로 간다는 말을 한 적이 있는가?"

"어쩌면 축제도 끝났으므로 빔비사라왕의 초대를 받은 것이 아닐까. 그런데 가만… 만일 라자그리하로 간다고 하면 언제나 우리들도 함께 갔었잖아? 그렇다면 이번에는 무슨 화급한 용무라도 생겼단 말인가?"

구난다도 형과 마찬가지로 도무지 예상할 수가 없었다.

둘에게 가장 이해하기 힘든 것은 그토록 소중하게 아껴온 제기들의 문제였다. 어떻게 계곡 물 속에 버릴 수 있단 말인가.

난데야의 걱정은 태산 같았다. 둘은 몇 제자들을 데리고 말을 달렸다. 불안을 떨쳐버리기 위해서는 직접 라자그리하로 달려가서 형의 모습을 두 눈으로 확인하는 길밖에 없었다.

라자그리하에 도착한 둘은 형의 행방을 찾아 헤맸다. 마을 사람들을 붙들고 물어보기도 하고 수행장마다 찾아다니며 알아보기도 했다. 그러나 형 같아 보이는 인물을 본 사람은 아무도 없었다. 둘은 마을에서 제법 떨어진 산속을 뒤지기 시작했다.

그런데 이게 어찌된 일인가.

형은 머리를 홀랑 깎고 노란 승복 차림으로 제자들과 함께 명상에 잠겨 있지 않은가!

둘은 아연했다.

"그토록 훌륭한 형이 어째서 이런 꼴이 되어 여기까지 와서 명상에 잠겨 있단 말인가.
이것이 정말 형 우루벨라 캇사파일까…"

난데야는 구난다의 얼굴을 쳐다보면서 그 자리에 한동안 장승처럼 멍하니 서 있을 따름이었다. 둘은 제자들을 그 자리에 있게 하고 큰형 캇사파 옆으로 다가갔다.

 "형님, 형님, 접니다. 구난답니다."

 캇사파는 흠칫 놀라는 얼굴이었으나 두 동생의 얼굴을 확인하자, 몇 년이나 만나지 못했던 사이처럼 반색을 하며 입을 열었다.

 "오오 구난다인가. 난데야도 왔구나.
 잘 왔다. 참 잘 왔어. 자 자, 어서 여기 앉아라."

 "형님, 개종했습니까? 저희들에게 말씀도 없이… .
 그렇게 목숨보다 소중히 아껴 온 제기들을 버리시다니 도대체 어떻게 된 일입니까… 무슨 영문입니까?"

 구난다의 물음에 캇사파는 고개를 끄덕이더니 일의 전말을 털어놓았다.

 "너희들에게 상의도 하지 않고 하산한 짓은 잘못이었다. 그러나 그 때의 나는 그럴 수밖에 도리가 없었다.
 나는 내 자신이 깨달았다고 늘 생각해 왔는데 그것은 참으로 어처구니 없는 큰 착각이었다.
 내 맘속에 자리잡고 있는 오만, 노여움, 시샘 등의 악념은 아그니의 화신을 모시는 기도로써는 소멸시킬 수 없는 것이었다.
 평온한 안심을 갈구하면서도 내 맘은 언제나 오만과 위선으로 가득 찼다. 이 부끄러운 자신의 모습을 똑똑하게 보고 알 수 있게 된 것이다.
 전세계에 단 한 분밖에 없는 위대한 붓다를 만나뵐 수 있어서 나는 내 맘속을 똑바로 볼 수 있게 된 것이다.
 가야다나의 축제에 붓다가 나타나 내가 생각하고 행동한 것들을 낱낱이 집어내어 그 잘못을 지적해 주었다.
 이 나이에 나는 다행스럽게도 진짜 붓다를 만날 수 있게 되었다.
 나는 지금 행복하다.
 나는 붓다의 정식 제자가 되기 위해서 이렇게 반성의 명상을 하고 있는 중이다."

 둘은 형의 말을 듣고 다시 한번 놀랐다. 그렇게 위세 당당하던 형이 이렇게까지 순일한 모습으로 돌변하다니! 어제의 형과 오늘의 형은 같은 인물이 아니라는 생각이 들었다, 그런데 이상하게도 명경지수 같은 맑고 차분한 마음의 파장은 두 아우의 마음을 사로잡고 놓아주지 않았다.

 "형님, 붓다의 가르침이란 어떤 것입니까?"

 난데야는 지금까지의 의혹은 어느새 사라지고, 형을 이렇게까지 개종시킨 위대한 붓다의 모습이 머리 속에 떠올라 그 가르침이 알고 싶어졌다.

 우르벨라 캇사파는 조용히 눈을 감고 이렇게 말했다.

 "우리들은 부모의 인연에 의해 태어났으므로 서로의 인연에 의해서 형제가 되었다.
 인연이 있으므로 결과가 있는 법이다.
 고락苦樂도 인과 과의 모습으로 나타나는 것이다.
 생각해서는 안 될 일을 생각해서 괴로워한다.
 해서는 안 될 일을 해서 괴로움을 만들어내고 있다.
 모든 것은 연생이다. 원인과 결과의 나타남이다.
 그러니 우리들은 무엇보다도 먼저 나쁜 원인을 만들지 말아야 한다.
 고락苦樂은 육체와 마음으로써 자기 자신이 만들어내고 있는 것임을 깨달아야 한다.
 아무리 아그니 화신을 모시고 병마, 아수라, 긴나라, 마고라 등의 수호를 받는다 한들, 자신의 마음과 행동이 중도中道에서 이탈하고 있다면, 다람쥐 쳇바퀴 돌 듯 같은 괴로움을 지어내어 집착의 마음을 더욱 강하게 키워나갈 뿐일 것이다.
 하늘에서 내려와서 악마를 쫓아내 줄 수 있는 힘은 자신의 올바른 중도中道의 생활 이외에는 없다는 것을 나는 깨달았다.
 붓다의 가르침은 정도正道를 마음의 척도로 삼고 매일 올바른 생활을 하는 길이라고 말할 수 있다."

 두 아우는 형의 말을 새겨 들었다. 그리고 그것이 올바른 길이라는 생각이 들어 고개를 끄덕이고 수긍하였다.
 구난다 캇사파는 형의 말이 끝나자마자 벌써 마음속에서는 자기도 형을 따라 아그니 화신을 버리고 붓다스트라에 귀의하는 것이 좋겠다는 생각이 꿈틀거렸다. 형을 만나기 직전까지만 해도 오로지 형을 받들어 배화교拜火敎를 포교하는데 전력을 다하는 것이 자신의 사명이라고 굳게 믿고 있던 구난다였다. 그런 그가 형의 말을 듣고 있는 중에 지금까지의 굳은 결심은 안개처럼 사라지고 붓다의 환한 모습이 마음속에 자리를 잡는 것을 막을 길이 없었다.

"형님, 저희들도 붓다 앞으로 인도해서 한번 만나게 해주십시오. 어떤 분인지는 형님의 말씀을 듣고 알았습니다만 한 번 이 눈으로 직접 만나뵙고 싶습니다. 형님을 이렇게까지 바꾸어 놓으신 그 위대한 붓다님을 만나뵈오면 저희들의 마음도 틀림없이 형님처럼 될 것입니다."

구난다는 눈에 광채를 띠면서 말하는 것이었다.

"잘 말해 주었다, 구난다. 역시 과연 내 아우다.
붓다에게 말씀드려서 너희들을 소개해 주겠다.
붓다도 틀림없이 거두어주실 것이다."

형 우르벨라 캇사파는 비로소 얼굴에 미소를 띠고 동생들을 붓다가 있는 곳으로 안내하였다. 붓다는 여러 사로몬들 앞에서 설법을 하고 한 숨 쉬는 참이었다. 셋이 붓다 앞으로 다가갔다. 붓다는 이미 이 일을 알고 있었으며 세 사람의 대화를 계속 이어가는 것처럼 입을 여는 것이었다.

"형인 우르벨라 캇사파가 신리神理에 대해서 이야기했듯

이 정도正道를 마음의 척도로 삼고 일상생활을 하는 것 이외에 마음의 평안을 얻을 수 있는 길은 없습니다. 타오르는 불꽃을 보고 예배한들 마음의 안주는 없습니다.
 신리神理는 오직 한 가지뿐.
 정도正道를 실천하는 외길 뿐입니다.
 두 분은 형과 같은 결심은 하고 있으나 제자들도 있고 하니 잘 상의해서 결정하도록 하십시오."

붓다는 이렇게 말하면서 가볍게 고개를 숙이고 나서는 설법을 계속하기 위해서 사로몬들 쪽으로 자리를 떴다.

 "형님, 틀림없는 붓다입니다. 형님이 하신 말씀까지 알고 계시지 않습니까. 자신의 마음을 수정하지 않고서는 깨달음의 길이 얼마나 먼지를 알게 되었습니다.
 형님 정말 고맙습니다."

둘은 형의 손을 잡고 새삼스레 감사하는 것이었다.

 "잘 됐어. 정말 잘 됐어. 다같이 지난날은 깡그리 팽개쳐 버리고 첫걸음부터 다시 시작하자.
 그래서 붓다스트라를 우리의 마음과 몸으로 체득해 보자.
 닷새 후에 나의 제자들이 이곳에 오기로 되어 있다.
 자신에게 거짓말을 할 수 없는 그 선한 마음으로 지난날의 잘못을 참회하고 마음을 정화한 다음 붓다를 만나뵙도록 되어 있다.
 너희들도 지금부터 돌아가서 제자들과 의논해서 붓다스트

라에 귀의하는가 아닌가를 결정하여라."

이래서 두 아우는 수행한 제자들과 함께 일단 가야의 마을로 돌아가 쌍방의 제자들을 한자리에 모아놓고 우르벨라 캇사파가 개종하게 된 경위를 설명했다. 그리고 끝으로 결심을 밝혔다.

"우리 두 형제를 따라오고 싶은 사람은 함께 오도록…."

우르벨라 캇사파의 경우와 마찬가지로 제자들 사이에는 역시 동요가 일어났다.

"아그니 신이야말로 절대적이며 만물은 타오르는 불이 있으므로 생존할 수 있다. 그 불을 버리다니 되기나 할 말인가. 나는 죽어도 아그니의 화신만은 버리지 않겠다."

하고 한 장로격인 제자가 팽팽하게 의견을 굽히지 않고 맞섰다. 이에 대해서 어떤 제자는 반대했다.

"캇사파 형제들을 이렇게까지 개종시킨 것을 미루어보면 붓다라는 분은 예사 인물이 아니다. 진짠지 가짠지 일단 만나보고 난 뒤에 진로를 결정해도 늦지 않다."

대부분의 제자들은, 늙은 캇사파 형제들이 마치 어린애 같은 눈빛으로 붓다스트라를 입에 침이 마르도록 치켜세우면서 아그니 화신을 버리겠다고 하자, 자신들도 그들을 좇아 반성의 명상을 해서 그 결과를 지켜보는 것도 헛된 일은 아니라는 생각이 들었다. 이렇게 해서 형제를 합친 970명의 수행자들이 합의를 보았다.

이들은 삭발하고 노란 승복을 몸에 걸치고 라자그리하의 마을로 이동하기 시작했다. 이 소문은 이내 사방에 퍼졌다. 우선 산 속에서 수행하고 있는 사로몬, 사마나들의 귀에 들어갔다. 그래서 재빨리 붓다를 한 번 만나보겠다고 이 대열에 끼어드는 자들도 나타났다.

마가다국 왕의 귀에도 들어갔다. 수년 전에 고타마 싯다르타를 처음 만났을 때, '위대한 붓다가 될 분이다'라는 예상은 하고 있었지만, 마침내 슈바라가 되어 자기가 믿고 있던 캇사파 형제까지 귀의시켜 많은 제자들을 거느리고 있다는 소식을 듣자, 가만히 앉아 있을 수 없을만큼 좀이 쑤셨다.

반다바산山은 사로몬들의 집단으로 갑자기 성시를 이루었다. 불과 얼마 전까지만 해도 겨우 다섯 사람의 제자뿐이었던 것이 10명, 80명이 되더니 지금은 무려 1,700명이라는 수로 불어나 산이 뒤덮일 지경이 되었다.

이 증가현상은 이상하였다. 이 지상계는 3차원적이고 물리적이기 때문에 돌연변이가 일어나지 않는 한 물건의 증감이 크게 변하는 일은 없는 것이 정상이다. 증가하는 가장 큰 산법에 쥐가 불어나는 모습에 비유한 기하급수라는 것이 있다. 이 산법은 1이 2가 되고 2가 4가 되며 4가 8이 되어 물건이 지속적으로 불어나는 것을 말한다. 그러나 이 산법에도 일정한 순서가 있으므로 2가 5가 되고, 5가 32가 되는 건너뛰기는 없다. 붓다에의 귀의는 이러한 기하급수의 산법으로도 따라잡을 수 없는 것이었다. 그야말로 돌연변이 현상이 아닐 수 없었으며 무더기로, 단체로 귀의해 오는

데 그 특징이 있었다. 따라서 보통의 산술 계산으로는 계산이 성립되지 않는 증가법으로 팽창해 갔다. 이런 추세로 10년간 지나면 붓다의 교단은 민족적 대집단이 될 것이 분명하였다.

인간은 신의 자녀이기 때문에 신에 귀의하는 것은 당연한 일이며 붓다스트라가 전 인류에 침투하는 것도 반가운 일임에는 틀림없으나 당시의 세상과 인심을 살펴보면 교단의 확대를 그대로 방치해두는 것은 바람직스러운 일이 아니었다.

당시의 세상은 이를테면 전란의 시대였으며 무사와 노예들은 언제 적의 습격을 받아 목이 달아날지 몰랐다. 계급제도도 엄격했으며 인간의 마음은 물질인가 마음인가 양자택일을 강요당하는 세상이었다. 즉 물질에 집착하는 자와 신불을 좇는 자로 갈라졌는데 후자를 택해 산 속에 들어가서 육체고행에 전념하는 자가 줄을 잇고 있었던 것이다.

당시의 시대적 배경에서 말하면 붓다에 귀의한다는 것은 출가를 의미하고 있었다. 말하자면 일상생활을 버리고 승직에 종사하는 것을 의미한다. 산 속에 들어가면 나무 열매도 있고 먹을 거리에는 그다지 신경을 쓰지 않아도 되었으며 의복도 한 벌만 있으면 충분하였다. 그러나 입산수도자가 많아지면 많아질수록 인간사회는 피폐해지고 쇠퇴의 길을 면할 길이 없다.

붓다스트라의 본래 목적은 색심色心은 불이不二, 즉 물질과 마음은 둘이 아니라는 데 있었다. 물질과 마음의 조화에 있었다. 물질과 마음의 빈틈없는 순환의 법칙을 알려주고 올바른 사회생활을 할 수 있도록 인도하는 데 있었다.

따라서 함부로 출가자를 늘이는 것은 그의 교에 위배되는 일이었다. 재가在家의 몸으로 신리를 실천할 수 있도록 이끌어 가는 것이 바로 붓다스트라였다.

그래서 출가는 극히 일부분의 사람에게 한정된 것이었으며 주목적은 재가신도들에게 신리神理를 펴나가는 일이었다. 출가자의 수가 거국적으로 집단화되어 버리면 상호의존의 사회구조는 하루아침에 무너져 버리고 만다.

팔정도八正道의 정업正業은 이런 의미에서 그 가치가 한결 돋보이게 되는 것이다. 직업의 목적이 상호부조의 조화와 생활환경의 풍족화를 기하는 데 있기 때문이다.

그래서 붓다는 자기에게 귀의하는 자에게 엄격한 세 가지 조건을 달고 그 입문을 까다롭게 통제했던 것이다.

함부로 출가하기를 권유하지 않았으며, 야사의 부모처럼 재가의 몸으로 신리를 실천해 가도록 중생을 제도하는 것을 궁극적인 목표로 삼고 있었다.

2,500여 년 전의 인도는 전란의 시대이긴 해도 문명은 발달하였다. 인도미술은 기원전 2,500년에서 1,500년경까지 인더스강 하류에서 번창하여 그후 아쇼카 왕조에 이르러 국내 도처에 불탑, 석주石柱 등 고도의 기술을 요하는 미술품들이 세워져 오늘날까지 보존되어 있다. 문학에 있어서는 기원전 2,000년 인도의 북서부에 이주해온 아리아인이 자연현상을 찬미한 서정시가들이 시가의 시조라고도 말할 수 있다. 인도의 역사는 길다. 그리고 문화수준도 높았다. 그런 인도가 오늘날에 와서는 서양문명보다 훨씬 뒤

떨어지고 5억을 헤아리는 대부분의 국민들은 생활의 터전조차 찾지 못하고 있는 실정이다. 오랜 식민지 생활에도 그 원인이 있겠지만 신리와 문화는 차츰 형식화되어 무기력한 생활습관이 몸에 배었기 때문이라고 말할 수 있다.

오늘날 지구상의 양대문명을 살펴보면 서양문명이 합리주의의 사고방식에서 발전해온 데 비해서 동양문명은 잘못된 신앙에 침식되어 현실적으로는 서양보다 훨씬 후퇴하고 말았다.

그렇다면 서양의 합리주의가 올바른 것인가 하면 그렇지도 않은 것 같다. 오늘날 멈출 줄 모르며 치닫고 있는 기계문명의 앞길에는 인류의 생존에 절망적인 구름마저 감돌고 있는 실정이다.

욕망의 이익추구의 결과는 혼란과 전쟁, 그리고 두 번 다시 설 수 없는 죽음을 몰고오고 있을 뿐이라고 말할 수 있다.

동서 어느 쪽을 보아도 인류의 이상인 조화의 세계는 찾아 볼 수 없다. 마음이 없는 기계문명도, 기계문명이 없는 무기력한 정신주의도 인류를 구제할 수는 없다.

인류를 구제할 수 있는 길은 마음을 자각한 올바른 생활 뿐이다. 인간의 목적인 조화를 바탕으로 한 상부상조, 인류는 다 형제라고 하는 평등의식, 정법이라는 올바른 법칙을 좇는 생활 뿐이다. 이것은 결코 새로운 이념도 사상도 아니다. 모세의 시대에도 자연은 인간에게 정법을 가르쳐 주었으며 붓다도 이것을 설법했던 것이다.

붓다에게 귀의자는 변칙적으로 증가하였지만 붓다는 결코 출가자를 무제한으로 받아들이지는 않았다. 또한 붓다 자신은 아무리 귀의자가 많아도 초심이 흔들리는 일이 없었다. 항상 자계自戒를 게을리 하지 않고 있었다.

　육체의 인간은 일이 순조롭게 풀려 영합자가 많아지면 급기야는 거만과 오만에 빠진다. 형극의 길을 헤매며 겸허했던 마음은 어느 틈에 상실되고 인간을 짓밟고 인간의 머리 위에 군림하려고 한다.

　특히 신앙의 경우는 이런 경향이 농후하다. 인간의 상식을 초월한 초능력이 신도들을 외경 속으로 굴복시키고 말기 때문이다. 악마는 이런 틈을 타서 침입하여 교묘히 인간의 마음을 점령해 버린다. 그 사람의 모습은 바뀌지 않지만 어느새 마음의 내용은 크게 달라져 부자연스럽고 이상한 언동이 많아진다.

　마음은 순간순간 움직이고 변화하는 것이다.

　어제의 마음은 오늘의 마음이 아니다.

　향상하고 있는가, 후퇴하고 있는가, 아니면 그대로 멈추어 있는가 셋 중의 하나다.

　그만큼 마음은 유동적이다.

　붓다는 인간의 변화무쌍한 마음을 깨닫고 있었으므로 그 마음에 독을 먹이지 않도록 늘 경계를 게을리하지 않고 있었으며 제자들에게도 강조하고 있었다.

　반다바산山은 붓다의 귀의자로 성시를 이루고 있었다. 붓다는 가장 높은 자리에 앉았다. 이윽고 설법이 시작되었다. 붓다의 그

굵고 침착하며 중후한 한마디 한마디의 파장은 주위의 공기를 진동시키면서 숲과 산야로 퍼져나갔다.

"사로몬 여러분!
여러분의 눈은 불타고 있습니다.
불타는 눈으로 사물을 올바르게 보려고 해도 그것은 불가능한 일입니다. 욕망에 불이 붙어 만족할 줄 모르는 마음이 있는 한 올바른 판단을 할 수 없으며 평안의 경지에도 이를 수 없습니다.
여러분의 귀는 불타고 있습니다.
불타는 그 귀로 남의 말을 올바르게 들을 수 있을까, 그것은 불가능한 일입니다. 자기중심의 오만한 마음이 그러한 귀를 만들어 마음의 파도를 가라앉히지 않는 한 올바른 소리를 들을 수 없으며 마음의 평안도 얻을 수 없습니다.
여러분의 입은 불타고 있습니다.
입에 거품을 물고 감정을 통째로 노출시켜 상대방과 논쟁합니다. 논쟁은 쌍방의 감정을 자극해서 대립을 낳고 투쟁으로 발전합니다. 어디에 자비의 마음이 있는가, 말 속에 자비가 있으면 상대방의 마음에 불을 지르지는 않을 것입니다. 올바른 말이 상대방에게 올바르게 전달됨으로써 비로소 말의 불도 진화될 것입니다.
미각味覺이 불타면 미식을 탐닉하게 되고 탐욕의 마음이 일어납니다. 그 불이 꺼질 줄 모른다면 욕망의 와중에서 헤어날 길이 없습니다.

냄새도 마찬가지입니다. 마음속에 불을 지르는 원흉이 되어 육체의 포로가 되고 스스로의 본성을 상실하고 맙니다.

이와 같이 오관五官은 마음에 불을 지르게 되고 마음은 그럴수록 더욱 오관五官에 사로잡히게 됩니다.

괴로움은 이렇게 해서 생겨나는 것입니다.

불을 예배하고 내세의 행복을 기원해도 올바른 마음을 상실한다면 고통의 바다에서 헤어날 수 없습니다.

생로병사의 괴로움은 타력의 고행苦行에 의해서는 절대로 벗어던질 수 없습니다.

육체고행과 타력신앙에 빠져 있는 한 항상 불안과 불신이 동거하며, 의문이 고개를 쳐들어도 해명할 길이 없고, 고루한 습관에 빠져 마음은 유연성을 잃고 굳어져 가게 됩니다.

불타는 마음을 가라앉히는 길은 마음과 행동에 팔정도八正道를 살리는 외길 뿐입니다.

팔정도八正道를 일상생활의 척도로 삼는 길 뿐입니다.

그렇게 불의 원인을 제거해야 합니다.

원인을 제거하지 않는 한 불씨는 남아 또 다시 화재를 불러일으킬 것입니다.

마음은 본래 크고 둥글고 넉넉합니다.

불이 나면 연기도 날 것입니다. 그 연기는 마음을 덮고 신의 자비의 빛을 차단하고 말 것입니다.

여덟 가지의 올바른 도를 척도로 삼고 생활실천과 반성을 함으로써 조그마한 불씨까지도 근절해야 합니다.

욕망의 불씨를 근절할 때 인간의 마음은 자비의 빛으로

충만하여 괴로움의 바다에서 해탈하여 광명의 세계로 들어갈 수 있습니다.
 오관五官에 붙들린 육신의 무상無常함, 나아가 인간의 본성을 깨닫고 평안의 경지를 체득해야 합니다.
 광명의 세계를 실재계라고 합니다.
 그 실재계는 머지않아 여러분들이 돌아갈 평안의 땅입니다. 진실의 세계입니다.
 육체는 무상無常하며 언젠가는 버리지 않으면 안 될 이승의 나룻배에 지나지 않는 것이기에, 그것에 연연해서는 안 됩니다.
 지금 여러분들이 각자 지니고 있는 현실의 육체와 마찬가지로 실재계의 육체를 여러분들은, 비록 현실계의 육체의 눈으로는 볼 수 없지만 누구나 다 엄연하게 지니고 있다는 사실을 알아야 합니다."

 붓다의 설법은 결연하고 엄숙하였지만 자비의 빛이 넘쳐 흐르고 있었다. 설법의 한마디 한마디는 빛의 물결이 되어 온 반바다산을 뒤덮었다. 숲도 나무도 빛의 파장에 휩싸여 휘황찬란하게 빛났다. 사로몬들이 모여 앉은 설법장은 천상계의 모습을 그대로 옮겨놓은 것 같았다. 캇사파 삼형제는 붓다의 설법을 듣고 몸이 달아오를 정도로 감격했다.

 "저 세상으로 돌아갈 여러분의 마음과 육체는 지금 여러분의 육체 속에 함께 존재하고 있다는 사실을 아십시오.
 실재의 세계와 현상의 세계를 영원히 윤회하고 있는 그 과정에 지금 여러분들은 이렇게 나의 설법을 듣고 있는 것입니다. 여러분의 육체는 이 지상의 환경에 적응할 수 있도록 되어 있으며, 서로가 약속한 인연에 의해서 탄생되었다는 사실도 알아두어야 합니다.

우르벨라의 숲에서 라자그리하까지 오는 데는 도보로 오는 사람, 말을 타고 오는 사람, 코끼리 등에 실려오는 사람 등 여러 가지 방법이 있습니다.

타고 오는 수단이야 말이든, 코끼리든 혹은 수레이든 라자그리하에 도착한 당사자는 변함이 없습니다.

인생에 있어서는 여러분의 그 육체도 말, 코끼리, 수레와 같은 인생항로의 교통수단에 지나지 않는 것입니다. 그 교통수단에 집착을 가져서는 안 됩니다.

올바른 여덟 가지 정도(팔정도八正道)야말로 생로병사의 고해苦海에서 해탈할 수 있는 길입니다.

수십 년 동안이나 믿어온 신앙을 미련없이 팽개치고 나의 제자가 된 캇사파 형제는 참으로 훌륭합니다. 용기있는 사로몬입니다. 자신의 결점을 솔직하게 시인하고 용기와 지혜와 노력으로 수정하는 자야말로 타오르는 마음의 불꽃을 진화시킨 훌륭한 사로몬이 아닐 수 없습니다.

고루한 풍습을 타파하고 정도에 정진하는 자에게 신은 아낌없이 그의 빛을 쏟아 줍니다."

설법은 끝났다. 모두의 얼굴에 싱싱한 생기가 살아났다. 그러나 설법이 끝났는데도 누구 하나 일어나는 사람은 없었다. 붓다의 말이 가슴 속에 새겨져 붓다의 말을 다시금 빛의 척도로 삼고 저마다 반성의 명상에 잠기는 것이었다.

이미 언급한 바와 같이 라자그리하에 모인 붓다의 제자는 1,700명에 이르러 큰 승단僧團을 이루고 있었다. 이 때문에 승단僧團의 조직이 구체적으로 재검토되지 않으면 안 되었다.

이미 붓다의 존재는 북인도를 비롯해서 중인도 전역에 알려져 그의 신리에 접하려고 하는 중생들이 꼬리를 물고 몰려들고 있었기 때문이다.

§불佛·법法·승僧의 조건

고타마 붓다에 귀의한 우르벨라 캇사파 삼형제의 소문은 마가다국의 수행자들은 물론 많은 중생들의 마음에 큰 충격을 주었고, 이미 말한 바와 같이 우르벨라 캇사파의 이름은 마가다 뿐만 아니라 멀리 이웃나라까지 알려져 있어서, 대개의 수행자는 한 번쯤은 캇사파의 신앙과 그의 신사神事에 참여한 적이 있는 사람들이었다.

그래서 어떤 자는 그 자리에서 제자가 되어 아그니 화신을 신봉하였고, 비록 제자가 되진 않았지만, 좋은 상담지도자로 삼고 그를 따르고 있었다. 따라서 1년에 몇번인가 있는 행사에는 그를 만나러 모여들었으며 성선聖仙으로 그를 존경하고 있었다.

이런 연유로 마가다 국의 빔비사라 왕의 신임도 두터웠으며, 조정의 의식에는 반드시 캇사파를 초빙해서 신관神官의 신분으로 예우하곤 했다.

그런 캇사파 형제가 아그니 화신을 버린 것이다. 그리고 혜성처럼 나타난 무명의 고타마 싯다르타라는 수도승에게 귀의하였다고 하니 이 소문은 시간이 흐를수록 그 충격의 파장은 널리 퍼져 나갔다.

도대체 고타마란 어떤 인물인가. 남의 마음을 순간에 읽을 뿐만 아니라 그 사람의 과거, 현재, 미래를 꿰뚫어보고 인생의 목적과 사명을 적절하게 지도하고 있다니 말이다. 병자가 있으면 그 병은 고쳐주고 그가 부리는 기적의 속출은 벌린 입을 다물지 못하게 할 지경이었다.

고타마 붓다의 가장 큰 특징은 인간의 올바른 생활방식을 가르쳐 주는데 있었다. 그것도 무학 문맹의 중생이며 바라문의 수행자들이 쉽게 알아들을 수 있게 방편을 써가면서 하는 설법이었으므로 한번 그의 파동에 닿기만 하면 가슴 속에서 치밀어오르는 감동을 억제할 수 없을 지경이었다.

캇사파 삼형제는 모두가 100세를 넘기고 있었다. 맏형인 우르벨라 캇사파는 150세였다. 스승인 고타마 싯다르타는 이제 겨우 36세였다. 믿음의 세계에서는 연령의 고저는 문제가 되지 않는다. 그러나 30대와 100대로서는 그 인생 경험을 미루어 보아도 아이와 어른의 차이가 있다. 더욱이 캇사파 형제는 현역을 은퇴한 몸이 아니라 기력의 면에 있어서는 50대 60대를 능가하는 젊음이 있었다. 이 기묘한 사제의 관계를 상식적인 눈으로 이해하기는 힘들다. 그 상식으로 생각할 수 없는 점에 붓다의 위대함이 있었으며 캇사파의 귀의가 많은 사람들의 가슴을 때렸던 것이다.

특히 반다바산山에서 행한 붓다의 설법을 100세가 훨씬 넘는 삼형제가 겸허하고 진지하게 경청하고 있는 모습은 다른 모든 제자들과 청중의 마음을 사로잡고도 남음이 있었다. 반다바산山의 수행장에서 붓다가 일체의 집착심은 괴로움의 근원이라고 설법하고 있을 때 우르벨라 캇사파는 처음부터 끝까지 굵은 눈물방울을 흘리면서 감격과 감사로 얼굴을 일그러 뜨렸다. 설법이 끝나자 그는 가슴 속으로 이렇게 외쳤다.

"붓다,
　나의 가슴 속에 불타고 있던 모든 집착은 말끔히 씻겼고 무한한 기쁨이 샘 솟고 있습니다.
아, 얼마나 기쁘고 상쾌한 일인지!
붓다, 저를 구제해 주어서 정말로 고맙습니다.
오관五官에서 생겨나는 재앙을 이 나이가 되도록 모르고 어둔 밤길을 헤매고 있었습니다만 지금의 저는 무변광대한 하늘의 마음으로 인생의 멋진 모습을 바라볼 수 있게 되었습니다. 고맙습니다. 정말로 고맙습니다."

이 때 캇사파의 얼굴에는 도저히 150세라고는 볼 수 없는 젊음과 성성함이 넘쳐흐르고 있었다. 마음의 때를 벗긴 기쁨이 몸 구석구석에서 넘쳐났기 때문일 것이다.

붓다는 우르벨라 캇사파의 마음을 알아차렸다.

"캇사파여, 참으로 일체의 집착에서 잘도 벗어나셨습니다. 지금의 그 마음과 행동을 소중히 해야합니다. 오관육근五官六根에서 포착하는 모든 독과 먼지를 두 번 다시 먹거나 마음 속에 쌓아서는 안 됩니다.
한 순간 한 순간의 정진을 지속적으로 쌓아가는 노력을 게을리 해서는 안 됩니다."

"예, 붓다, 순간 순간의 마음과 행동을 중도中道의 척도로써 잘 살펴가면서 매일의 생활을 실천해 나가겠습니다."

우르벨라 캇사파는 앉은 자리에서 머리를 땅에 대고, 합장한 손을 그대로 머리 위에 얹은 채 대답하는 것이었다. 그 뒤의 말은 감격과 눈물로 목이 메어 소리로 나오지 않았다. 다른 수행자들도 이 광경을 보고 모두 눈물을 흘렸다. 조그마한 개인에서 탈피하여 인류는 모두 형제라고 하는 위대한 지혜, 위대한 보고의 문을 연 자가 아니면 도달할 수 없는 법열을 늙은 캇사파는 마음 속에서 체험하고 있는 것이었다.

붓다는 캇사파의 곁으로 다가가서 자애에 넘치는 손을 그의 등에 얹고 가만히 축복의 빛을 비춰주는 것이었다. 붓다의 모습은 광명으로 충만한 브라흐만의 모습 그대로였다. 캇사파의 어깨 위에 진주처럼 반짝이는 액체가 떨어졌다. 그것은 광명으로 충만한 캇사파의 법열에 붓다가 쏟은 자우慈雨의 빛들이었다.

붓다의 법에 의해서 인생이 무엇인가를 알게 되고 삶의 목적을 깨달은 자들과 불치병이 나은 자들 등 출가를 자원해 오는 숫자가 날로 증가해갔다. 가혹한 계급제도를 부정하고 만인평등을 부르짖는 붓다의 가르침은 농부, 바라문, 베이샤들을 사로잡고도 남음이 있었다. 농사와 상업을 팽개치고, 또는 무기를 버리고 붓다에 귀의하는 출가자의 수가 늘어남에 따라 일손을 잃은 부인들의 불평과 원성이 붓다의 귀에까지 들려왔다. 코스타니야가 아침 탁발을 하러 마을로 내려갔을 때의 일이다.

"고타마라는 수행자는 내 남편을 뺏어간 고약한 수행자다. 내 남편을 돌려다오. 내 남편이 있는 곳으로 나를 데려가다오."

이렇게 고함을 지르고 울부짖는 자가 있는가 하면, 아예 코스타니야의 발목을 잡고 늘어지는 자들도 있었다. 탁발은 엄두도 못낼 지경이었다.

코스타니야는 이 사실을 붓다에게 보고했다.

"코스타니야여, 어떠한 비난과 박해도 반드시 시간이 해결하는 법이다. 인욕忍辱의 마음을 잊어서는 안 된다.
올바른 일터를 버리고 처자를 궁지로 몰아넣은 채 출가하는 태도는 정법正法에 위배된다. 결코 정도正道라고 할 수 없다. 그러한 출가자는 처자 곁으로 한시 바삐 돌려보내어 재가의 몸으로 정법正法을 실천하도록 지도해야 한다."

붓다는 나무 그늘을 찾아 조용히 명상삼매에 들어갔다. 코스타니야는 수행자들을 한 곳에 모아놓고 가정과 처자를 버리고 도피의 마음으로 출가한 자는 즉시 귀가하도록 종용했지만 누구 한 사람 돌아서는 자가 없었다. 붓다는 선정삼매를 풀고 제자들이 모인 곳으로 와서 이렇게 말했다.

"앞으로 나의 제자로 인정받고 싶은 자는 다음의 조건이 필요합니다.
우선 7일간, 팔정도八正道를 척도로 삼아 한 살때부터 현재까지의 과거를 반성해서 마음과 행동을 깨끗이 청소한 연후에 한 사람 한 사람씩,

　　　　　붓다佛에 귀의하는가.
　　　　　담마法에 귀의하는가.
　　　　　승단僧에 귀의하는가.

의 세 가지 약속을 충분히 이행할 수 있다고 약속하는 자만을 제자로 입문시키겠습니다.
 7일간의 반성수행의 결과 마음속의 구름이 걷히면 광명으로 충만해지게 될 것이고, 그 광명의 분량에 따라 불佛·법法·승僧 귀의의 조건이 제시될 것입니다.
 또 7일간의 수행에 의해서도 광명이 나타나지 않는 사람은 제자로서의 자격을 인정받지 못할 것입니다."

붓다의 말에 일동은 숙연해졌다. 그 준엄한 말은 제자들의 마음을 새로운 각오와 결심을 가다듬게 했다.

삼보귀의三寶歸依의 조건은 이때 처음 제자들에게 선언되었던 것이다. 우루벨라 캇사파가 귀의할 때에는 7일간의 반성이 필요하다고 미리 예고를 한 바 있었지만 삼보귀의三寶歸依 조건은 붓다의 가슴 속에 이미 남몰래 숨겨졌던 교단운명의 한 방침이었던 것이다.

삼보귀의三寶歸依를 설정한 배경에는, 앞서도 말한 바와 같이 정법正法의 전파가 장차 거족적인 것으로 발전하게 되면 그것이 오히려 나라의 질서를 무너뜨릴 여러 가지 문제를 안고 있다는 것을 예견한 붓다의 지혜가 있었던 것이다.

본래 정법正法은 올바른 생활이 목적인 만큼 가정 생활, 사회생활을 무시한 수행은 정도에서 이탈한 이기적인 행위이다.

따라서 출가자의 수를 극히 억제하고 재가의 몸으로 인생의 목적과 사명을 깨달아 실천할 수 있도록 포교하는 데 역점을 두었던 것이다.

전란에 의해서 민심이 염세적이 되어 자칫 도피를 위한 출가가 유행병처럼 번지게 되면, 지상에 출생한 인간 본래의 목적인 불국토 유토피아 건설의 발판은 무너지고 만다.

이런 것을 예견해서 붓다는 이미 삼보귀의三寶歸依의 조건을 구상했던 것이다.

§난입자亂入者

 붓다는 자신의 교단에 입문하고자 찾아오는 사람이면 누구든지 차별없이 받아들이고 싶은 것이 솔직한 속마음이었다.

 그러나 코스타니야의 보고를 들을 필요도 없이 출가 때문에 일어나는 여러 가지 문제점들을 예리하게 내다보고 있었다.

 일부 가정 주부들 사이에서 일어나고 있는 적지않은 불평과 원성도 짐작하고 있었다. 이런 원성이야 당사자들을 직접 만나 설명하면 금방 가라앉힐 수 있는 일이긴 하나, 기둥이 되는 노동력을 잃은 주부의 입장에서 보면 이성을 잃고 감정적이 되는 것도 무리가 아니다. 집을 떠나 언제 돌아올지도 모르는 가장을 기다리는 처지에서 과연 동요하지 않고 태연할 수 있는 주부가 몇이나 될까.

 하지만 삼보귀의三寶歸依의 조건을 제시함으로써 이런 사태는 곧 수습이 될 것이며, 정업正業과 정법正法의 목적이 어디에 있다는 것을 갓 입문한 출가자들도 이내 이해하게 되어 각자 집으로 돌아가 재가신도의 길을 택하는 자도 많아질 것이다. 아무튼 이와 같은 최초의 계율이 붓다에 의해서 세워지고 발표되었다.

 그런지 며칠이 지난 어느 날의 일이었다.

 붓다는 여느 때와 마찬가지로 동굴 안에서 자신의 생활과 지도 방법에 무슨 잘못이 없을까 혼자 반성을 하면서 명상에 잠기고 있었다.

 제자들은 숲속에서 삼삼오오 무리를 짓고 앉아 서로 자신의 결점들을 들추어내며 담소하고 있었다.

그 때였다.

한 사람의 흥분한 바라문 수도자가 고래고래 고함을 지르면서 숲 속으로 뛰어들어왔다.

"고타마라는 여기 책임자 썩 나와!
나는 바라드와자의 마하바라문이다.
내 제자들을 빼돌린 고타마란 작자 어디 있나!"

가까이 있던 밧데야가 이 난데없이 뛰어든 바라문 수도자 앞으로 다가가서 말했다.

"수행자님, 당신의 제자들이 붓다에 귀의한 것은 정도를 깨달았기 때문입니다. 제발 흥분을 가라앉히시고 당신도 제 이야기를 한번 들어보십시오."

밧데야는 카필라 성의 크샤트리아 출신으로서 다섯 아라한 가운데 한 사람인데, 침착하게 그 바라문 수도자를 달래어 보았다. 그러나 그 바라문 수도자는 흥분을 가라앉히기는 커녕 더욱 열이 오른 시뻘건 얼굴로 거친 숨을 헐떡거리는 것이었다.

"네가 고타마인가?"

"아닙니다, 저는 밧데야라고 하는 제잡니다."

"너 같은 녀석과 이야기해봐야 소용 없어! 고타마가 아니면 내 이야기는 통하지 않아. 나는 마하바라문이야. 비린내

나는 풋내기 너희들과는 다르단 말야.
 바라문 출신도 아닌 녀석이 수도자라니.. 되기나 할 말인가! 신에 대한 모독이야, 이 거지 같은 녀석들아!"

온갖 욕설을 다 덮어쓰고도 밧데야의 마음은 조금도 동요하지 않는데, 바라문 수도자의 흥분상태는 진정할 기미를 보이지 않고 있었다. 붓다는 아까부터 이 소란을 동굴 속에서 듣고 있었다. 자리에서 일어나 그의 앞으로 다가가 섰다.

"제가 바로 그 고타마입니다.
 당신은 마하바라문이라고 하셨지요?"

밧데야는 붓다의 목소리를 듣고 깜짝 놀라 붓다의 옆에 엎드려 합장하는 것이었다.

"붓다, 면목이 없습니다."

그는 혼자서 사태를 수습하여 붓다에게 불똥이 튀지 않게 하려고 했었는데 그렇게 하지 못했으니 마음이 불편하기 짝이 없었다. 다른 제자들도 붓다에게 무슨 일이 일어나는 것을 염려하여 바라문 수도자를 에워싸고 사태의 진전을 지켜보고 있었다.

"여러분은 제자리로 돌아가세요.
 이 분은 행패를 부릴 그런 분이 아닙니다.
 자, 어서 제자리로 돌아가서 공부에 열중하세요."

귀여운 자식들을 타이르듯 하는 붓다의 위엄 있는 말이 제자들의 머리를 짓눌렀다. 제자들이 멀리 사라지자 붓다는 아직 흥분을 가라앉히지 않고 있는 바라문과 단둘이 되었다. 바라문 수도자는 미간을 잔뜩 찌푸리고 붓다를 쏘아보고 있었다.

'이 사나이가 붓단가?'

그는 속으로 무엇인가 표적이 빗나간 기분이 들었다. 붓다라고 하기에는 보통 사람과 별로 다른 점이 없으며 천수백 명의 제자를 거느리고 있는 지도자치고는 너무나 소탈하고 친근하게 느껴져 내심 당황했다.

슈바라를 자칭하고 붓다로서 존경받고 있는 인물로서는 너무나 부드러운 인상과 담백하고 소탈한 태도가 듣기와는 딴판이어서 바라문은 한 대 얻어맞은 기분이 들기도 했다.

그는 자기의 제자들이 자신을 버리고 붓다를 따라간 것에 분통을 터뜨렸던 것이다. 적어도 자기는 수행에 있어서도 발군의 실력자라고 자타가 공인하는 몸이 아닌가.

제자들이 자기를 버리고 고타마 붓다를 쫓아갔지만, 고타마 붓다는 바라문 출신은 아니잖은가. 석가족의 왕자임에는 틀림없지만 바라문 계급보다 한 계단 아래인 크샤트리아의 신분에 지나지 않는다. 자기의 제자들이 고타마에게 귀의한 것은 협박이나 물리적인 힘에 의한 결과일 것이라고 그는 잘못 추측하고 있었다.

그런데 막상 고타마 붓다를 대하고 보니 지금까지 상상했던 거와는 전혀 다른 진지한 인상을 받았으며, 더욱이 붓다라고 불리는 그 인물답게 절로 자신이 끌리고 말려들어가서 마음이 평온해지는 야릇한 변화를 부인할 수 없었다.

"자 이리 앉읍시다."

하고 붓다는 바라문을 재촉하여 풀밭에 앉았다. 바라문은 여기서 붓다에게 져서는 안 된다고 생각하여, 붓다를 만나기 전의 발끈했던 마음을 고쳐먹고 붓다를 노려보았다.

붓다는 그의 강력한 시선을 가볍게 받아넘기면서 조용히 그가 앉기를 기다렸다. 오래지 않아 그는 거만하게 양반다리를 하고 붓다 앞에 앉자마자 입을 열었다.

"너는 슈바라니 붓다니 하고 제 입으로 떠들고 있는 모양인데 바라문 출신도 아닌 주제에 가당찮은 이야기야⋯
그 입으로 내 제자들을 빼돌렸단 말인가? 속임수도 여러 가지지만, 너처럼 주제 파악도 못하는 오만한 허풍선이는 처음이다. 요즘은 바라문 계급도 아닌 상놈의 계급들이 신의 사자라고 자칭하고 있던데⋯ 고타마, 너도 그 중의 하나냐? 오늘은 너의 그 가면을 벗겨줄 테다.
아니면 순순히 내 제자를 돌려줄 것인가, 어쩔 텐가?"

고타마 붓다는 그의 격렬한 말을 묵묵히 받아넘기고 있었다.

여기서 자칫 잘못 대꾸하다가는 불길에 기름을 뿌리는 격이 되어 그의 감정을 진정하기는커녕 큰 불이 되고 만다.

인간의 감정이란 참으로 미묘한 것이어서 밀면 되밀려오고 달래면 기세가 더욱 등등해서 반발해 온다.

이럴 때는 감정의 불길이 사그라질 때까지 기다릴 수밖에 없다. 시간이 해결한다.

분노에 타고 있을 때는 눈도 입도 붉은 화염에 싸인다. 콧구멍에서는 뜨거운 불길이 내뿜고 있다. 온몸이 불덩어리라 해도 과언이 아니다.

인간의 몸에서 발산되는 후광aura이라는 것은 시시각각으로 그 사람의 마음의 상태에 따라 변화한다.

적색·청색·자색·핑크색·회색… 등으로.

후광을 보고 그 사람의 마음의 상태를 식별할 수가 있으며 그 마음에 맞추어 대화를 펴나가면 그 효과는 크다.

대기설법對機說法은 상대의 기근機根에 맞추어 하는 설법인데 그 중요한 방법의 하나가 후광aura의 상태를 보고 하는 것이다.

회색에 싸여 어두운 기분에 젖어 있는 자에게 어려운 이론을 장황하게 늘어놔 보아야 귀에 들릴 리 없다.

이럴 경우에는 될 수 있는 대로 밝은 이야기, 기분이 상쾌해지는 명랑한 화제를 등장시키는 것이 효과적이다.

그러면 상대의 기분이 조금씩 풀어져서 침울한 세계에서 벗어날 수 있게 된다.

지금 이 사나이의 경우는 시간을 기다릴 수밖에 없다. 시간의 경과를 기다려 노여움의 불길이 사그라지기를 바라는 마음 뿐이었다.

즉, 하고 싶은 대로 다 이야기하도록 내버려 두면 울적했던 노여움이 방출되어 마음이 가벼워질 것이기 때문이다.

마음이 조금이라도 가벼워져서 이성理性의 작용이 시작되면 일인극의 주인공이 되어 있는 자신을 깨닫게 되고 상대의 말에 귀를 기울일 여유가 생길 것이다.

"고타마, 너는 자칭 슈바라다, 붓다다 하고 떠들고 있는 모양인데 그 증거가 어디 있는가?
네 제자들이 알아들을 수 있도록 크게 대답해 보아라."

그는 어깨를 들먹이면서 큰 소리로 고함쳤다.

"어때, 고타마… 대답 못하겠지? 바라문 출신도 아닌 네 주제로는 수행의 구별조차 못할 것이다.
너는 크샤트리아인 모양인데 크샤트리아라면 크샤트리아답게 처신하면 될 것 아닌가. 바라문도 아닌 너는 사미(출가해서 바라문의 수행을 마친 소년)의 경험도 없고, 사마나(중년의 수행)의 수행도 없으며, 하물며 바라문 최고의 수행인 사로몬(노인이 되어 각지를 유행하는 수행의 최종 단계)의 수행도 거치지 않았다.
그런데도 사로몬의 수행을 쌓았다고 떠들고 있는 모양인데, 도중의 수행을 건너뛰어 그것을 했다니 터무니없는 잘못이다. 어서 대답을 해보아라, 대답을…"

사나이의 노여움의 불길은 기세를 더해갔다. 노여움 때문에 자신을 제어할 수 없을 지경에까지 이르렀다. 그대로 방치해 두면 폭발해서 폭력에 호소할지도 모를 일이었다.

　멀리 떨어져 있던 붓다의 제자들은 가슴을 조이면서 이 광경을 바라보고 있었다. 만일의 사태에 대비해서 몇 사람의 제자들은 벌써 주먹을 쥐고 뛰어나갈 자세를 취하고 있었다.

　붓다는 조용히 입을 열었다.

　"바라문님, 마음을 진정하시오. 마음을 진정시키지 않으면 내 말을 올바르게 들을 수 없습니다."

　"무슨 소리야! 나에겐 이렇게 훌륭한 귀가 있어. 하고 싶은 말이 있으면 얼마든지 해봐. 슈바라니 붓다니 하는 소리로 빠져나갈 생각은 말어! 요 젖비린내 나는 것아."

　붓다가 설명도 변명도 일언 대꾸도 하지 않기 때문에 그의 마음은 흥분에서 승리의 우월감으로 바뀌었다.

　"나의 제자들을 어디에 숨겼나?
　바라문도 아닌 너희들이 신에게 제사지내는 것은 금지돼 있다. 자격도 없는 엉터리 수행자가 무엇을 알아. 내 제자들의 거처를 숨기지 말고 털어놓아라. 네 말 들어보아야 이젠 소용없다. 어서 내 제자들이나 내놔라. 빨리."

　사나이는 턱을 치켜들고 승리의 기쁨에 젖기 시작했다.

　붓다는 사나이를 부드러운 눈길로 바라보고 있었다.

노여움의 감정이 어느 정도 가라앉고, 우월감으로 바뀌었기 때문에 붓다는 그 순간을 포착해서 이렇게 말머리를 끄집어 냈다.

"수행자여, 당신 집에는 친구며 수행자들이 적지 않게 찾아 오겠지요?"

사나이는 갑자기 자기의 일에 관한 화제가 되자 흠칫해서 붓다의 얼굴을 쳐다봤다.

"집에 찾아온 손님들에겐 대접을 합니까?"

바라문은 붓다의 물음에 어깨가 우쭐해졌다.

"그야 명색이 마하 바라문의 집안이 아닌가!
언제나 손님들이 많지.
내 집에 찾아오는 손님들에겐 언제나 특별히 푸짐한 음식 대접을 하지.
그것이 조상 전래의 풍습이야.
좋은 공덕을 쌓기 위해서지."

"그렇다면 그 음식을 손님이 받아서 먹지 않으면 그 음식은 누구의 것입니까?"

사나이는 잠깐 생각하더니 웃으면서 대꾸했다.

"그야 음식을 차려낸 내 집 것이지."

"아까부터 당신은 나에게 오만 욕설과 폭언을 퍼부었는데
　나는 감정적으로 뱉어진 말은 받지 않습니다.
　그렇지 않겠습니까?"

사나이의 얼굴색이 싹 바뀌었다.

그는 대꾸할 말이 없었고 자신의 실수를 인정했다.

그는 잠시 머뭇거리다가 더이상 버틸 수 없었던지 슬그머니 일어나서 숲길을 내려갔다.

§사랑의 십자가十字架

붓다는 멀리서 걱정스레 바라보는 제자들을 한자리에 모아 놓고 이렇게 설법했다.

"사로몬들이여, 잘 들으세요.
참다운 수행자는 상대방의 말이나 행동을 보고 자신의 마음과 언동에 부조화를 일으켜서는 안 됩니다.
그것은 바로 상대의 독을 먹는 것이기 때문입니다.
독을 먹으면 괴로움과 슬픔의 원인을 만들게 됩니다.
그대들은 아직도 나의 가르침을 충분히 이해하고 있다고는 볼 수 없습니다.
바라문들의 어떠한 이론의 공격을 받아도 상대해서는 안 됩니다.
상대의 감정을 그대로 통째로 받아들여서는 안 됩니다.
부디 인욕忍辱의 마음을 잊지 말기를 바랍니다.
어떠한 치욕을 당해도 참고 견디며 자신의 마음에 저항의 덩어리를 만드는 일이 없도록 하세요.
팔정도八正道는 이런 가운데 있으며 그 중도中道의 마음을 언제나 잊지 않고 마음의 척도로 삼아 수행하는 것이야말로 자신을 높이고, 넓은 마음을 만들며, 평안을 얻을 수 있는 유일한 길임을 명심하기 바랍니다."

사로몬들은 붓다의 설법을 듣고 새삼스럽게 팔정도八正道의 위대함을 깨닫는 것이었다.

그런데 제자들은 그 바라문의 난입 사건으로 이미 마음이 흔들리고 있었던 것이다.

몇 사람의 제자들은 붓다의 신변 안전을 지키기 위해서 언제라도 뛰어나가 예의 그 사나이를 덮칠 자세를 취하고 있었으므로 이미 그 사나이의 감정의 독을 먹고 있었던 셈이 된다. 팔정도八正道를 잊고 사나이에 대한 투쟁심을 불태우고 있었기 때문이다.

붓다의 안전을 지키는 것은 제자들의 당연한 의무라고 할 수 있으나, 그렇다고 해서 감정까지 격해지는 것은 팔정도八正道라는 중도中道의 법칙에 어긋나는 일이 아닐 수 없다.

붓다를 지키는 일과 감정에 파도를 일으키는 일과는 그 차원이 다르다.

감정에 격랑이 일면 마음의 안정을 잃게 된다.

노여움이나 슬픔은 주위의 상황을 올바르게 판단할 수 없게 할 뿐만 아니라, 노여움과 슬픔의 윤회의 씨를 마음에 뿌리게 되어, 비슷한 장면을 만나게 되면 금방 그러한 감정의 파도가 일어나 자신을 잃게 된다.

즉, 생각하는 것, 사념하는 것은 사물을 만들어 내고 현상을 창조해 간다.

특히 인간의 행동은 이 감정의 움직임에 좌우되기 쉽다. 인간 행동의 70~80%는 감정의 움직임에 좌우된다고 볼 수 있다. 감정이 없는 인간은 인간이라고 할 수 없을지 모르겠지만 그렇다고 감정에만 마음을 맡기는 인간의 말로는 슬픈 것이 되고 말 것이다.

무엇에 감동하고 감격한다는 감정과, 노하고 슬퍼하는 감정은 다같은 영역이지만 그 출처는 다르다.

즉 심장이 팔팔 뛰는 노여움은 감정 영역의 매우 표면적인 부분에서 생겨난다.

콧날이 찡하는 감동이나 감격은 감정 영역의 가장 깊은 부분에서 생겨난다. 그것은 지성이나 이성과 연결된 부분에서 생겨난다.

우리들의 마음은 표면의식과 잠재의식으로 갈라진다. 그리고 본능·감정·지성·이성·상념의 다섯 가지 기능으로 성립된다. 그리고 다섯 기능은 표면의식과 잠재의식으로 갈라져 있지만 잠재의식의 깊은 부분에 이르면 이 다섯 기능은 하나로 합쳐진다. 즉 동일 영역이 되고 만다.

가령 각자의 표면의식이 바다 위에 나타난 섬이라고 한다면 바다 밑은 해저라는 뭍의 연속체로서 섬의 개념이 없어지는 것과 마찬가지다.

인간의 행동이 감정에 좌우되는 바가 크다면 지성과 이성, 그리고 조화를 기반으로 한 본능의 가장 깊은 영역에서 발생되는 조화의 감정이 바람직스러운 것이다.

그리고 그러한 감정이라는 것은 신이 부여한 자연의 조리에 맞는 것이며 각자 지복에 이를 수 있는 지름길이라고 할 수 있다.

법이라는 것은 개개인의 감정이나 선악과는 관계없이 존재한다. 자연이 비를 내리고 바람을 불게 하며 흙을 기름지게 하는 것도 법이라는 순환의 질서를 운용하기 위함인 것이다.

법은 과학적으로 되어 있다.

따라서 인간은 그 법에 따른 생활(정법正法), 마음과 행동을 취함으로써 이 지상에 존립할 수 있다.

인간이 표면적인 감정에 좌우되어 자신을 움직이면 그만큼 자연의 조리인 법에 위배되므로 괴로움을 만들게 된다.

즉, 노여움에는 노여움이, 슬픔에는 슬픔이, 작용과 반작용의 법에 의해서 되돌아온다.

그렇다면 자비와 사랑의 마음으로 사람을 대하고 그러한 마음으로 충만한 자신을 완성해가고 싶다.

스승을 존경하고 지키는 것은 사랑의 행위에 속한다.

스승에 의해서 마음의 안주가 이루어지고 삶의 기쁨을 얻었다면 그에 대한 보답으로 스승의 안전을 바라는 것은 자연의 도리이다. 스승을 존경하는 마음은 자식이 부모의 은혜에 보답하는 마음과 조금도 다를 바 없다. 스승을 지키는 것은 보은감사의 표현이다.

그렇다고 해서 그 마음이 지나쳐서, 스승에게 위해를 가하는 상대에게 증오심을 품는다는 것은 사랑의 행위라고는 볼 수 없다.

정법正法의 사랑은 애증愛憎의 사랑이 아니다. 자연이 부여한 자비의 마음에 적합한 사랑만이 정법正法의 사랑이라고 할 수 있다.

대자연은 이 지상의 생명 있는 것에는 자비의 은혜를 부여하고 있다. 살아갈 수 있도록, 기쁨을 향유할 수 있도록 환경을 창조해 놓았다.

사랑은 신이 부여한 자비로운 환경과 신의 마음을 생활 속에 살려나가는 행위라고 할 수 있다. 봉사·공양·희생 등은 사랑 행위의 표현이라고 말할 수 있다.

예수는 그의 제자 유다의 배반을 알고 있었다. 그 배반을 피해서 체포당하지 않고 도망칠 수도 있었다. 체포당하지 않았으면 저 절통한 십자가에 걸리지 않을 수도 있었다. 그러나 예수는 그 길을 택하지 않았다.

왜 그랬을까.

그것은 '사랑'의 현증을 보여주기 위해서였다. 십자가라는 뼈아픈 상황에 몸을 공양함으로써 사랑을 실천했던 것이다.

이 지상계는 모든 사물들이 서로 그 몸을 던져 희생함으로써 성립되고 있다. 우리들의 먹을 거리를 살펴보아도 거기 동물의 고기와 식물들의 공양이 있음을 알 수 있다. 동물도 식물도 모두 생물이다. 이러한 생물들이 만일 인간에게 먹히기를 거부한다면 인간은 하루도 이 지상계의 생활이 불가능해진다. 동물과 식물은 인간에게 몸을 공양함으로써 지상계에서의 목적을 달성하고 또다시 지상계에 태어날 수 있는 기회를 얻게 된다.

우리들은 이 먹을 거리에 대해 감사의 마음으로 접해야 하며, 그런 마음으로 지상계에 조화로운 낙원을 건설해야 한다. 그런 사명이 우리에게 있다.

인간 형제들의 생활 행위를 보면, 혹자는 옷을 만들고 혹자는 신을 만들며, 쌀을 생산하고 집을 지으며 각자의 일을 통해서 그 몸을 공양함으로써 인간생활이 성립되고 또한 자신의 생활도 유지되고 있음을 알 수 있다.

즉, 이 지상계는 각자가 자신을 공양하는 사랑의 행위에 의해서 성립되고 있다. 공양하는 자가 없으면 지상계의 조직은 내일 당장 와해돼 버릴 것이다.

예수는 인류에게 십자가의 공양인이 됨으로써 '사랑'의 증거를 만대에 보여주고 있다.

그러나 2천 년 전의 유대사람이든 오늘날의 인류든, 자기 보존과 만족할 줄 모르는 욕망에만 눈이 어두워 마음을 잃고 있다.

지상의 인간은 여타 사물들(동·식·무생물)의 공양에 의해서 살려지고 있는데, 그 공양을 무시하고 혹은 소홀히 하면서 자기 욕심대로 살아간다면 조화의 기초는 근본부터 무너지게 마련이다.

인류는 신의 명제인 불국토(유토피아)의 실현을 목적으로 태어났으며 이 목적을 실현하기 위해서 동물·식물·광물의 공양을 받는 존재다.

자비와 사랑의 그늘에서 살고 있는 인간이 이 목적을 망각하고 각자 자기 보존과 야욕의 와중에 빠져 있는 한 앞길은 멸망의 늪뿐일 것이다.

우리들은 신으로부터 이어받은 자비의 마음을 잊어서는 안 된다. 사랑의 행위자로서 인간 본래의 의무를 자각하지 않으면 안 된다.

한편 붓다에 대한 비난과 중상은 승단僧團이 방대해짐에 비례하여 조금 전의 바라문 난입자의 사건처럼 여러 계층에 파문을 던진 것은 사실이다. 그러나 붓다의 가르침이 정법正法이라는 대자연의 섭리이며, 가정을 버리고 출가하는 것이 얼마나 도리에 어긋난다는 것을 알게 된 출가자들이 속속 귀가함으로써 붓다의 명성은 다시 올바르게 나라 밖으로 퍼져나갔다.

동시에 제자들도 붓다의 가르침대로 수행에 정진하여 자신의 결점을 수정해 갔다.

코스타니야를 비롯한 다섯 명의 아라한과 야사 등의 선배들은 붓다가 설한 정도正道를 스스로의 체험을 섞어가면서 후배들에게 들려주었다. 새벽이면 반다바산山을 떠나 마을로 내려가서 탁발을 하였고, 얻는 대로 감사하면서 만족할 줄 아는 생활과 보은의 행위를 계속하고 있었다. 낮에는 숲 속에 들어가서 자신의 마음을 살폈고 밤에는 모닥불 가에 둘러앉아 하루의 일과를 되돌아보고 잘못을 반성하며 명상에 잠기는 일과를 되풀이했다.

승가의 조직은 그런 가운데 자연스럽게 형성돼 갔으며 붓다를 중심으로 질서정연하게 운영되어 갔다.

§웨누와나(죽림정사竹林精舍)의 기증

붓다의 명성은 날이 갈수록 날개를 달고 퍼져나갔다.

이미 말한 바와 같이 마가다 국의 빔비사라 왕의 귀에도 붓다의 소문이 들어갔다. 왕은 바쁜 집무에 쫓겨 재회의 기회를 얻지 못하고 있었다. 그러나 왕은 고타마 싯다르타가 깨달음을 얻어 슈바라가 되는 날에는 반드시 만나자는 약속을 해두고 있었으므로 조급한 마음을 달래면서 재회의 날을 엿보고 있었다. 마침내 왕은 측근의 크샤트리아를 반다바산山으로 보내어 라자그리하 성으로 붓다를 초청하였다.

최상의 예를 갖춘 사자의 말을 듣고 붓다는 옛날의 인연을 상기하여 왕의 진심을 흔쾌히 받아들여 여러 제자들과 함께 하산하기로 작정했다. 숲길을 걸어 산을 내려오니 이미 왕의 명을 받든 많은 크샤트리아, 바라문들이 마중나와 있었다. 그들은 붓다 일행을 앞뒤에서 호위하면서 왕궁으로 안내했다.

라자그리하 교외에 이르니 친위대의 호위를 받으며 마중나와 있던 빔비사라왕이 몸소 어가에서 내려와 붓다를 맞이하였다. 왕은 붓다 앞으로 다가가 인사를 나눈다. 왕의 측근들과 붓다의 제자들은 두 분의 재회를 꿇어앉아서 조용히 지켜보고 있었다.

얼굴이 길고 키가 큰 왕이 만면에 웃음을 담고 있었다.

붓다는 말했다.

"마하라잔(위대한 임금님), 오랜만입니다. 언제나 건강한 몸으로 국사에 전념하고 계심을 기쁘게 여기고 있습니다."

"붓다, 덕택으로 편안하게 지내고 있습니다. 붓다의 깨달음을 진심으로 기뻐하며 이렇게 재회할 수 있게 된 것을 다시 없는 영광으로 생각합니다. 앞으로 많이 지도해 주시기를 부탁드립니다."

왕은 감격과 흥분으로 얼굴을 붉게 물들이면서 붓다를 맞이한 기쁨을 몸으로 발산하고 있었다.

빔비사라왕과는 과거 한 번밖에 만나지 못한 사이지만 이렇게 다시 만나고 보니 오랜 옛친구를 만난 듯하여 붓다는 왕이 내민 손을 꼭 잡고 놓을 줄 몰랐다.

연로한 우르벨라 캇사파 형제들도 풀밭에 앉아 있었다. 왕은 그들을 알아보고 교조로서 모셨을 때와 마찬가지로 정중한 인사를 건네었다.

"여러분들도 참 잘 오셨습니다. 언제나 좋은 신광을 뵈오니 참으로 기쁩니다. 붓다의 제자로 입문했다는 소식을 듣고, 역시 여러분은 훌륭한 분들이라고 새삼스럽게 느꼈습니다. 성선聖仙이라고 일컫는 여러분들이 귀의하였다는 것에 대해서 나는 큰 의문을 가진 적도 있었습니다만 제자들을 올바른 길로 인도하겠다는 진솔한 그 마음에 참으로 감복했습니다. 부디 현재의 심경을 들려주시면 고맙겠습니다."

우르벨라 캇사파는 약간 고개를 숙이고 나서,

"붓다는 위대한 지도자입니다. 하늘에서 내려온 스승입니다. 저는 이 나이에 진짜 붓다를 만나 제자가 될 수 있었다는 것이 다시 없는 기쁨입니다. 마음은 평안해졌고 일체의 집착에서 벗어날 수 있게 되었습니다."

라고 말했다. 그리고 붓다를 향해,

"붓다, 정말 감사합니다."

라는 예를 잊지 않았으며, 왕에게 다시 고개를 숙였다.

"임금님, 저는 참으로 복된 자입니다."

빔비사라왕은 새삼스럽게 고타마 붓다가 위대하다는 것을 마음속 깊이 느꼈다. 뒷자석에 앉아 있던 모든 크샤트리아와 바라문들도 우르벨라 캇사파의 말을 직접 듣고 나서는, 붓다의 소문은 역시 진실이었다는 것을 확인하고 서로 고개를 끄덕였다. 우루벨라 캇사파는 말을 이어갔다.

"저는 지금까지 아그니의 화신을 믿고 불을 숭상해 왔습니다. 화신을 신앙하는 동안 저를 믿고 여러 지원을 해주신 분들에게 감사와 함께 진심으로 사죄를 드리는 바입니다.
임금님, 그 동안 저에게 베풀어주신 여러 가지 보살핌과 지원에 대해서 깊은 감사를 드립니다.
불은 만물 창조의 근원이라고 할 수 있습니다만 불길 그 자체를 신앙한다는 것은 잘못이었습니다. 마음이 불타면 생사의 번뇌에 빠질 염려가 있습니다.
 노여움, 비난, 질투, 만족할 줄 모르는 욕망·불평·불만 등 모든 것이 마음이 불타는 결과라는 사실을 알게 되었습니다.
 아그니(불의 신)를 신앙하는 것은 내세에 평화를 얻고자 하는 것이었습니다만 화염의 밑바닥에 깔린 신의 뜻을 알지 못하고 오히려 번뇌의 불길을 더 지피게 되었던 겁니다.
 목숨 있는 자는 오관五官에 사로잡히기 일쑤입니다.
 그런 의미에서 아그니 화신에 대한 숭배는 오관五官에 불을 당기는 짓이 됐던 것입니다.
 생로병사의 집착을 만드는 원인이 되기도 하는 것입니다.
 제가 아그니 화신을 버리고 생로병사의 고통에서 해탈할 수 있게 된 것은 오로지 붓다에 귀의해서 그의 가르침을 실천한 결과인 것이며 이제야 저는 저의 본성을 깨달을 수 있게 된 것입니다.
 지금 저의 마음은 붓다의 대자비로 충만해 있습니다.
 암야에 광명이 비치고 붓다의 법에 의해서 인간의 진상을 알 수 있게 되었습니다.
 불을 신앙하는 것은 미망의 씨를 뿌리는 짓입니다. 저는 진심으로 붓다에 감사하고 있습니다. 이 마음은 저의 아우들, 제자들도 같을 것입니다. 붓다에 귀의해서 마음의 평안을 얻은 기쁨은 누구나 같을 것이라고 생각합니다.
 저는 이와 같이 아그니 화신의 신앙을 버리고 붓다의 법에 귀의하였습니다."

우르벨라 캇사파는 쏟아지는 눈물을 억누르고 있었다. 진실이

넘치는 한마디 한마디를 마음속에 새기고 있던 빔비사라왕은 캇사파의 말이 끝나자마자,

"고타마 붓다, 나같은 사람도 알아들을 수 있게 법을 가르쳐 주십시오."

하고 고개를 숙이는 것이었다. 왕의 경건한 청강에 모든 크샤트리아와 바라문들도 무엇인가 속이 시원하게 씻겨 내려가는 듯한 기분이 들었다. 그리고 붓다의 법이란 과연 무엇인지 직접 붓다의 입을 통해서 듣고 싶어져. 붓다의 설법은 왕에게도 마찬가지로 간절한 것이었다. 제자들은 붓다에게 합장한다. 우르벨라 캇사파도 합장하고 있었다. 살아 있는 인간에게 진심으로 합장하고 있는 모습은 그때까지 한 번도 보도 듣도 못했던 일이었다.

빔비사라왕이라고 하면 대국의 국왕이다. 보통 국왕과는 달리 문무 양면에 걸쳐 재능이 출중하였으며 국민의 신망이 두텁기가 이를데 없었다. 일단 유사시에는 모든 국민이 일치단결했다. 나라를 지키고 국왕을 위해서는 몸을 아끼지 않고 일했다. 왕도 전쟁이나 재해로 말미암아 국민의 생활이 어려워지면 성 안의 창고문을 열어젖혔다. 어느 나라보다도 풍족한 생활을 누릴 수 있도록 왕의 배려는 세심하였다.

이러한 정치의 정신적 기둥은 왕의 돈독한 신앙심에 달려 있었다. 종교에 대한 관심은 남달리 강했으며 바라문교를 중시하고 있었지만 형식에 사로잡힌 종단 조직과 행사에 대해서는 속으로 의문을 품고 있었다.

왕은 신을 추구하는 신앙인에게는 깊은 관심을 보였으며, 합리적이라고 납득이 가는 데가 있으면 종파 같은 것은 따지지 않고 가까이 하였다. 부하나 상인들로부터 훌륭한 수도자가 있다는 소문을 들으면 그 수도자를 성으로 초빙하여 마음의 양식으로 삼았고, 그 댓가로 생활의 원조를 아끼지 않았다. 그러므로 왕의 주위에는 바라문의 수행자를 비롯하여 지난날의 우르벨라 캇사파 등과 같은 행자들이 수십 명이나 출입하고 있었다.

6년 전 고타마 싯다르타가 출가하였다는 소문을 들었을 때 왕은 기대와 존경의 마음을 금할 길이 없었다. 그래서 될 수만 있으면 자신의 성 안에 머물게 하여 신리를 이야기하면서 신앙의 근본을 깨닫고 싶었다. 그러나 고타마의 강한 의지 앞에 왕의 기대는 여지없이 무너졌던 것이다. 하지만 자신의 제의를 거절하고 깨달음의 고행길을 나서겠다는 싯다르타의 강인한 기개에 큰 감명을 받은 왕은 마음속으로 고타마가 기대에 어긋나지 않고 반드시 대각을 이룰 것이라고 짐작했었다.

지금 자기 앞에 그 때의 왕자가 기대한 대로 붓다가 되어 많은 제자들을 거느리고 신리神理를 설법하고 있지 않은가!

그 때나 지금이나 같은 인물임에는 틀림없지만 이렇게 목전에서 대하고 보니 범하기 어려운 기품과 큰 그릇됨을 느끼지 않을 수 없었다.

대지에 선 붓다의 체구는 그렇게 크지 않다. 그러나 붓다와 마주 앉아 있으니 자신은 그지없이 조그마하고 붓다는 하늘을 찌르는 거인처럼 느껴졌다. 왕은 잠시 시선을 붓다에게 던지고 있었으나 이내 그 시선을 거두고 조용히 눈을 감았다.

붓다는 주위를 한 번 돌아본 뒤 인간으로서의 사는 길을 설법했다.

"라잔(왕)이시여, 우리의 육체는 인생항로를 건너가는 나룻배에 지나지 않으며 마음이라는 선장이 있으므로 자신의 존재를 인식하는 것입니다.

만일 선장인 마음이 없다면 고민도 고락苦樂의 체험도 할 수 없는 것입니다. 이 마음이 있으므로 온갖 생각이 일어나고 욕망이 생겨나는 것입니다.

또한 육체의 오관五官을 통한 환경·교육·사상·습관으로 말미암아 원래 둥글고 풍부한 마음을 왜곡하여 괴로움의 원인을 만들고 있습니다.

육체라는 것은 본디 고락苦樂의 인생을 항해하기 위한 배에 지나지 않으며 이 배를 조종하는 각자의 마음이야말로 영원불변한 자신이며, 오관五官으로 느낄 수 있는 모든 현상은 마음을 연마하기 위한 교재에 지나지 않는 것입니다.

그럼에도 불구하고 이 현상에 사로잡혀 진짜 자신을 망각하고 괴로움의 원인을 만들어 내고 있다는 사실을 알아야 합니다.

좋은 인연에 의해서 좋은 원인을 만들고, 좋은 결과를 얻게 된다는 중도中道의 길을 실천함으로써 안심입명할 수 있게 되는 것이라고 말할 수 있습니다.

그러기 위해서는 괴로움의 인을 끊고 생과 사에서 해탈하는 길밖에 없습니다.
 해탈의 길은 무엇보다도 먼저 상대가 하는 말을 올바르게 들을 줄 알아야 합니다.
 자기 중심이 되어 있는 한 올바르게 들을 수 없습니다.
 상대가 하는 말에 따라 노여움의 마음이 생겨 난다든가 아첨·원망·질투·비방 등의 마음이 일어나는 것은 자기중심의 마음으로 듣고 있기 때문이며 이것이 괴로움의 원인이 되는 것입니다.
 다음으로 올바르게 말하는 것입니다.
 말로써 상대를 상하게 하면 그 상한 마음은 자신에게 되돌아오게 됩니다.
 또 자기가 한 말로 말미암아 오해의 원인을 만들면 자기 자신의 마음에 괴로움을 만들게 되는 것입니다.
 말은 언제나 올바르게 전달되어 상대의 마음에 조화를 줄 수 있도록 해야 합니다.
 마음이 밖을 향하고 있으면 욕망이 일어나서 괴로움의 원인이 되고, 마음이 안쪽을 향하고 있으면 사물이 올바르게 보여 괴로움의 씨를 뿌리지 않게 됩니다.
 해탈은 이러한 올바른 마음의 척도에 의해서 얻어질 수 있는 것이며, 이런 가운데 이 세상의 조화가 이루어질 수 있게 되는 것입니다."

 붓다의 설법은 계속되었고 설법이 계속될수록 열이 올라 청중의 마음을 감동시켰다.

많은 사로몬들은 붓다의 육체에서 엷은 황금색의 빛살이 방사되고 있는 것을 보고 합장하는 것이었다.

왕의 눈에도 그 빛이 보였다. 빛이 보이니 절로 두 손이 모아져 합장하게 되는 것이었다. 조금 전까지만 해도 살아있는 인간에게 합장하는 것에 의문과 부자연스러움을 느끼고 있던 왕이었지만 스스로의 체험에 의해서 그 의문은 절로 해소되었다.

왕은 감격에 겨워 붓다에게 사의를 표했다.

"존귀한 설법 잘 들었습니다.
 나의 영혼을 흔들어 백성에 대한 자애심이 얼마나 중요한지 깨닫게 해주었습니다.
 앞으로는 더욱더 내가 해야할 소임을 명심하여 사명을 완수해 나가겠습니다.
 이후에도 계속 지도해 주시기를 간청드리는 바입니다."

정중한 왕의 말은 붓다의 제자들에게 긍지와 용기를 부었다. 이렇게 해서 붓다의 가르침은 라자그리하 백성들의 마음에 법등이 되어 불을 밝혀 나갔다.

그런 며칠 후 왕의 사자가 반다바의 수행장을 찾아왔다.

"저는 마가다국에 사는 가란다라고 하는 베이샤(상인)입니다. 지난번 왕과 함께 붓다의 설법을 듣고 마음이 씻겨졌습니다. 왕의 희망도 있고, 붓다가 오래 마가다국에 머물러 계실 수 있도록 정사精舍를 기증하고 싶어서 찾아왔습니다.

제발 붓다에게 안내해 주십시오."

코스타니야는 그의 말씨며 복장을 보고 대부호 베이샤임을 직감할 수 있었다. 붓다의 수행장으로 안내했다. 가란다는 붓다의 모습을 보자 눈물을 글썽이며 지난번의 설법에 대한 인사말을 올린 다음 빔비사라 왕의 뜻을 전하고 재가신도로서의 입문을 허용해 줄 것을 청원했다.

"저의 땅은 라자그리하의 북문北門에서 북동北東에 걸친 가란다 촌村 일대입니다. 그 죽림竹林이 붓다의 정사精舍로 적당한 곳이 아닌가 싶습니다. 마음에 드신다면 붓다의 지시대로 곧바로 공사를 시작하겠습니다. 아무쪼록 이 기증을 받아들여 주시길 부탁드립니다."

붓다는 가란다의 진심이 깃든 기증임을 확인하였다.

"정사의 기증을 감사히 받아들이겠습니다.
가란다촌村의 죽림竹林은 아주 훌륭한 장소입니다.
그리드락터의 수행장과도 가까운 위치에 있으며 날란다로 가는 도중에 있어서 나도 그곳은 몇 번인가 유행遊行했던 낯익은 곳입니다."

하고 흔쾌히 죽림정사竹林精舍의 기증을 받아들였다.

§전도傳道의 거점

가란다 장자는 죽림정사의 기진寄進이 붓다에게 받아들여지자 절로 한시름이 놓이고 가슴이 후련해졌다. 그 때까지는 반신반의의 어둔 마음으로 '과연 붓다가 이 기증을 받아들일까'하고 걱정이 태산이었으며 그렇게 수월하게 받아들여지리라고는 상상조차 못했던 일이었다.

"감사합니다. 국왕께서도 매우 기뻐하실 것입니다.
근간에 붓다를 비롯한 제자 여러분들에게 식량을 조금 갖다 드릴까 합니다. 그 때 정사에 관한 구체적인 의견을 청취한 뒤 목공들을 시켜서 곧 공사를 시작하도록 하겠습니다. 그런데 그 이전에 붓다께서 한 번 현장을 살펴보아 주시면 고맙겠습니다."

가란다는 만족감에 겨워 얼굴 가득히 피어오르는 기쁨을 감추지 못한 채 이렇게 여쭈고 나서는 넓죽 일배를 올렸다.

우루벨라는 붓다에게는 깨달음을 이룬 곳인 만큼 그 인연이 유다르다 하지 않을 수 없으며, 그래서 자신도 모르게 당시의 상황들이 감회 깊게 머리에 떠오르는 것이었다. 대각을 이루기까지의 여정은 그야말로 암중모색의 가시밭길이었으며, 한 걸음만 삐긋해도 낭떠러지로 굴러떨어지는 죽음의 벼랑길이었다 해도 과언이 아니다.

그러나 대각을 이루고 보니, 대자연의 틀과 인간의 고뇌가 분명해졌고 생사의 공포와 고락의 의미도 환하게 이해되는 것이었다.

붓다에게 가장 큰 의미를 안겨준 것은 깨달음을 이룸으로써 천상계의 범천(브라흐만)들과 대화가 가능해 졌으며, 그래서 이 세상에 삶을 얻어 살아온 36년 동안에 경험한 것보다 훨씬 더 많은 것을 교시받을 수 있게 됐다는 사실이었다.

이번의 가란다의 기진寄進도 이미 브라흐만으로부터 들어서 알고 있는 일이었다.

"그대가 법을 설하게 되면 많은 사람들이 모여들게 되고 포교에 필요한 것은 모두 희사받게 될 것입니다."

이 말이 지금 현실로 나타난 것이다.

제자들의 수가 천 수백 명에 이르니 역시 포교의 거점이 필요하지 않을 수 없었다.

붓다의 가르침을 정확하게 받아들여서, 적어도 세상 사람들로부터 '저래도 붓다의 제잔가?'라는 손가락질을 받는 일은 없어야 하지 않는가.

야외에서, 더군다나 생활이 각자 따로따로 이루어지고 있는 상태에서는, 출가란 이름뿐인 허울에 불과한 것이고, 애써 만난 정법도 구석구석 올바르게 전달되고 실천된다고는 보장할 수 없는 노릇이었다.

이러한 의미에서도 전도傳道의 거점이 필요하지 않을 수 없었다. 그리고 그 때는 이미 출가자의 집단이 방대했던 그만큼 공동생활을 위한 막사의 필요성이 절실한 때였다.

또 붓다의 정법을 전해듣고 모여온 사람들은 여러 계층이었다. 바라문 계급이 있는가 하면 베이샤, 크샤트리아 그리고 수드라도 있었다. 하지만 신분이나 계급의 차별을 둘 수는 없는 일이었으며 그래서 조직적인 생활의 훈련이 필요하였다.

특히 수드라는 자자손손 노예의 신분이었으므로 열등의식이 강했으며, 그 의식을 바로잡아 줄 필요가 있었다.

인간은 누구나 평등하다. 인간의 차별은 지상의 사람들이 지知와 의意에 의한 상대관념으로 만들어 낸 소산에 불과하다. 상대관相對觀으로 말미암아 사람들은 자신의 진성을 상실하고 시비분쟁의 씨를 뿌리고 있다. 능력의 우월은 각자의 노력의 결과이며, 그것은 각자의 전생윤회의 과정에서 이루어진 결과인 것이다. 그러므로 신의 자녀에게 우열이 있을 까닭이 없다.

인간은 신 앞에서는 누구나 평등하며, 그것은 마치 저 태양의 빛이 만인에게 공평 무사하게 비추어지고 있는 것과 조금도 다를 바 없다. 평등이야말로 신의 의사이며 지상천국의 기초가 아닐 수 없다.

다만 이 지상계는 남녀노소의 구별은 있으며, 때와 장소에 따라 각자의 경험, 지식, 적응력, 취미 등이 달라지므로 자연히 그 담당하는 범위가 정해지게 마련이다. 이를테면 각자의 역할이다. 이런 사실은 소우주를 형성하고 있는 인체의 구조가 무언으로 증명해주고 있다.

인체가 정밀하게 활동할 수 있는 것은 인체 내부의 여러 기관器官이 저마다 고유의 성질을 가지고 제 기능을 십분 발휘해주고 있으므로 가능한 것이다. 그들 기관 가운데 어느 것 하나라도 결함이 생기면 전체의 활동에 지장이 일어나 충분한 활동이 불가능해진다. 인간 사회의 각자 역할도 인체의 각 기능과 다를 바 없다.

이런 의미에 평등이라는 것은 자연이 가르치고 있는 인간의 생활정신이며, 따라서 상대적 우월감이나 열등감은 인간 사회를 혼란으로 이끄는 요인일 따름이다.

당시의 인도 사회는 계급의식이 엄격해서 20세기에 이른 오늘날까지도 여전히 그 꼬리가 남아 있는데, 붓다 당시의 계급제도는 참으로 심각한 것이었다.

수드라는 영원히 수드라였으며, 자주독립의 생활을 영위할 수 없을 뿐만 아니라 평생을 가혹한 육체노동으로 메우지 않으면 안 되는 처지였다.

크든 작든 교단의 수는 합하여 수만에 이르렀지만 수드라를 받아들이는 교단은 한 군데도 없었다. 수드라에게는 구원이라는 것은 생각조차 할 수 없는 일이었으며 따라서 수드라는 인간의 얼굴을 한 사역당하는 동물에 지나지 않는 미천한 존재였다.

붓다는 이 불평등을 몸으로 타파했다.

수드라라고 하지만 인간의 자녀임엔 다름이 없다. 차별당할 이유가 없다. 주인을 잃고 떠돌이 신세가 된 수드라를 만나면 데려와서 출가, 입문시켰다. 그대로 방치해 두면 다시 수드라의 노역에 혹사당하거나 아니면 산적들에게 맞아죽는 것이 피할 수 없는 그들의 운명이었다.

붓다의 교단은 인종차별이 없었으므로 이것만으로도 당시로서는 특이한 교단으로 세인의 주목을 받았다.

바라문, 베이샤, 크샤트리아, 수드라의 네 계급에서 모여들 것이라고 이미 브라흐만으로부터 들어서 알고 있는 일이었지만, 붓다 자신도 출가 이전부터 카스트 제도의 모순을 통감하고 있었던 만큼 이러한 혼성교단은 당연한 결과라고 하지 않을 수 없다.

그러나 교단이 발족한 지 얼마 되지도 않아서 그런지 일부에서는 붓다의 뜻이 전달되지 않고 출신의 신분에 따라서 차별하는 일들이 적지않게 일어났던 것이 사실이다. 이럴 때에는 브라흐만으로부터 주의를 받았다.

붓다는 즉시 차별하는 자를 호출해서 간곡하게 타일렀다. 당사자는 눈물을 흘리면서 잘못을 깨닫고 돌아갔다. 이렇게 해서 차별의 파문은 브라흐만의 협력에 의해서 차츰 해소되어 갔다.

붓다는 항상 아몬(브라흐만(범천)의 이름)의 자비(협력)에 감사했다. 아몬과의 만남은 마음의 문이 열렸을 그때부터라고 말할 수 있으나, 사실은 훨씬 그 이전부터 알게 모르게 마음의 지도자로서 고타마의 삶을 인도해 왔던 것이다.

마음의 문이 열리기 전에, 장님 같은 인생을 걷고 있었을 당시부터 아몬은 이미 고타마의 마음 속에서 여러 가지 영감을 떠올려 주기도 하였으며 의문에 부닥쳤을 때에는 해답을 암시해 주기도 하였다.

그런 아몬이 고타마가 출가하여 마음의 문을 열고 대화할 수 있게 된 뒤에도 계속 길안내를 해주고 있으니 이 이상 마음 든든한 일이 어디에 또 있겠는가. 붓다는 아몬의 자비와 사랑에 온몸이 흠뻑 젖어 할 말을 잊을 정도였다.

가란다의 기진寄進은 진작 아몬으로부터 예고받고 있었던 일이며 실제로 그를 만나보니 그의 순수한 마음이 붓다를 평안하고 즐겁게 했다.

아몬의 예언이 하나하나 현실로 나타난다. 정법 포교의 체제가 가란다의 기진寄進에 의해서 본격적인 태세를 갖출 수 있게 되었다고 해도 과언이 아니다.

가란다는 라자그리하성城으로 돌아와서 빔비사라 왕에게 보고했다. 그는 곧 대나무숲에 정사를 건립하기 위해서 붓다의 제자인 우르벨라 캇사파, 코스타니야, 야사 등과 의논하여 건축 공사에 들어갔다. 정사는 금방 완성되었다.

가란다의 막강한 재력이 많은 목공들을 동원할 수 있었으므로 예정보다 빨리, 그러면서도 훌륭한 도량이 완성되었다.

가란다에 의해서 세워진 정사에 왕은 붓다와 그의 제자들을 초청하여 정사의 안팎을 안내하였다.

"붓다, 이 정사의 이름을 지어주십시오."

왕은 얼굴 가득히 웃음꽃을 피우면서 말했다.

울창한 대나무 숲으로 둘러싸인 정사의 모습은 마음을 닦기에 더이상 바랄 것이 없는 훌륭한 환경이었다.

붓다는 왕의 물음에 가볍게 고개를 숙이고 다음과 같이 대꾸하였다.

"웨누와나竹林精舍(죽림정사)[1]라고 부르고 싶습니다.
왕을 비롯하여 가란다님께 진심으로 감사드립니다.
이러한 보시는 마음 속에서 탐욕의 악념을 제거합니다.
많은 중생은 금은보화가 행복을 가져다 준다고 생각하고 있습니다.
또 어떤 사람은 사회적 지위나 명예가 행복의 길이라고 생각하고 있습니다.
그러나 사실은, 이러한 것들은 욕망을 더 강하게 부추기고 부채질하는 자극제가 될지언정 참다운 행복을 가져다주는 것은 아닙니다.
왜냐하면 재물이나 명예라는 것은 어디까지나 생활의 도구에 지나지 않으며 마음의 기둥은 될 수 없기 때문입니다.
외적인 것은 모두 무상無常합니다.
외계의 사물은 일견 실재하는 것처럼 보이지만 시간이 흐르면 절로 없어지는 것입니다.
욕망은 그런 무상無常한 것을 좇아 자신의 마음속에 괴로움과 슬픔의 곰팡이를 피우고 있는 것입니다.
만족할 줄 알고, 욕망이라는 초라한 마음을 제거해 주는 보시의 행위야말로 자신의 마음을 풍족하게 하는 크나큰 공덕이 됩니다.

---

1) **웨누와나**: 산스크리트어 वेणुवन, 'वेणु(웨누)'는 '대나무', 'वन(와나)'는 '숲'을 의미한다. 한자어로 의역해 '죽림정사竹林精舍'라고도 한다.

이번의 이 기증은 많은 중생들의 마음에 법등을 켜는 기초가 될 것입니다.
 그런데 대부분의 헤매이는 중생들은 권력자의 명령이나 지시에 반항할 수 없을 때에는 그 불만을 참고 견딥니다.
 참고 견디면 언젠가는 폭발하게 됩니다.
 마음 속에 응어리로 남아 있기 때문입니다.
 권력자가 건재할 동안에는 그 불만이 마음속에서 젖은 섶나무처럼 연기를 뿜고 있을 따름입니다.
 그러나 그 권력자가 일단 지도력을 잃게 되면 섶나무의 불길은 삽시간에 타올라 투쟁과 분노로 돌변합니다.
 그러니 어떠한 욕된 일을 당해도 그것을 잘 소화해서 마음속에 불만과 노여움을 남기지 말아야 합니다.
 정도의 길은 선한 마음을 소중히 가꾸어 나가는 것입니다.
 선아善我(진실한 나)의 마음에는 불평불만이 없습니다.
 불평불만은 선아善我에서 생겨나는 것이 아니라 위아僞我(거짓의 나), 즉 욕망의 마음, 만족할 줄 모르는 마음에서 생겨나는 것입니다.
 올바른 법(정법正法)을 일상의 기준으로 삼고 생활해 나간다면 불평불만도 없어지고 인욕忍辱의 미덕을 갖춘 자신을 완성할 수 있을 것입니다.
 만족과 인욕과 지혜로 생활한다면 사람은 누구나 마음의 문을 열 수 있습니다.
 이 세 가지는 깨달음의 조건이라고도 할 수 있습니다.
 가란다 장자의 보시행을 보고 진심으로 기뻐할 줄 아는

가난한 사람들도 보시한 것과 같은 행위자라고 할 수 있으며 공덕을 입을 것입니다."

왕도 가란다도 붓다의 말을 한마디도 놓치지 않고 받아들여서 마음속에 되새기는 것이었다.

붓다는 생활이 어렵고 보시할 형편이 되지 못하는 중생을 구제하는 데에도 역점을 두고 있었다.

왜냐하면 당시에는 빈민들이 너무나 많았고 또한 보시행이 생활 속에 침투하여, 보시를 못하는 자는 공덕도 구제도 받지 못한다는 사고방식이 뿌리박혀 있었기 때문이다.

특히 이러한 사고방식은 바라문계급의 사제司祭들에게 많이 보였을 뿐만 아니라 실제로 그들은 중생의 보시 위에 방석을 깔고 앉아 권력자의 위세까지 풍기는 폐단이 있었다.

붓다는 우선 이러한 기형적인 사고방식을 타파하고 인간 평등과 마음의 존엄을 전도의 중심으로 삼았던 것이다.

왕과 가란다 장자는 붓다의 의중意中이 어디에 있는가를 알았으며, 자칫하면 현재의 권력, 명예, 재력에 눈이 팔려 그 속에서 거만을 피우게 될지도 모르는 위험한 상황에 놓인 자신들을 다시금 살펴볼 수 있게 되었던 것이다.

붓다는 왕의 융숭한 접대를 받고, 많은 제자들과 함께 웨누와나(죽림정사)로 이주하였다.

어제까지만 해도 숲속이나 동굴 혹은 마을 어귀에서 거지와 다를 바 없는 생활을 해온 그들이었는데 이제부터는 훌륭한 건물이 비바람을 막아주고 그 속에서 공동생활을 하는 기쁨이 기다리고 있었다.

누구랄 것 없이 땀과 먼지를 뒤집어 쓴 그 얼굴과 승의僧衣는 때 기름이 줄줄 흘러 새 건물의 주거인으로서는 아무래도 어울리지 않는 듯싶었다. 참으로 기이한 관경의 웨누와나(죽림정사)라고 표현할 만하였다.

하지만 정사가 완공되고 정사로 옮겨 앉음으로서 상가僧團의 형태는 우선 갖추어진 셈이다.

제자들은 정사를 중심으로 우르벨라 지방, 라자그리하의 도시, 날란다, 멀리는 바라나시의 수도, 찬바, 바이샬리까지 다니며 붓다의 법을 전도하였다.

전도는 혼자서 할 때도 있고 대여섯 명이 어울려 며칠 동안 돌아다니는 경우도 있었다. 그리고 웨누와나(죽림정사)로 돌아와 붓다의 지시를 받고서는 또다시 전도의 길을 나서는 것이었다.

포교의 범위가 넓어질수록 제자들의 수도 늘어갔다.

정사는 그 때마다 증축하였지만 머지않아 웨누와나(죽림정사)의 수용능력도 한계점에 도달할 것은 불을 보듯 뻔한 일이었다.

그러나 그 때는 또 가란다 장자처럼 제 2의 기증자가 나타나 새로운 정사가 세워질 것이다.

포교의 상황을 붓다는 제자들로부터 보고받고 있었다. 성과를 올린 자도 있고 실패담을 늘어놓는 제자들도 있었다. 그러나 붓다는 포교의 성패보다는 제자들의 포교를 자신의 분신처럼 지켜보면서 자상하게 지시를 내리는 것이었다.

　전도의 거점도 생겼고, 제자들의 활동이 활발해짐에 따라 제자들의 얼굴의 혈색도 좋아지고 몸에서 엷은 황금색의 빛살이 어리는 자도 많아졌다.

　이것은 포교라는 생활을 통해서 그들이 정도正道를 실천하고 있다는 증거였다.

　붓다 자신도 항상 팔정도八正道를 마음의 척도로 삼아 반성을 게을리 하지 않고 있었으며 아무리 조그만 잘못이라도 지엄하게 다스리고 있었다.

　조그만 것이 저도 모르는 새 크게 자라 마음과 행동을 어긋나게 하는 원인을 만들기 때문이다.

　37세의 가을 우기雨期 철이 되었다.

　많은 제자들이 전원 웨누웨나(죽림정사)에 모여 각지의 전도 상황을 붓다에게 보고하고 금후의 방침에 대해서 의논하였다.

　우선 식량 문제였다. 정사가 생겨 생활의 거점이 확보되니 식량을 비축해야겠다는 생각이 떠올랐다. 그래서 식량을 비축하느냐 안 하느냐의 의견이 맞섰다. 붓다는 일언지하에 결론을 내렸다.

　"장마철에 필요한 만큼만 탁발로써 얻으면 족하다.
　여분의 비축은 필요없다."

　모두들 노숙하던 시절의 생활을 회상하고 만족할 줄 아는 마음의 소중함을 새삼스럽게 깨우치는 것이었다.

우기雨期가 되면 식량이 부족해진다. 이 때문에 산중의 수행자는 우기雨期에 연명할 얼마간의 식량은 누구나 갈무리하고 있었다.

집집마다 찾아다니며 탁발을 해도 보시의 양은 적어지게 마련이다. 보시하는 쪽에서도 식량이 부족해지는 철이기 때문이다.

또 산이나 숲속에서 과실을 구하는 것도 우기雨期에는 홍수나 산사태가 일어나므로 위험한 일이다. 함부로 산속으로 들어갈 수 없는 노릇이었다.

그리고 그 때까지는 상가僧團라는 집단이지만 의·식·주는 각자의 자영에 맡기고 있었다. 따라서 식량 문제는 그렇게 신경 쓰일 일도 아니었지만 막상 정사가 건립되고 그 안에서 일동이 함께 기거하고 사실상의 집단생활이 형성되고 보니 어느 정도의 식량 비축은 필요한 일로 대두되었던 것이다.

더욱이 거주자의 수가 천 수백 명에 이르렀고 식사도 균일해야 하며 취사도 대량으로 취급되어야 하는 실정이었다.

가란다 장자의 보시도 있었지만 그렇다고 거기에 의지하고 만족해서는 안 되는 일이었으며 실제로는 탁발·걸식으로 충당되었으므로 종래의 걸식생활이 원칙을 이루고 있었다.

이러한 이유에서 우기雨期의 기간만이라도 식량을 확보하고 전도의 일을 보다 원활하게 함이 좋겠다는 의견이 대두되었던 것이다.

하지만 붓다는 정사로 옮긴 뒤에도 종래의 산중생활과 다름없이 필요 이외의 분은 일체 비축하지 않았으며, 그럼에도 아무런 지장이 없었으므로 제자들에게도 종전의 원칙을 그대로 지키도록 지시해 왔던 것이다.

　만족할 줄 안다는 것은 선한 마음, 신의 자녀로서의 자신으로 돌아간 자각에서 이루어지는 생활철학이다.

　그것은 욕망을 억제한다거나 참는다거나 혹은 분수에 안주한다는 그런 따위의 상식적인 생활신조가 아니다.

　오늘날의 현실 사회는 비록 생활은 편해지고 물질도 풍부해 졌지만 인간들은 평안하고 희망에 찬 일상생활을 즐기고 있다고는 말할 수 없다.

　왜 그럴까.

　욕망이 여러 갈래로 뻗어 그 욕망에 자신이 번롱당하고 있기 대문이다.

　평안한 생활을 바란다면 마음으로 소용돌이치는 표면의식에 매달린 상념과 행위를 바로잡는 길밖에 없다.

　만족할 줄 아는 생활이란 인생의 목적을 자각하고 삶의 역할을 이해하여 신의 뜻을 펴나가는 행위를 말하는 것이다.

　따라서 만족할 줄 아는 생활을 하면 할수록 생활 행위가 보다 적극적이 되어 사랑과 봉사의 정신이 솟아나는 것이다.

　현실의 우리들 생활에 이 정신을 살린다면 구체적으로 어떻게 될 것인가.

　현재 우리들이 살고 있는 사회는 자아의 욕망을 중심으로 한 사회다. 인간이라는 연대 의식도 없고 사회적 책임이라든지 보시의 마음도 희박하다.

자신의 몸은 자신이 지켜야 한다는 풍조가 지배적이다.

이러한 풍조 속에서 살아가기 위해서는 우선 이에 역행할 수는 없는 일이다.

그러니 거스르지 말고 상인은 이익을 올려야 하고 봉급자는 근무에 최선을 다 해야 할 것이다.

문제는 이익이 오르고 근무에 여유가 생겼을 때 그 이익과 여유를 무엇을 위해서 쓸 것인가에 달렸다.

자신의 욕망을 충족시키기 위해서 쓸 것인가 아니면 사랑과 봉사라는 보시행에 쓸 것인가.

만족할 줄 아는 생활인은 사랑과 봉사에 쓸 것이다.

요즘 신앙인의 실태를 보면 함부로 선이라든가 사랑이라는 관념에 사로잡혀 가정생활을 소홀히 하고 자기만족과 욕망을 억제하는 데 급급해 있는 것 같다.

욕망은 억제하는 것이 아니다.

인생의 목적을 안다면 그러한 욕념欲念이라는 것은 자연히 침정화沈精化하여 신의 자녀로서의 진정眞情한 사랑이 생활의 원동력으로 절로 솟아나게 되는 것이다.

물론 그러기 위해서는 반성과 내재하는 악의 싹을 뽑아내는 용기와 노력이 필요한 것은 사실이나, 그렇다고 해서 그런 노력을 무리하게 억지로 하는 것이 아니라 시간과 더불어 그 노력이 노력으로 느껴지지 않게 될 때까지 매일 매일 부지런히 노력해야 한다.

　노력하고 있다는 감각이 마음속에 있는 한 그것은 아직 진짜가 아니다. 노력이 생활 속에 융화되어 하루하루가 일생으로 이어지는 기쁨으로 충만하지 않으면 안 된다.

　붓다의 지시대로 제자들은 따라주었다. 여분의 저축은 붓다의 말씀 그대로 필요가 없었으며 만일 남는 것이 있었다면 가난한 빈민에게 나누어 줄 것이다.

　두 번째 문제는 전도중에 바라문계급의 사로몬, 사마나들과 곧잘 논쟁을 벌이게 되는 일이었다.

　여기에 대해서 붓다는 다음과 같이 말했다.

　　"사로몬들이여, 마가다국을 비롯해서 캇시국, 코살라국, 밧지국 등에서 수행하고 있는 바라문들은 예부터 전래되어 온 베다나 우파니샤드의 경전을 습득하여 지식이 풍부한 자들이 많습니다.
　　그에 비해서 여러분들은 붓다의 법을 만난 지 아직 얼마 되지 않아서, 바라문이나 그 밖의 수행자들로부터 이론의 공격을 받으면 올바른 이성을 잃고 마음에 노여움과 싸움의 씨를 뿌리기 쉽습니다.
　　그러니 논쟁을 걸어오는 자가 있으면 절대로 그와 맞서지 마십시오.
　　인욕忍辱의 마음을 잊지 말고 정도에 따라 항상 자신의 마음을 살피는 생활을 게을리 하지 말아야 합니다.

또한 남의 말이나 행동을 보고 자신의 마음이 흩뜨러져 괴로움의 원인을 만드는 일은 없어야 합니다.
　붓다의 법을 의지삼고 매일의 생활을 한걸음 한걸음 착실하게 쌓아가는 것이 마침내 대각을 얻을 수 있는 지름길이 된다는 것을 명심하십시오.
　마하반야(위대한 지혜)는 그러한 생활의 축적을 거쳐서 열리는 것입니다.
　가까운 시일 안에 또 다른, 나의 과거세의 제자들이 인연을 얻어 제자로 입문해 올 것입니다.
　그 때를 위해서 여러분들은 선배답게 자기자신을 확고히 완성하여 부끄럽지 않은 생활과 중생구제에 전력을 다해야 할 것입니다."

　등불에 비쳐 드러난 붓다의 모습은 당당하고 자신에 차 있었다. 그리고 날로 충실해 가는 붓다의 인품을 우러러보고 제자들은 새삼스럽게 붓다에게 사사한 행복감에 젖는 것이었다.
　붓다의 말은 간단하고 누구든지 쉽게 알아들을 수 있는 것이었지만 그 말 속에는 실로 깊고 넓은 신리神理가 담겨 있었다.
　사상, 종교, 정치라는 것은 자칫 인간으로 하여금 마음이 흔들리고 이성을 잃게 하기 쉽다.
　사상(이데올로기)은 마음에 독을 먹이고 종교는 마음을 편협하게 만들며 정치는 인생의 목적과 수단을 흐리게 하여 인간을 불행으로 몰아넣는다.

특히 사상(이데올로기)은 종교와 정치를 움직이는 에너지로, 여기에 마음이 빼앗기면 정사正邪(옳고 그름)의 구별조차 못하게 되어 여러가지 집착을 만들어내게 된다.

사상이라는 것은 한 가지만의 생각을 가리키는 것이며, 그 생각은 인습, 전통, 민족의 체질, 그때 그때의 학문 등이 서로 얽혀 생겨나는 것으로, 그 시대를 움직인다. 인류의 역사는 이를테면 인류의 사상사思想史라고 해도 과언이 아니며, 사상사思想史를 훑어보면 인류의 역사가 어떻게 변천되어 왔는지 알 수 있다.

종교나 정치는 이러한 사상을 토대로 하여 강하게 활동하게 되는 것이며, 만일 그 사상이 일치하지 않을 때에는 사상과 현실이 유리되어 싸움의 원인을 만들어 버린다.

마호멧이란 사람은 오른손에 칼을 가지고 왼손에 평화를 구했다. 평화를 위한 전쟁이 과연 있을 수 있는 일인가. 사상의 근저에 그 시대의 등장 인물들의 사견私見이 끼어들기 때문에 사상과 현실이 괴리되어 버리는 것이다.

사상가, 종교가, 정치가들이 한결같이 편협해지는 것은 그들 생각 속에 사견이 끼어들어 신리神理에서 멀어지기 때문이다.

정법은 대자연이 몸으로 가리키는 생활의 방법이다.

싸움 따위는 이슬방울만큼도 없다.

신앙인이 서로 입에 거품을 물고 입씨름을 하다가 종내는 폭력 사태로까지 발전하게 되는 것은 신앙인 자신이 아직 신리神理 생활이 몸에 배어 있지 않기 때문이다.

§귀성歸城의 권유

고타마가 우주즉아宇宙卽我의 경지를 얻어 붓다가 된 지 벌써 1년이란 세월이 흘렀다.

붓다의 심경은 저 시궁창 한가운데서 피는 아름다운 연꽃에 비유할 수도 있는 것이었다.

성도 왕좌도 양친과 친척도 그리고 비정하게도 처와 아들 라훌라까지도 팽개쳐 버리고 출가한 몸이었지만 그 때는 한 점 집착도 없었으며, 낡은 승의僧衣는 그대로 마음의 평안을 나타내는 증거이기도 했다.

화려하게 장식된 왕좌는 보기에는 아름답고 권위를 과시하지만 그것을 벗기면 속 알맹이는 허위와 초조가 늘 마음을 점령하여 사물의 진실을 배울 수 있는 기회도 없고 시간에 쫓기는 바쁜 몸으로 일생을 마치고 만다.

6년의 고행은 문자 그대로 악전고투의 연속이었다.

하지만 지금의 마음의 평안은 필설로는 표현할 수 없는 지고한 법열의 경지에 들어 있었다.

마음의 평안, 바라밀다의 경지는 시궁창에서 피는 연꽃과도 같았다.

사람의 육체는 눈곱·코딱지·이똥·땀·때·가래·대소변… 어디를 짚어도 깨끗한 것이 없다. 더럽고 추한 것이지만 그 육체 속에 간직되어 있는 마음이 눈을 떠 빛을 발산하게 되면 연꽃과 마찬가지로 결코 오물이 범할 수 없는 눈부신 꽃잎을 피울 수 있다.

즉, 천지를 꿰뚫는 지혜의 샘을 열 수 있다.

고타마는 왕위를 버리고 바라밀다의 꽃을 피웠다. 슈바라라고 하는 붓다의 경지에 도달한 것이다.

아내 야쇼다라와 라훌라의 입장에서 보면 고타마는 비정한 사나이로 여겨지게 마련이지만, 때가 되어 법의 가치를 알게 되면 카필라를 떠나 출가한 붓다의 마음을 이해할 날도 있으리라.

고타마가 붓다가 되어 많은 제자를 거느리고 도를 설법하고 있다는 소문이 이미 먼 북동의 나라 카필라에서도 모르는 사람이 없을 만큼 알려져 있었다.

라훌라는 벌써 일곱살이 되었지만 아버지의 얼굴은 모르고 있었다. 라훌라가 태어나자마자 아버지 고타마가 카필라에서 몸을 감추었기 때문이다.

라훌라는 아버지의 모습을 어머니 야쇼다라, 숫도다나왕, 프라자파티, 궁녀들로부터 듣고 상상할 수 있을 따름이었다.

야쇼다라도 남편인 붓다는 먼 과거 속에 묻혀버린 추억의 인물에 지나지 않았으며 설사 건재하게 살아 있다 하더라도 다시 자기의 품으로 돌아올 사람이 아니라는 것을 알고 있었다.

야쇼다라의 유일한 희망은 붓다와의 사이에 태어난 라훌라의 성장이었다. 씩씩하게 자라 장차 카필라 성을 지키고 야쇼다라를 안심시켜 줄 아들이 되어주는 것이었다.

돌아오지 않는 남편을 잊을 수 있는 것도 붓다의 아들 라훌라가 건강하게 자라고 있기 때문이었다.

아시타 이시(아시타 선인)의 조카 카차나는 마가다를 유행하다가 붓다의 제자들을 만나 붓다의 일상생활을 듣고, 그것을 카필라성에 알려 주었다.

"임금님, 고타마님의 가르침이 참으로 위대하다는 것을 마가다 국에서 자상하게 들었습니다. 환자를 고쳐주고, 사람들의 마음을 읽고 바로 잡아주며, 대부호도 고타마에 귀의하고, 빔비사라 왕도 그의 설법을 들었다고 합니다."

늙은 숫도다나 왕은 눈을 반짝이며,

"뭐라고, 빔비사라 왕까지도 싯다르타의 설법을 들었단 말인가…?"

하고 아들의 성공한 모습을 상상하면서 놀라움과 기쁨으로 설레었다.

"임금님, 그리고 그 대부호는 라자그리하 성의 북문에서 조금 떨어진 산기슭에 있는 웨누웨나(죽림정사)를 기진寄進하였으며, 고타마님은 거기서 많은 제자들과 함께 기거하고 계십니다."

"그래, 아 그랬구나.
코스타니야와 아사지 등도 함께 있을텐데 어째서 연락을 해주지 않는단 말인가. 어쩜 그들은 싯다르타와 함께 있지 않는 것일까. 그들의 소식은 듣지 못했는가?"

왕은 이렇게 말하면서 아들의 훌륭한 모습을 한 번이라도 빨리 만나보고 그의 설법도 한번 들어보고 싶은 마음을 억누를 길이 없었다.

카차나의 얼굴이 아시타 선인仙人의 얼굴로 보이기 시작했다.

아시타 선인仙人은 37년 전에 영아인 싯다르타를 한 번 보자, 이 아이는 커서 많은 나라를 거느린 대왕이 되든가, 아니면 출가하여 슈바라가 되어 중생을 제도하게 될 것이라고 예언하였던 것이다.

숫도다나 왕은 싯다르타가 슈바라가 되는 것보다는 자신의 뒤를 이어 샤카족의 이름을 전 인도에 떨쳐주기를 바랐지만 그런 희망은 무너졌고, 지금은 슈바라가 되어 빔비사라 왕까지도 자기 아들의 설법을 듣는 상황이 되어 버렸다.

"카차나여, 그대의 숙부는 위대한 수행자였다.
싯다르타가 슈바라가 된다는 것을 태어날 때부터 예언했는데, 아들이 출가했을 때는 참으로 천지가 캄캄했었다.
아시타 선인仙人은 참으로 훌륭한 수행자였었다.
나는 그대의 숙부로부터 바라문학을 배웠지.
너도 숙부에 뒤지지 않는 훌륭한 바라문이 되어라."

카차나는 갑자기 숙부의 칭찬을 듣게 되자, 어릴 때 자기에게 여러 가지를 가르쳐주던 숙부의 모습이 머리에 떠올라 그리운 회포에 젖었다.

"아시타 숙부님의 덕택으로 임금님과 직접 이렇게 대화할 수 있게 된 것을 감사하게 생각하고 있습니다."

"그래… 그 때 싯다르타를 안고 아시타는 눈물을 흘렸지. 내가 '어째서 눈물을 흘리느냐'고 물으니 아시타는 '왕자님이 성장할 때까지 저는 살 수 없습니다. 이승에서 만난 인연이 이것으로 끝난다고 생각하니 그것이 원통해서 못 견디겠습니다' 라고 말하면서 그 흰 수염의 얼굴을 싯다르타에 가까이 갖다대면서 엉엉 울었다. 나는 그 이유를 이해할 수 없었는데 이제서야 이해할 것 같구나."

왕은 당시를 회상하면서 눈에 눈물을 담았다.

"임금님, 저도 슈바라(붓다)의 제자가 되겠습니다. 임금님께서 훗날에 부탁해 주시기 바랍니다. 그 때까지 저 자신을 단단히 단련시켜 놓겠습니다."

카차나가 돌아간 뒤 왕은 프라자파티를 불러 싯다르타를 카필라로 초청하는 일을 의논하였다. 의논이기보다는 왕의 일방적인 이야기라고 함이 옳을 것 같다. 왜냐하면 왕은 아들의 성공한 모습을 두 눈으로 확인하고, 아들의 설법을 직접 듣고 싶은 충동을 억제할 수 없었기 때문이다.

붓다가 출가한 후로 왕은 해마다 먹지 않을 수 없는 나이와 함께 몸은 늙어버렸고 7년 전의 기력은 찾아 볼 수 없었다.

싯다르타의 이복 동생 난다는 건장한 성인이 되어 문무文武에 달통해 있었다. 왕의 후계자는 난다였다. 하지만 숫도다나는 난다의 뒤는 라훌라에게 계승시킬 복안을 가지고 있었으나 그 때까지 살아 있을지 왕은 자신이 없었다.

"임금님, 저도 지레 즐겁게 기다려집니다.
라훌라도 벌써 일곱 살입니다. 아버지 얼굴도 보고 싶을 것입니다. 난다도 이제 장성하였습니다.
꼭 부르도록 합시다. 야쇼다라, 너도 같은 생각이겠지?"

이 자리에는 야쇼다라도 함께 참석해 있었다.

"예, 그렇습니다. 라훌라를 위해서도 지아비는 필요합니다.
초청해 주시기 바랍니다."

프라자파티의 말을 듣고 야쇼다라는 솔직하게 자신의 마음을 털어놓았다. 하지만 그녀의 마음속은, 싯다르타는 한 번 작심한 일은 두 번 다시 바꾸지 않는 완고한 분이며, 붓다로서 맞아들여 설법을 듣는 일은 가능할지 모르나, 카필라 성에 머물며 옛날과 같은 부부의 생활로 돌아가는 것을 기대하기란 꿈같은 일이라고 단념하고 있었다.

"싯다르타도 슈바라가 되었으니 우리들의 마음을 알고 있겠지. 우리들이 무엇을 원하고 있는지를 말이다."

왕의 마음은 이미 싯다르타가 카필라로 귀성하여 함께 생활하는 장면을 그리고 있었다.

이야기가 진행됨에 따라 왕은 여느 때와는 달리 힘이 솟았다.

왕은 수구로다나, 도로다나, 암리트다나 삼형제를 불러 누구를 붓다에게 보내어 초청할 것인가를 의논하였다.

"싯다르타가 슈바라가 되어 많은 제자들과 함께 마가다국의 웨누웨나(죽림정사)에 있는데 꼭 그를 부르고 싶다. 협력해 주기 바란다. 그런데 누구를 사자로 보내는 것이 적당하다고 생각하는가?"

"글쎄요, 뭐하면 제가 그 일을 맡아도 좋겠습니다만…"

하고 수구로다나가 나섰다.

"너는 나이가 70을 넘었으니 먼 길을 여행하는 것은 위험하기 짝이 없다. 마음만으로는 갈 수 없는 일이야."

"우리 형제들이 가보아야 싯다르타 왕자는 좋은 대답을 하지 않을 것입니다.
 사양이라도 하여 거절당하면 큰일입니다."

막내 동생인 암리트다나가 조심스럽게 입을 열었다. 그는 자신들 형제가 가는 것보다는 오히려 찬다카를 보내는 편이 좋지 않을까 하는 의견을 제시하였다.

"싯다르타 왕자를 어릴 때부터 돌보아온 사이이니 편안한 마음으로 대화를 할 수 있을 것입니다."

"그것도 일리가 있는 말이지만, 저 우파는 어떨까. 우파는 발걸음도 빠르고 아직 젊다. 찬다카는 7년 전의 일도 있고 하니 너무 짐을 지우는 것 같아 가련하구나."

왕은 마지막으로 제시된 도로다나의 의견을 받아들여 우파를 보내기로 결정했다. 키는 큰 편이 아니지만 약간 살이 찐 탄력성이 넘치는 원기왕성한 사나이였다. 그는 왕의 앞으로 나아가 엎드려 명령을 기다렸다.

"우파, 마가다 국의 라자그리하까지 심부름을 다녀와야 겠다."

"옛, 용무의 내용은…"

"너도 알다시피 라자그리하에는 싯다르타가 많은 제자들을 거느리고 법을 설하고 있다. 싯다르타를 카필라 성으로 제자들과 함께 초대하고 싶구나. 그 일을 네가 맡아주어야 겠다. 어때, 갈 자신이 있는가?"

"예 옛, 황공합니다. 언제든지 떠나겠습니다."

그는 두 말 없이 수락했다. 그러나 마음속으로는 큰일을 맡았다는 걱정이 앞섰다. 그 때까지 선배격인 찬다카가 몇 번인가 맛본 실패의 쓴 경험을 알고 있는 그였다. 찬다카는 왕의 심부름을 갔을 때마다 완강한 왕자의 거절에 부닥쳐 임무를 완수하지 못하고 돌아오지 않았던가. 지금 그 일이 자신에게 돌아왔다고 생각하니 걱정이 앞서지 않을 수 없었다.

"내일 아침 출발하여라. 부탁한다, 우파야."

"옛, 황공합니다."

우파는 전에 싯다르타의 수행장으로 식량과 의복을 가져간 적이 있었다. 맨 처음에는 찬다카를 수행해서….

두 번째, 세 번째는 혼자서 갔었지만 역시 거절을 당하여 허탕을 치고 돌아왔었다.

이번에는 왕의 뜻을 전하는 심부름에 지나지 않는 일이긴 하나 카필라로 한번 내왕해 달라고 하는 분부여서, 사정에 따라서는 왕의 기대가 무산되는 결과를 초래할 수도 있는 일이었다.

"임금님, 저는 왕자님께 식량과 의복을 몇 차례나 가져간 적이 있었습니다. 우루벨라의 지리며 아누푸리야의 숲도 잘 알고 있습니다. 그런데 한 번도 가져간 물건을 전해드려 본 적이 없었습니다. 이번에는 짐도 없고 임금님의 전언 뿐이니 왕자님은 반드시 수락하실 것으로 생각됩니다."

그는 마음에도 없는 말을 지껄이고 말았다. 왕의 위엄에 짓눌려 마음의 안과 밖이 전혀 상반되는 말을 뱉어버리고 말았다.

"그렇지, 꼭 수락을 받고 와야지. 잘 부탁한다."

"예 옛…"

마음씨 착한 우파는 왕실에서 물러나자마자 큰 한숨을 쉬었다. 왜 자신의 속마음을 솔직하게 여쭈지 못했을까. 이젠 엎질러진 물이다. 후퇴할 수도 없는 노릇이다. 되든 안 되든 부딪쳐 보는 외길 뿐이다. 그는 아랫배에 불끈 힘을 주었다.

우파는 집에 돌아오자마자 여장을 갖추고 밤이 새기 전에 카필라 성을 빠져나와 일로 마가다 국을 향해서 발걸음을 재촉했다.

여행은 며칠간이나 걸렸다. 당시에는 여관이라는 것이 없었다. 오늘날로 말하면 민박과 같은 조그만 숙박소가 있어서 거기서 여독을 풀었다. 신분이 높은 분들은 미리 그 지방의 베이샤에게 연락해서 숙박하는 풍습이 있었다. 그러나 지방에 따라서는 민박 숙소도 없는 곳이 있었다. 이럴 경우에는 민가에 부탁하거나 노숙하는 수밖에 없었다. 단독 여행의 노숙은 위험하므로 혼자일 경우에는 민가에 부탁하면 대개 하룻밤을 묵을 수 있었다.

우파는 이런 여정을 거쳐 날란다에 당도했다. 수행자를 붙들고 물어보니 붓다의 소재는 금방 알 수 있었다. 붓다의 명성이 그만큼 높았던 것이다. 식량이나 의복을 가지고 찾아왔던 2~3년 전만해도 고타마 싯다르타라고 하면 누구 하나 아는 사람이 없었다. 찾는데 힘이 들었다.

"붓다, 카필라 성에서 사자가 왔습니다."

밧데야는 카필라의 크샤트리아였으며 우파를 잘 알고 있었다. 우파를 보자마자 그리운 옛정이 뭉클하게 치솟았지만 붓다에겐 이름을 대지 않고 그냥 사자라고만 보고했다.

"무슨 용무인가. 이쪽으로 올라와요."

붓다는 시치미를 떼고 이렇게 대꾸했다. 카필라에서 우파가 사자로 온다는 것은 이미 알고 있었다.

"우파가 왔구나."

하고 붓다가 말했다. 밧데야가 붓다에게 보고를 끝내고 막 방을 나서려는 참이었으므로 그는 깜짝 놀라 돌아보려는 순간 그만 기둥에 이마를 딱 들이받고 말았다. 그는 얼굴을 붉히면서,

"붓다, 어떻게 우파라는 것을 알았습니까."

하고 물었지만 이내 생각이 짚이자,

"붓다, 면목이 없습니다. 용서해 주십시오."

하고 그 자리를 총총걸음으로 물러났.

우파는 붓다 앞으로 나아가서 얌전하게 꿇어 앉았다. 그리고 두 손을 앞으로 내어 짚고 엎드리는 자세로 고개를 숙였다.

"우파, 먼 곳까지 찾아와 주어서 고맙구나. 오느라고 수고
 가 많았다. 너의 용건은 좀더 시일이 지나지 않고서는 받아

들일 수가 없구나. 부왕에게 잘 여쭈어라.
　부왕도 야쇼다라도 건강하게 지내고 있는 것 같으니 참으로 다행한 일이다. 그런데 너도 늙었구나."

우파는 말을 여쭐 틈을 잃었다. 이쪽에서 할 말을 붓다가 먼저 다 말해버렸기 때문이다. 그는 무엇에 홀린 사람처럼 넋 나간 얼굴을 들고 붓다를 쳐다볼 따름이었다. 한동안 말문이 막혔던 그로서는 새삼스럽게 안부 인사를 드릴 수도 없는 노릇이었다.

"왕자님의 말씀 그대로입니다. 저는 무엇 때문에 여기까지 왔는지 모르겠습니다. 임금님도 야쇼다라님도 라훌라님도 모두가 다 왕자님의 귀성을 학수고대하고 있습니다. 왕자님, 부디 그런 말씀은 하지 마시고 귀성해 주시기 바랍니다."

붓다는 우파의 마음속을 다 읽고 있었지만 제자들을 생각하니 지금 당장 웨누와나(죽림정사)를 떠날 처지는 못 되었다.

교단이 생긴 지 겨우 일 년, 제자들의 수도 많고, 거기에 매일처럼 새로운 제자들이 늘고 있다. 그들에게 정법을 가르치고 상가의 질서를 확고하게 몸에 익혀두게 하지 않으면 안 된다.

붓다는 귀성 못하는 사연을 부왕 앞으로 적어서 우파에게 주었다. 우파가 카필라로 돌아가서 그 임무를 완수하지 못한데 대한 문책을 면하게 하기 위해서였다.

우파는 붓다의 세심한 배려가 눈물이 날 정도로 고마웠다. 그

뿐만이 아니었다. 지난날의 가혹한 고행 시절과는 달리 안색도 좋아졌고 그 전처럼 상대를 냉정하게 내쫓던 그런 태도는 티끌만큼도 없었다. 풍만한 붓다의 포용력이 우파를 따뜻하게 감싸주었다. 목적은 이루지 못했다. 그러나 우파의 마음은 가벼웠다. 왕의 명령을 받았을 때는 이거 큰 일이다, 찬다카의 꼴이 되는구나 하고 납덩어리처럼 무겁던 마음이 붓다의 곁을 떠나 귀로에 오른 우파의 발걸음은 오히려 대임무를 완수한 상쾌함을 가득 찼다.

하지만 왕의 앞으로 나아간 우파는 왕의 심중을 헤아리니 무거운 중압감에 짓눌려 견딜 수 없었다. 대강 보고를 드리고 붓다가 써준 편지를 왕에게 바쳤다. 왕은 그것을 읽고서 힘없이 말했다.

"우파, 수고가 많았다. 무사히 돌아와서 다행이구나.
물러가서 푹 쉬도록 하여라…."

우파가 물러나자 왕은 침소로 들어가서 방문을 잠갔다. 의자에 몸을 묻고 인간 운명의 불가사의에 새삼 머리를 싸맸다.

'이번에도 허탕이라니….'

이 7년 동안 한 시도 싯다르타를 잊은 적이 없었다. 어째서 싯다르타는 자기 마음을 조금도 살펴주지 않는단 말인가. 귀성을 초청해도 그렇게 쉽게 승낙하지 않을 것이라고는 예견했었다. 그는 이미 출가의 몸이며 그것도 혼자가 아니라 많은 제자를 거느리고 있는 몸이 아닌가. 카필라로 돌아올 수 없다는 것은 왕도 이해한다. 그러나 잠시만이라도 그 건강한 얼굴을 보여주면 어떤가 말이다.

돌아온 우파의 모습을 본 순간에는 그런 실의의 마음은 일어나지 않았다. 그런데 차츰 보고를 들으면 들을수록 싯다르타가 점점 자기로부터 멀어져가는 것 같아 견딜 수 없는 고독감에 빠져들었던 것이다.

아들이면서 싯다르타는 아들이 아니었다. 그런 실감이 지금만큼 왕의 가슴을 죈 적이 없었다.

왕은 굵은 눈물방울을 흘렸다. 흐르는 눈물을 닦을 생각도 하지 않고 창 밖에 내다보이는 먼 숲이 물속에 잠기는 것을 느꼈다.

왕의 권위로 마음대로 되지 않는 일이라곤 없었다.

음식물, 의복, 궁녀, 장병들…

이 나라 안에 있는 것은 무엇이든지 마음대로 할 수 있었다.

그런 왕으로서도 마음대로 할 수 없는 것이 단 하나 있었다. 다름 아닌 싯다르타라고 하는 아들이었다. 싯다르타의 마음만은 왕의 힘으로서도 어찌할 수 없었다.

왕은 인간의 신비함, 사람 마음의 어려움을 늙어서 비로소 알 것 같았다.

야쇼다라는 여자의 직감으로 남편의 귀성은 가망이 없는 일이라고 단념하고 있었다. 우파의 보고를 듣고 나서도 그다지 마음의 동요를 일으키지 않았다.

오히려 그러려니 예상했던 일이라서 라훌라를 데리고 자기 방으로 돌아왔다. 그녀는 라훌라만은 놓치지 않겠다. 라훌라만은 자기가 교육을 시켜서 바라문학과 철학에 흥미를 느끼게 하리라. 세

심한 주의를 기울여 키우리라고 새삼 결심을 다졌다. 방에 돌아오니 라훌라가 아버지 붓다에 대해서 질문을 던지는 것이었다. 야쇼다라는 이렇게 대꾸했다.

"아버님은 일이 많아 아직 돌아오지 못하는 것 같습니다. 아버님의 얼굴을 뵙고 싶었지만 이 어머니가 늘 가까이 있으니 안심하고 공부에나 열중하세요."

야쇼다라는 라훌라를 남편으로부터 멀리 격리시켜야 한다고 생각하였다. 라훌라마저 아버지의 일을 걱정하고 동정에 관심을 가지게 되면 남편과 마찬가지로 돌이킬 수 없는 파국을 면할 길이 없다고 생각하는 것이었다.

남편과 이별하고 라훌라에게까지 버림을 받게 된다면 도대체 무슨 희망을 안고 살아간단 말인가. 그런 일은 절대 있어서는 안 된다. 절대로 그렇게 되도록 내버려 두지는 않겠다. 사는 보람은 라훌라밖에 없다.

이 세상에 만일 하느님이나 부처님이 계신다면 여자의 기분을 짓밟은 무자비한 일은 일어날 리가 없다.

여자가 사는 길은 가정을 지키고 아이들과 함께 웃으며 사는 평화로운 생활, 이 조그만 소망 뿐이다. 이 소망마저 이루어지지 않는다면 세상에는 신이라는 자비심의 존재자는 없는 것이 아닌가!

야쇼다라는 라훌라를 잠재우고 창가에 기대어 섰다. 어둡고 무거운 야쇼다라의 마음과는 달리 밤하늘은 보석을 뿌려놓은 듯 아름답게 빛나고 있었다.

별 한 개가 곡선을 그리면서 사라져 갔다. 자기의 품에서 싯다르타가 사라지는 것처럼 먼 하늘 저편으로 하얀 항적을 남기고 사라져 갔다.

예부터 버리는 신도 있으며 거두는 신도 있다고 하지 않았는가. 거두는 신을 믿고 라훌라를 지키며 살아가고 싶다.

'하느님, 부디 이 조그만한 나의 소망을 거두어 주십시오.
더 이상 불행하게 하지 말아 주십시오.'

야쇼다라는 라훌라의 자는 모습을 들여다보면서 밤하늘에 뜬 달에게 비는 것이었다.

크고 둥근 달이 금방 일그러졌다. 야쇼다라의 눈물이 달의 모양을 일그러뜨렸던 것이다.

한편 의모 프라자파티는 싯다르타가 귀성하지 않는다는 사실을 알게 되자 안도의 숨을 쉬는 것이었다. 현재의 상태로는 왕의 후계자 문제로 논란의 소지가 없지만 만일 싯다르타가 슈바라가 되어 상대의 마음을 꿰뚫어보고 병자를 고치며 상대의 마음을 바꾸어 버리는 능력을 가지고 돌아오는 날에는 주위에서 왕위 계승 문제를 가만히 두지 않을 거라는 걱정이 들었다.

말과 행동은 왕과 야쇼다라와 보조를 맞추고 있었지만, 문무에 달통한 난다의 후계 문제를 생각하니 싯다르타의 귀성은 걱정거리가 아닐 수 없었다. 붓다라고 해도 사람의 자식이며, 마음은 어떻게 변할지 모르는 일이다.

왕이 살아 있을 동안에는 제발 돌아오지 말았으면 하는 것이 숨길 수 없는 속마음이었다. 다행히 귀성하지 않는다는 것이 사실로 드러났으니 프라자파티는 안도의 숨을 내쉬는 것이었다.

우파가 다녀온 뒤로 카필라에서는 붓다의 이야기가 금기가 되었으며 싯다르타의 이름은 누구 한 사람 입에 담는 자가 없었다.

§기연機緣

서른 여덟 살이 되는 새해를 맞아 붓다는 자기의 거실에서 선정 삼매에 들어 있었다. 금년에도 지난해와 마찬가지로 조화된 마음의 상태를 항상 유지할 수 있도록 더욱 세밀한 자기 성찰과 굳은 결의를 다지는 것이었다.

지난해에는 우루벨라 캇사파 형제를 비롯해서 많은 제자들이 귀의하였으며, 거기에다 웨누와나(죽림정사)의 기증, 제자들의 교육 등이 겹쳐 여유있는 생활을 누릴 수 없을 정도로 바쁜 일정에 시달려야 했었다.

그런데 올해도 역시 그런 분주한 생활이 이어질 것 같았다. 분주한 나날이지만 더욱 넓은 부동의 마음을 확립해 가지 않으면 안된다고 다짐하는 것이었다.

삼매의 세계에 들면, 범천계의 아몬이나 여러 범천(브라흐만)들과 만나서 대화할 수 있는 기회가 많다.

이럴 때 과거세의 잘못되었던 생각이나 행동이 현재의 업으로 남아 지속적으로 집요하게 작용하고 있다는 사실을 새삼 뼈저리게 느끼는 것이었다.

특히 깨닫기 이전의 삶은 과거세의 업에 저도 모르게 질질 끌려다닌 것이었다 해도 과언이 아니었으며, 되살펴보면 장님 같은 인생을 걸어온 자신이 부끄러워지는 것이었다.

과거세의 가장 잘못되었던 업행은 중생들을 짓누르고 호령했던 왕으로서의 업이었다. 강한 자아自我, 정욕에의 몸부림, 자율심의 부족, 무책임한 통치 등이 특히 두드러졌다.

자신의 현재의 모습, 사고하고 행동하는 모든 것이 전생의 인과였다는 사실을 붓다는 새삼스럽게 통감하는 것이었다.

마음의 세계는 민감하며 변화무쌍한 것이다.

그런 만큼 제자들과 여러 우파시카(여성 재가신도)·우파사카(남성 재가신도)들에게 정도를 가르치는 데에는 한 치의 오차도 없는 설법을 지속하지 않으면 안 된다.

새해에 들어서도 예상한 대로 분주한 일정의 연속이었다. 오히려 지난 해보다 더 바쁜 생활이었다.

어느 날 선정에 들어가니,

"붓다, 근간에 당신의 전생의 제자 세 사람이 찾아올 것입니다. 그 제자들은 붓다의 신리를 깨닫고 장차 교단의 지도자가 될 것입니다."

하고 브라흐만이 알려주는 것이었다.

천상계에서 붓다에게 통신을 보내주는 브라흐만이나 보살菩薩들은, 붓다가 육체를 지니고 태어나기 이전인 저 세상에서의 동지들이다. 정법을 펴는 동지들이기도 하다.

하지만 붓다는 설령 천상계의 목소리, 아몬의 연락이라 하더라도 만드시 정도에 비추어 다시 한번 잘 살펴본 연후에 받아들이기로 하고 있었다.

왜냐하면 이쪽 마음의 상태에 따라서는 브라흐만의 목소리를 흉내낸 마왕魔王이 나타나는 수가 있기 때문이다.

그런데 지금 붓다 앞에 나타나 말을 건네는 브라흐만은 틀림없는 아몬이었으며, 범천계를 지도하고 있는 브라흐만이었다.

"아몬, 언제나 올바른 지도를 해주어서 항상 감사하고 있습니다."

붓다는 진심으로 감사드리는 것이었다.

"붓다, 그것은 우리들의 사명입니다. 그대가 법을 의지하여 정진하고 있는 이상 어떠한 힘이라도 아끼지 않겠습니다. 우리들은 붓다를 부러워하고 있습니다."

사투리가 섞인 발음은 아몬의 특징이었다.

이 지상계의 물질 세계에서 깨닫는다는 것이 얼마나 어려운 것인가를 천상계의 사람들은 속속들이 알고 있다. 그런 만큼 대각을 이룬 붓다를 높이 우러러보며 모두들 기꺼이 그를 돕고 여러 가지 계시啓示를 내려주는 것이었다.

내일의 운명을 알 수 없고, 오관 번뇌에 사로잡혀 살아가는 것이 중생들의 모습이다. 번뇌의 집착을 버리면 자신이 나아갈 앞길이 분명하게 보인다. 번뇌를 끊는 길은 마음의 법등을 밝히는 끊임없는 노력을 기울이는 수밖에 없다.

육체는 일시적 차용물로, 영원한 자기 것으로 지닐 수 없는 물건이다.

무상無常의 현상계에서 미로를 헤매는 중생에게 길을 가리켜 주고, 고뇌의 늪에 빠진 부조화한 중생에게 자비의 빛을 던져주는 것이 붓다의 역할이기도 하다.

붓다는 명상을 풀고 아몬의 예언을 상기하였다.

새삼스럽게 지금 자신의 처지가 그지없이 감사스러워지며 무상의 법열이 샘솟는 것이었다.

빔비사라 왕의 명령에 의해서 붓다에게 웨누웨나(죽림정사)가 기증되었다는 소문은 중인도를 시작으로 전 인도에 퍼져나갔다.

그리고 붓다의 이름은 어린아이들도 알고 있었다.

붓다의 이름이 퍼질수록 당연히 귀의자의 수도 늘어났다. 도를 찾아 수십 일이나 걸려 제자로 입문하는 늙은 사로몬, 젊은 수행자가 속속 몰려들었다.

그러나 한편에서는 붓다가 유명해질수록 이를 질투하고 비난하는 자들도 나타났다.

빛이 강하면 강할수록 반대편 그늘도 강하게 드러나는 법이다.

유행遊行중의 제자들 귀에 붓다에 대한 욕설이 들려온다.

마음이 흔들리지 않을 수 없는 일이었지만 제자들은 묵묵히 인욕忍辱이란 두 글자를 가슴 깊이 새기면서 오로지 포교와 수행에 정진하고 있었다.

붓다의 설법을 속속들이 이해하고 실천하는 제자들의 마음은 남의 말에 미혹당하는 일이 없다.

붓다는 곧장 이렇게 설법했다.

"인간의 가치는 가장 어려운 환경에 처했을 때와, 아니면 자기의 욕망을 자유롭게 충족시킬 수 있는 가장 유복한 환경에 처했을 때 그 본성이 드러나는 법이다."

아사지는 이 붓다의 법어法語를 항상 마음속 깊이 새기고 있었다.

이 법어法語는 양극단의 환경에 처했을 때의 인간의 심정을 잘 알려주고 있으며 올바른 중도中道의 가르침이 얼마나 중요한지 단적으로 표현하고 있다.

라자그리하 성의 교외를 유행하는 도중에 붓다에 대한 욕설이 종종 들려왔지만, 아사지는 거기에 귀를 기울이지 않았다.

올바른 정도正道의 생활은 언젠가는 사람들이 이해할 날이 있을 것이라고 확신하였으며 결코 마음이 조급해지거나 흔들리는 일은 없었다.

첫닭 울음소리에 눈을 뜨고 유행에 나서는 매일의 일과가 오늘도 시작되었다. 아사지가 라자그리하의 한 마을에 도착한 시각은 아직 날이 덜 샜고, 하늘에는 별이 반짝이고 있었다. 농가에서 죽을 쑤는 연기가 희뿌연 새벽 하늘에 여릿여릿 피어오르고 있었다. 여느 때처럼 한 농가에 이르니 집 주인이 문간에 서 있었다.

아사지의 모습을 보자 집 주인이 말했다.

"아사지님, 오늘 아침엔 아내가 아침 공양을 못하고 있어요. 복통이 일어나서 괴로워하고 있습니다. 어떻게 해야 좋을지 모르겠습니다."

쉰 살을 넘긴 빼빼 마른 농부는 소태라도 씹은 듯 우거지상을 짓고, 키가 큰 아사지를 쳐다보았다.

"그래요, 그거 참으로 딱하게 됐군요. 공교롭게도 약초도 가진 게 없으니…."

아사지는 잠깐 당황하였다. 이리저리 궁리를 하다가 문득 붓다의 모습이 머리에 떠올랐다. 붓다는 제자들이 복통이나 요통을 호소해 오면 곧잘 환부에 두 손을 대어 고쳐주곤 했었다.

처음에는 영문을 몰랐으나 영시靈視의 눈으로 보니, 붓다의 두 손이 광명으로 충만해 있었으며 그 빛이 환부에 쏟아져 들어가니 따뜻해지고 아픔이 사라지는 것이었다.

'나도 한 번 그렇게 해볼까? 어쩌면 같은 방법으로 나을지도 모르겠다.'

라는 생각이 들었다.

"아사지님, 제발 제 아내를 돌봐주세요. 밤새 한 숨도 못 자고 있어요."

아사지는 안내에 따라 안으로 들어갔다. 집안은 어두컴컴하였지만 제법 넓은 현관에는 농기구가 여기저기 아무렇게나 흩어져 있었다. 방 안 한쪽 구석에 켜져 있는 등잔의 불빛이 희미하게 방

안의 형편을 드러내 보여주고 있었다.

　방 아랫목에서 여자의 앓는 소리가 들려왔다. 위장 근처가 찢어지듯 아픈 모양이었다. 이마에는 진땀이 배었고 눈은 발갛게 충혈되어 있었다. 가까이 다가앉은 아사지는 누워 있는 여자의 등 밑에 왼손을 조용히 집어 넣고 오른손은 위장 근처에 가볍게 갖다 대었다.

　아사지는 눈을 감고 붓다를 머리 속에 그리면서 여자의 배 속에 빛이 쏟아져 들어가기를 일념으로 기원했다.

　농부는 아사지의 옆에 앉아 아내의 얼굴을 내려다 보고 있다. 잠시 후에 앓는 소리가 점점 약해지더니 여자는 어느새 콜콜 잠이 들어버렸다. 결과가 나타났다.

　기적이 일어난 것이다. 이것을 바라보고 있던 농부는 눈물을 흘리면서 아사지를 향해서 합장하였다.

　　"아사지님, 참으로 고맙습니다. 위대한 붓다의 제자임에 틀림없어! 아사지님, 저희 같은 농사꾼들도 붓다의 가르침을 받을 수 있을까요? 어려운 수행을 해야겠지요?"

　　"태양은 바라문 계급 뿐만 아니라 크샤트리아, 베이샤, 수드라에게도 그 빛을 평등하게 비추어주고 있지 않습니까. 붓다의 법도 그와 마찬가지로 너·나의 차별이 없습니다.
　　일상 생활을 법에 의지하여 생활하는 것이 무엇보다도 중요한 일입니다."

"아하! 그렇군요. 저희들도 붓다의 설법을 들을 수 있는 겁니까? 인드라 신이나 아그니 신을 모시지 않아도 되는 것입니까?"

이미 이 때에 신에게 제사 지내는 습관이 인도에는 있었던 것이다. 바라문에도 후이후이교에도 신을 모시는 제단이 있었으며 그 앞에서 합장하고 기도를 올리는 것이었다.

내일의 운명도 모르고 기적이나 초능력 현상, 가내 평안을 기원한다고 할 경우에는 이러한 제단에 사람들이 기대로 의지할 매체물이 되는 것은 당연한 일일지 모른다. 만일 이러한 매개물이 없다면 기도해도 기도한 기분이 나지 않고 신에게 의지할 마음조차 일어나지 않을 것이다.

습관이란 참으로 무서운 것이며, 습관이 집착으로 연결된다는 것을 사람들은 모른 채 일생을 고뇌 속에서 보내고 있다.

"참다운 구원은 마음과 행동에 있습니다.
제사를 아무리 올려 보아야 구원받지 못합니다.
생각하는 것, 행동하는 것을 규제한 여덟 가지의 올바른 지침을 지키는 것이 괴로움에서 해탈하는 길입니다."

아사지는 이렇게 말하고 그 집을 떠났다. 여자의 복통은 부인과 질환이었는데 아사지의 치료로 이튿날에는 벌써 일어나 평소대로 일할 수 있었다. 그 후, 이 농가의 부부는 함께 재가신도가 되어 새 생활을 시작하게 된다.

밖에 나오니 태양은 이미 떴고 거리에는 사람들이 오가고 있었다. 아사지의 마음은 가벼웠다. 집착이라는 무거운 짐을 벗어던지고 유행遊行하는 그의 발걸음은 아무런 장애도 없었다.

라자그리하의 수행자는 거의 바라문교의 신봉자라 해도 과언이 아니었다. 고행하고 있는 자들은 숲속이나 농가의 추녀 밑에서 기거하면서 생활하고 있었다.

마하바라문인 아산자의 제자 가운데 날란다 출신의 우파데사(사리푸트라)라고 하는 수행자가 있었다.

그는 바라문교의 베다와 우파니샤드를 비롯해서 모든 성전聖典을 배운, 영리한 이론가이기도 했다.

하지만 바라문 경전이나 그 밖의 여러 교리를 배워 보았지만 의문은 풀리지 않았다.

그래서 그는 진짜 슈바라(붓다)를 만나보고 싶다는 일념으로 이곳 저곳 스승을 찾아 유행을 계속하고 있었다.

그에게는 2백 여 명의 제자들이 있었다.

바라문교를 중심으로 자신이 익힌 이론을 제자들에게 가르치고 있었지만 의문은 풀리지 않아 마음속은 언제나 갈등으로 꼬여 있었다.

우파데사는 고리타(목갈라나)라는 친구가 있었는데 둘은 만나기만 하면 서로 대각을 이룬 슈바라를 만나면 반드시 연락하여 함께 입문하자고 약속하고 있었다.

고리타에게도 백 여명의 제자가 있었으며, 우파데사와 마찬가지로 아산자를 스승으로 모시고 있었는데, 그 스승의 교리에 모순을 느끼고 있었다. 진짜 슈바라가 나타나 있다는 여러 수행자들의 예언을 믿고 그 슈바라를 찾아나서고 있었던 것이다.

바라나시 교외 가파리의 대大바라문, 바바리나 코살라국의 아시타 선인仙人 등의 붓다 출생의 예언자들은 수행자들 가운데서도 특히 유명하였다.

이러한 예언이 널리 퍼져감에 따라 '나야말로 진짜 슈바라다'하고 자칭하는 수행자가 나타났다. 아산자, 푸르나코살라, 니간다 등의 수행자들은 저마다 슈바라를 자칭하면서 한 무리씩 세력권을 형성하고 있었다.

고리타와 우파데사도 이들의 문을 두드리고 가르침을 받아 보았지만 어느 한 곳도 둘의 마음을 만족시키지 못했다.

아포로키티슈바라(붓다)란 과거, 현재, 미래의 삼세를 꿰뚫어보고 과거세에서 체험한 과거세의 말을 할 수 있으며, 상대의 기근에 맞추어 설법을 할 수 있고, 반드시 과거세의 제자들과 함께 이 지상계에 강림하는 메시아이다.

법에는 모순이 없다. 일관된 도리가 있을 뿐이다.

우파데사는 이러한 보편적 신리神理를 찾아 나서고 있었다.

바라문 경전에는 '32상相을 구비한 자야말로 대전륜왕 붓다'라고 기술되어 있는데, 우파데사는 외모에 의한 자가과시인 자칭 슈바라를 믿지 않고 있었다. 진짜 슈바라는 외모에 있는 것이 아니라 내용에 있는 것이기 때문이다.

물론 내적인 것은 밖으로 나타나기도 하겠지만 외모는 결코 절대적인 것이 못된다고 생각하고 있었다.

그런 만큼 자칭자가 진짜 슈바라인지 아닌지를 판단하기 위해서는 좀더 시일을 두고 볼 일이지 결코 즉석에서 속단할 일이 아니라고 생각하여, 아산자의 경우에도 제법 오랫동안 머물면서 배우고 연구하며 수행을 쌓고 있었다.

아사지는 농가에서 아침 보시를 얻어 수행자가 기다리고 있는 라자그리하의 마을로 돌아가는 길이었다. 걸어가면서 내내 환자 걱정을 했다.

우파데사는 큰 나무 밑에 등을 기대고 앉아서 저쪽에서 걸어오는 젊은 아사지의 거동과 얼굴을 바라보고 있었다. 여느 수행자와는 달리 침착하고 그 환한 얼굴에 매료되었다.

'보통 녀석이 아니다.'

우파데사는 이렇게 직감하고 한마디 중얼거렸다. 아사지가 자기 앞을 지나갔다. 그는 말을 건네려고 했는데 그만 기회를 놓치고 말았다. 그는 아사지의 뒤를 밟았다. 그리고 말을 붙일 수 있는 기회를 엿보고 있었다.

뒤를 밟고 걸어가면서 우파데사는 '이 수행자가 어쩌면 예언의 붓다일지 모르겠다'고 생각하니 마음은 들뜨고 조급해졌다. 아사지의 위엄있는 태도에 압도당하고 있었다.

아사지는 이미 아라한의 경지에 도달해 있었으며 집착을 멸각하고 우주대의 넓은 마음을 만들기 위한 보살의 길을 정진하고 있었던 것이다. 뒤에서 따라오는 인기척을 진작부터 알고 있었다.

논쟁을 걸어오면 마음을 흐트러지게 하기 쉽다. 그는 마음을 흐트리지 않고 싶었기 때문에 예정한 선정禪定의 장소를 피해서 마을 쪽으로 걸어갔다. 그런데 예의 사나이는 집요하게 따라온다.

아사지는 할 수 없이 시치미를 떼고 큰 나무 그늘을 찾아가서 앉았다. 그리고 탁발한 죽을 먹으려고 하는데,

"수행자님, 제발 여기에 앉아서 아침 공양을 하십시오.
저는 바라문 출신의 우파데사라고 하는 사로몬입니다.
자 사양 마시고…"

하면서 우파데사는 자기보다 연하로 보이는 아사지에게 풀로 짠 방석을 깔아주면서 예를 올리는 것이었다. 아사지는 우파데사의 말씨와 태도 등을 보고 논쟁을 걸어올 수행자가 아니라는 것을 알고 나자 이렇게 말했다.

"호의에 감사드립니다. 저는 아무 데나 상관없으니 수행자님이 앉으십시오. 저는 연상의 수행자로부터 방석을 양보받을 만한 인물이 못 됩니다."

아사지는 이 사람이 사람을 잘못 보고 착각하고 있다고 생각하여 방석을 사양했다.

"아니, 그러지 마시고 이 방석을 깔고 앉으십시오.

저는 우파데사라고 하는 바라문 수행자입니다.

오늘날까지 여러 곳에서 수행하여 많은 수행자를 만나보았습니다만 당신같이 평안한 얼굴, 조용하고 침착한 태도의 수행자를 본 적이 없습니다.

어떠한 수행을 쌓으면 당신같은 경지에 이를 수 있는지 가르쳐 주십시오.

이렇게 부탁드립니다. 저를 인도해 주십시오."

우파데사는 아사지 앞에서 무릎을 꿇고 가르침을 청하는 것이었다.

아사지는 할 수 없이 방석 위에 앉아,

"수행자님, 부디 고개를 드십시오."

하고 입을 열었다. 우파데사는 머리 위에 두 손을 합장하고 손윗사람에 대한 예를 올렸다.

"제 부탁을 들어주어서 참으로 감사합니다. 공양을 드시면서 천천히 교시해 주시기 바랍니다."

우파데사는 고개를 들어 30대의 아사지 얼굴을 정면으로 바라보았다. 아사지가 말을 이었다.

"저는 북국인 카필라성 출신이며, 샤카(석가)족의 왕자인 고타마 붓다의 가르침을 받고 있는 아사지라고 하는 사람입니다. 왕자님이 출가하여 깨달음을 이룰 때까지 줄곧 신변을 보호해 온 지 벌써 8년입니다. 그 동안 가혹한 수행을 함께 하기도 했습니다. 그런데 왕자님이 대각을 이루고 정도正道를 설법한 지 벌써 일 년 반이 지났습니다만 저는 아직도 붓다의 법을 당신에게 가르칠 만한 힘이 없습니다."

"아니, 그럴 리가 없습니다. 당신같은 겸손한 제자가 있다는 것은 당신의 스승이 위대한 지도자라는 생각을 갖게 합니다."

우파데사는 겸손한 아사지의 태도에 감동하였다.

"붓다의 법을 가르쳐 주십시오. 부탁드립니다.
조금이라도 좋으니 들려 주십시오."

우파데사는 이렇게 해서 아사지와 대화를 나눌 수 있게 되었으며, 붓다의 이야기를 듣고 있으니 그 때까지 체험하지 못했던 그리움과 기쁨이 가슴 속에서 치밀어올랐다.

아사지는 붓다의 법을 어떻게 쉽게 설명할까를 궁리하면서 설법하기 시작했다.

"우리들의 눈에 보이는 것, 귀에 들리는 것, 혓바닥으로 느끼는 맛, 그리고 코로 맡는 냄새, 피부로 느끼는 것들은 모두 무상無常한 것이어서 시간과 함께 변화하여 현재에 묶어 둘 수 없는 것입니다.
이와 같이 변화 변멸하는 것에 집착한다는 것은 괴로움의 원인을 만드는 짓이 됩니다.

집착은 살아가는데 대한 고통을 낳고, 늙어가는 것을 멈추게 하지 못하는데 대한 슬픔을 만들어 냅니다. 늘 건강하게 살고 싶어도 병에 걸리게 됩니다.

또한 탐나는 것을 손에 넣지 못하는 괴로움, 친한 사람과의 이별의 아픔이나 사별의 슬픔 등 이 세상은 고뇌로 가득 찼다고 할 수 있습니다.

이 고뇌는 원인과 결과의 법칙에 의해서 만들어지고 있는 것입니다."

우파데사는 눈빛을 반짝이며 아사지의 한마디 한마디를 놓치지 않고 귀에 담았다.

§우파데사와 고리타

아사지는 붓다를 머리 속에 그리면서 뱃속에서 우러나는 말을 계속하였다.

"괴로움의 원인을 없애기 위해서는 어떻게 해야 하는가, 어떠한 생활을 해야 하는가.
그것을 붓다는 설법하고 있습니다.
그런데 오늘날의 종교는 거의 대부분이 인드라, 야마, 알카, 바르나, 바르라, 바유, 아그니, 찬드라, 마도라 등의 여러 신을 모시고 풍작, 안전, 충족 등을 비는 타력신앙으로 타락하고 있습니다.
수행자들은 혹독한 육체고행으로 암중모색의 수도를 되풀이하고 있으며 마음과 행동의 기준을 올바르게 이해하고, 정진하고 있는 자는 찾아볼 수 없습니다.
수행자들 가운데에는 긴나라, 마고라, 가루라, 야구샤, 야구시, 나가 등을 신앙하고 있는 자들도 있습니다.
이것을 정도正道라고 할 수 있겠습니까.
붓다는, 대우주의 담마(법法)는 인간의 지식과 야욕이 끼어들 수 없는 영생불변의 법이며, 이 법이야말로 마음과 행동의 척도라고 가르치고 있습니다.
이 대자연의 섭리야말로 정법인 것이며 이 정법을 본받은 생활을 통해서 인간은 고뇌에서 해탈 할 수 있다고 하였습니다.
만생만물은 서로 상호의존의 관계 속에서 그 생명이 유지되며, 단독으로존재할 수 있는 것은 하나도 없습니다.
 초목은 물, 태양, 비료 그 밖의 여러 가지 연緣(조건)에 의해서 자랄 수 있습니다.
 인간은 이런 식물, 동물을 비롯한 대자연계가 존재함으로써 비로소 그 육체의 유지가 가능한 것입니다. 자기보존의 야욕으로써는 이 자연계의 조화는 보전될 수 없습니다.
 이에 붓다는, 정법은 한쪽으로 기울어지지 않는 중도中道에 다름 아니며, 그 중도中道를 인간이 마음과 행동의 지침으로 삼고 생활할 수 있도록 제시한 것이 팔정도八正道입니다. 이 팔정도八正道를 일상생활의 척도로 삼고 상념과 행동을 다스려 나가야 하며 과거에 저지른 탈선된 부분을 하나하나 반성함으로써 심신을 정화해 나가는 것입니다."

 우파데사는 아사지의 말을 듣고, 그 때까지 마음속에 구름처럼 끼어있던 의문이 한꺼번에 걷히는 것을 느꼈다.
 '이 붓다야말로 진짜 지도자다.'라는 생각과 함께 형용할 수 없는 기쁨이 가슴에서 치밀어 올랐다.

 "아사지님, 고맙습니다. 저의 의문이 풀렸습니다. 어떻게 감사의 표시를 해야 할 지 모르겠습니다.
 제발 저를 붓다에게 인도해 주십시오. 저에겐 고리타라는 친한 친구가 있습니다. 저와 마찬가지로 아산자의 제자로 있습니다만 진짜 붓다를 만나거든 서로 알려서 함께 입문하자고 굳게 약속하고 있는 사이입니다. 부디 그 친구와 함께 입문하고 싶은 저의 희망을 거두어 주시기 바랍니다.

지금부터 고리타의 수행장으로 달려가서 그에게 이 엄청난 소식을 전해야겠습니다. 내일이라도 다시 만나뵐 수 있도록 약속해 주시면 고맙겠습니다. 부디 저의 소원을 받아들여주시기 바랍니다."

하고 그는 아사지를 향하여 합장의 예를 갖추었다.

우파데사의 마음은 설레기 시작했다. 오랜 세월 찾아 헤매던 스승을 가까스로 만나게 된 기쁨을 억누를 길이 없었다. 그는 당장 아사지를 따라 붓다의 품속으로 뛰어들고 싶기도 했다.

"우파데사님, 지금부터 바로 돌아가서 붓다에게 부탁드리겠습니다. 내일 모레 이 시각 이 자리에서 다시 만납시다."

"예, 옛, 그렇게 하겠습니다."

우파데사의 머리 둘레에 연한 황금빛 후광aura이 달무리처럼 아름답게 어리고 있었다. 아사지는 우파데사의 마음 속에 법등이 켜진 것을 심안으로 보고 기뻐했다.

"모레, 친구와 함께 나와서 다시 뵙기로 하겠습니다. 그럼 잘 부탁하겠습니다."

우파데사는 아사지에게 일배하고 그 자리를 떴다. 부드러운 바람이 얼굴을 간질렀다. 나뭇잎들이 잔잔한 파도를 그렸다. 가벼운 발걸음으로 멀어져 가는 우파데사의 뒷모습을 배웅이나 하듯 바람이 잎새를 흔들며 상쾌한 음률을 연주하고 있었다.

우파데사는 날란다의 수행장으로 걸음을 재촉했다. 한시 바삐 고리타에게 붓다의 소식을 전해야 한다. 설레는 가슴, 조급해지는 마음을 억누르면서 수행장으로 달려갔다.

수행장에 이르니 고리타의 모습이 눈에 들어왔다. 그는 많은 후배들 앞에서 바라문교에 관한 이야기를 늘어놓고 있었다.

고리타도 우파데사와 마찬가지로 몸집은 큰 편이었으며 좋은 체격을 하고 있었다. 우파데사는 부드러운 얼굴이었지만 고리타의 눈은 날카로운 편이어서 얼핏 재빨라 보였다.

제자 하나가 고리타의 곁에 가서 우파데사의 내방을 알렸다. 고리타는 금방 이야기를 중단하고 우파데사 쪽으로 다가와서 말했다.

"오랫만이구나, 그 동안 잘 있었느냐."

"그래 여전하단다. 그런데 너는 언제 보아도 기운이 넘치니 반갑구나. 이곳의 네 이야기를 듣고 있었다. 설법 솜씨는 여전히 대단하구나."

"천만에. 당치않은 찬사야. 무엇이든지 경험이지만 우파데사 너의 화술에는 아직도 어림없지."

둘은 서로 얼굴을 마주 보고 소리내어 웃었다.

"그런데 고리타, 굉장한 소식이 있어. 우리가 찾던 위대한 성자를 만날 수 있게 됐어. 아사지라는 수행자를 어제 라자그리하에서 만났지. 그가 내일 우릴 성자에게 안내하도록 약속이 되었다. 너도 함께 가야 해."

우파데사의 얼굴은 진지했다. 여느 때의 그의 표정이 아니었다.

고리타는 묵묵히 우파데사의 반짝이는 눈빛을 응시하면서 이번에는 진짜 붓다를 만나게 되리라고 예감하였다.

"우파데사 그것 참 잘 되었다. 네가 그 수행자의 말을 듣고 오랜 의문이 풀렸다고 하니 그 스승은 진짜 슈바라 같은 예감이 드는구나. 물론 함께 가야지."

둘은 형제처럼 다정했다. 서로 눈빛만 보고도 마음을 읽을 수 있을 정도의 사이였다.

그 때까지 둘은 참으로 많은 수행자를 만나보았다. 하지만 둘의 마음에 빛을 채워주는 지도자는 한 사람도 없었다. 이번에야말로 하고 찾아 갔었지만 번번이 실망만 안고 돌아왔던 것이다. 그런데 정말 이번에야말로 사정이 다른 것 같다. 우파데사의 마음을 읽은 고리타의 마음도 붓다를 만나보고 싶은 일념으로 불타기 시작했다.

둘은 그날 밤 제자들 몰래 수행장을 살그머니 빠져나왔다. 밤하늘엔 구름이 덮여 있어서 수행장을 빠져나오는 둘의 몸을 감추어주기에 안성맞춤이었다.

그러나 달도 별빛도 없는 밤길은 거북이 걸음처럼 더듬거려야 했다. 마을과 숲을 지나 산길에 이르니 수목의가지들이 낮게 드리워져 발걸음은 더욱 느려졌다.

둘은 서로 기합소리를 지르고 격려하면서 걸음을 재촉했다. 목표는 라자그리하의 붓다가 있는 곳이었다. 미로같은 산길도, 붓다라는 마음의 등불이 안내해 주고 있는 때문일까, 아무런 어려움도 느끼지 못했다.

붓다란 어떤 분일까. 슈바라의 경지란 어떤 것일까. 여태까지 만나본 수많은 수행자들의 얼굴을 하나하나 떠올려 보았지만 그 누구도 해당되지 않았다. 무엇이든지 감싸고 포용해 버리는 위대한 미지의 인물을 상상하면서 걷는 둘의 발걸음은 가볍기만 했다.

동쪽 하늘이 희뿌옇게 새기 시작했다. 밝아오는 새벽 하늘이 둘을 내려다보고 있었다.

"고리타, 좀 쉬어 가자. 밝은 모습으로 슈바라를 만나기 위해서는 좀 쉬었다 가는 것이 어떻겠는가."

"그래 그게 좋겠구나. 피로한 모습으로 뵙는 것은 실례가 될 테지. 여기까지 왔으니 좀 쉬어도 정오까지는 목적지에 도달하겠다."

둘은 숲 속에서 동굴을 발견하고 그 속에서 쉬기로 하였다. 동굴 속에서 둘은 큰댓자로 드러누웠다. 하지만 우파데사는 흥분의 여운이 아직도 가라앉지 않았음인지 한 숨도 눈을 붙이지 못했다.

아사지와 약속한 장소에 정오경에 도착하였지만 아사지의 모습은 보이지 않았다. 풀밭을 골라 앉아 아사지가 오기를 기다렸다. 잠을 자지 않고 밤새 걸어온 둘이었지만 이상하게도 피로를 느끼지 못했다. 혈색도 좋고 원기가 왕성하였다.

오래지 않아 아사지는 붓다의 허락을 받고 약속한 장소에 우파데사를 마중하러 왔다.

"그저껜 참 실례가 많았습니다. 붓다는 두 분을 기다리고 계십니다."

"아사지님, 그저께는 참으로 고마웠습니다. 오늘은 또 신세를 많이 지게 되었습니다."

하고 정중하게 인사하고 나서 옆에 서 있는 고리타를 소개하였다. 고리타는 아사지의 모습을 보고 이런 제자의 스승이라면 붓다가 틀림없다고 직감하였다.

"전 고리타라고 합니다. 잘 부탁드립니다."

하고 짤막하게 인사하였다.

아사지는 서둘러 붓다가 계신 웨누와나(죽림정사)로 둘을 안내하였다. 기진寄進받은 건물이라고는 하지만, 웨누웨나(죽림정사)의 규모가 큰 데 놀라서 두 사람의 눈이 둥그래졌다.

천 수백 명을 수용할 수 있는 도량이었으므로 큰 규모임엔 틀림없지만 당당한 위용에 비해서 소박하고 검소하였다. 더욱이 여느 도장에서 흔히 볼 수 있는, 신을 모시는 종교적 분위기를 여기에서는 전혀 느낄 수 없었으며 그저 단순한 사로몬들의 집합장소에 지나지 않는 분위기를 풍기고 있었다.

그 이름처럼 대나무 숲에 둘러싸인 붓다의 수행장은 인간의 마음을 살펴보는 분위기를 자아내어 별천지에 들어온 기분이었다.

정사를 들락거리는 수행자들은 비록 복장은 검소하지만 밝고 부드러운 거동이 유별나게 눈에 띄었다.

아사지는 정사에서도 간부의 한 사람인 듯 만나는 사로몬들마다 한번씩 절을 올리고 지나갔다.

붓다의 거실에 이르자 둘은 역시 굳어졌다. 으레 하는 인사를 올리고 붓다의 말이 떨어지기를 기다렸다.

둘의 얼굴을 조용히 살펴보고 있던 붓다가 미소를 짓고 입을 열었다.

"이쪽이 우파데사, 저쪽이 고리타이군요. 잘 오셨습니다. 두 분은 지금까지 여러 곳을 찾아 헤매었군요. 스승을 만났으니 이젠 다행입니다. 간밤에 한숨도 자지 않고 걸어왔는데도 피로해 보이지 않군요."

검소한 승의僧衣와 꾸밈없는 말씨. 하지만 어딘지 모르게 위엄이 있어서 둘은 압도당하여 입이 얼어붙는 듯하였다.

"붓다, 저희들을 제자로 거두어 주십시오. 지도를 부탁드립니다."

우파데사가 고리타와 상의도 없이 저도 모르게 입을 열고 있었다. 그는 붓다를 보는 순간 옛날의 스승을 만난 것 같은 깊은 감회에 사로잡히는 것이었다. 조용히 가라앉는 마음과는 달리 끓어오르는 감격의 파고를 가까스로 억누르고 있었다.

이미 그 이상의 말이 필요 없었다. 이런 기분은 우파데사 뿐만 아니라 고리타도 마찬가지였다. 그는 아까부터 가슴 속에서 일렁거리는 감격의 파도를 어쩔 줄 몰라 쩔쩔매고 있었는데, 우파데사가 제자로 거두어달라는 말을 하자 그만 울음을 터뜨리고 말았다.

"붓다, 참으로 오랜만입니다."

이런 정경은 보통 상식으로는 상상도 못할 일이다. 처음 만나는 사람이 갑자기 눈물을 흘리며 오랜만이라고 엉엉 우는 것은 여느 세계에서는 볼 수 없는 기이한 광경이다.

어째서 이런 일이 일어날 수 있는가?

붓다는 슈바라가 되어 육신을 통하여 쉴 새 없이 빛을 방사하고 있다. 그러면 과거세에서 인연이 깊었던 사람은 이 빛에 의해서 마음의 문이 열려, 잠재의식을 가리고 있는 상념대想念帶의 의식의 필름이 회전을 시작하고, 그것이 표면의식으로 흘러나와서 현세의 기억을 초월한 과거세의 기억이 소생하기 때문에 이런 현상이 일어나는 것이다.

보통은 현세의 기억밖에 모른다. 그러나 마음의 문이 열리면 과거세의 기억이 바로 어제의 일처럼 되살아나서 감회의 눈물이 쏟아지는 것이다.

제 3자는 모른다. 이것을 이해할 수 있는 자는 과거, 현재, 미래를 꿰뚫어볼 수 있는 슈바라인 붓다밖에 없다.

또한 마음의 문이 열려 과거세의 기억을 되살릴 수 있는 자만이 이 감격을 누릴 수 있다.

둘은 붓다 앞에서 울었다. 붓다의 볼에도 두 줄기 물기가 흐르고 있었다. 이윽고 붓다가 말했다.

"지금까지 체험한 고생은 헛수고가 아니었다.
올바른 마음의 척도를 일상생활 속에 살려나가면 지금까지 익힌 지식은 지혜가 되고 아라한의 경지에 이를 수 있다. 앞으로는 단단히 수행하기 바란다.
고향에 두고 온 제자들과도 일단 상의하고 나서 승단에 귀의함이 좋을 것이다."

우파데사와 고리타는 뜻밖의 따뜻한 말씨에 감격하여 대답했다.

"예 잘 알았습니다. 지금부터 각자 고향에 돌아가서 동료들을 데리고 오겠습니다. 잘 부탁드립니다."

하지만 둘은 그 자리에 그대로 눌러 있고 싶은 마음이 간절했다. 둘은 이렇게 해서 붓다의 제자가 되었다. 서둘러 날란다의 수행장으로 돌아왔다.

우파데사는 아버지 데사와 어머니 사리에게 웨누와나(죽림정사)에 있는 붓다에 귀의하였다는 사실을 보고했다.

돌연한 보고에 부모는 처음 영문을 몰라 어안이 벙벙하였지만 아들의 설명을 다 듣고 난 뒤엔, 위대한 붓다에 귀의할 수 있게 된 아들의 전도에 기쁨과 기대를 거는 것이었다.

"잘 되었구나, 우파데사.
아포로키티슈바라觀自在天(관자재천: 과거, 현재, 미래를 꿰뚫어볼 수 있는, 대각을 이룬 바라문)를 스승으로 모셨으니 너도 이젠 소원성취한 셈이구나.
앞으로는 심신을 단련해서 훌륭한 수행자가 될 것을 어미는 바랄 뿐이다.
아산자 스승에겐 지금까지의 가르침에 대해서 감사드리고 정중한 인사를 올린 다음 하직하여라."

어머니 사리는 언제나 자식에게 예의바른 행동을 하도록 훈계하는 현모양처의 훌륭한 부인이었다.

"아산자 스승님에겐 참으로 신세를 많이 졌습니다.
또 인생에 대한 의문을 안겨 주신 분입니다.
그런데 그 의문을 풀어주신 분이 붓다입니다.
지금까지 제가 찾아 헤매던 분입니다.
저는 친구와 함께 라자그리하로 떠나겠습니다."

우파데사는 그의 스승이었던 아산자에게 가서 붓다에게 귀의하겠다는 뜻을 밝히고 승낙을 기다렸다. 그런데 아산자는 우파데사의 청원을 고깝게 여기고 파문破門이라는 조치를 내려 버린다.

붓다의 명성은 아산자도 듣고 있었는데, 설마 자기의 제자가 그 것도 한둘이 아닌 많은 제자가 우파데사를 따라 자기 곁을 떠난 다는 것을 알고 나서는 분노가 치밀어 부들부들 몸을 떨었다.

 그는 우파데사의 형인 바라다니야 바샤바를 불러 놓고 아우의 스승에 대한 무례를 호되게 꾸짖고 바라문의 교계에 따른 무거운 징계를 내렸던 것이다.

 당시의 바라문은 오늘날의 불교처럼 각 종파로 갈라져 서로 자기 종단의 세력을 확장하며 뽐내고 있었다. 그리고 자파의 교리야말로 정통파라고 주장했다.

 아산자가 거느리고 있던 바라문도 이와 마찬가지였으며 남을 보고 나를 반성하는 태도는 전혀 없었다. 특히 아산자는 두뇌가 명석하고 달변이었지만, 핵심인 마음이 정작 협소하여 종교라기보다는 오히려 학자풍의 인물이었다. 한번 그의 설법을 들으면 수긍이 가기도 하지만 몇 번 들어보면 말뿐인 달변가의 인상을 받게 되어 그의 곁을 떠나는 자가 많았다. 그래서 아산자는 제자들의 이탈을 막기 위해서 서약서를 받아놓고 있었다. 아산자는 기질이 격렬하고 전투적이며 정력적인 면에 있어서는 지도자로서의 자질의 일면을 엿볼 수도 있었으나 앞서 말한 바와 같이 도량이 협소하여 신도의 진퇴가 빈번하였다.

 우파데사와 고리타는 이런 스승 밑에서 바라문을 공부하고 있었으나, 스승의 교리와 행동에 모순을 느껴 진작부터 슈바라를 찾아나서도 있었던 터였다.

 붓다를 만나 귀의하기로 결심한 우파데사는 아산자의 진노는 각오하고 있었다. 예상한 대로 아산자는 종교가의 태도로서는 취할 수 없는 격렬하고 흐트러진 모습으로 우파데사를 맹공하는 것이었다.

신앙이 광신이 되고 주의와 교리에 굳어지면 주위의 상황, 자신의 언동이 눈에 보이지 않게 된다. 속인으로서도 입에 담지 못할 폭언폭설도 신자들에게는 진실미를 띠고 전달되는 것이 신기할 노릇이다. 이쯤 되면 신앙은 끝장이다. 시장의 여느 약장수와 다를 바 없다.

신앙의 세계는 아무래도 주의와 주장이 따르게 마련이다. 처음에는 그렇지 않다 하더라도, 세월이 흐르는 새 하나의 조리가 생기고 그 조리에 맞지 않는 일이 생기면 이것을 배척하려는 경향이 따르게 마련이다. 이 경향은 교리에 모순이 있으면 있을수록 강하게 나타난다. 교리의 모순을 인정하게 되면 그 신앙구조는 근본부터 무너질 수밖에 없으므로 자기 척도에 맞지 않는 것은 배척하는 외길 뿐이다.

특히 신앙은 생활을 기반으로 삼고 있기 때문에 정치와 결합하기 쉽고, 신앙과 정치가 두 수레바퀴처럼 작용하면, 이를 지도하는 층의 마음이 욕망과 집착에서 탈피하지 못할 경우에는 광신적 집단이 되기 쉬우며 분쟁의 씨를 뿌리게 된다.

이러한 예는 양의 동서를 막론하고 허다하게 목격되며 지금도 분쟁이 종식되지 못하고 계속되는 것을 보면, 잘못된 신앙이 얼마나 무서운가를 알고도 남는다.

당시의 인도는 온갖 종파가 난비하여 사회전체가 이를테면 전

국시대였으며, 약육강식의 피로써 피를 씻는 전쟁의 연속이었다. 주의 주장을 굽히지 않으려는 싸움이 도처에서 벌어지고 있었다.

 붓다는 이러한 가운데에서 주의와 주장은 정법正法이 아니며 정법正法을 이해 못하는 자가 나타나도 인욕忍辱의 두 글자를 잘 지켜, 분쟁에 휘말려 자신의 마음을 더럽혀서는 안 된다고 훈계하고 있었다.

 노여움에 마음이 지배당하면, 일찍이 동굴 속에서 체험했던 것처럼, 천상계와의 통신이 두절되고 그 노여움의 파장이 가라앉을 때까지 교신이 불가능하다는 것을 붓다는 체험으로 알고 있었다.

 오관五官에 의해서 육근六根이라는 번뇌煩惱의 집을 마음 속에 일단 지어버리면 그 집을 제거하는 데 여간 큰 노력이 들지 않는다. 그래서 새로운 집을 짓지 않기 위해서 '인욕忍辱'이라는 두 글자가 정법正法에서는 필요불가결의 절대적 위치를 차지하게 된 것이다.

 우파데사는 아산자의 맹렬한 비난을 태연스레 받아넘겼고 형의 충고도 조용히 물리쳤다. 그리고 우파데사와 고리타는 자기들을 따르는 후배와 제자들을 거느리고 붓다에게 귀의해 버렸다.

 붓다는 둘을 가까이 앉히고, 웨누웨나(죽림정사)의 제자들을 한 곳에 불러모은 다음 입을 열었다.

 "지금 여기 새롭게 귀의한 사로몬을 소개합니다.
 이쪽이 우파데사라는 사로몬이고, 그 뒤에 앉아 있는 사로몬들은 그의 제자들입니다. 우파데사는 머지않아 여러분들에게 법을 설하고 여러분들의 훌륭한 지도자가 될 것입니다.

또 우파데사의 왼쪽에 앉아 있는 사로몬은 고리타라고 하며 우파데사의 친구입니다.

어릴 때부터 수행의 친구이며 동지입니다.

우파데사와 마찬가지로 곧 아라한이 되어 여러분을 지도하게 될 것이고, 고리타의 뒤에 앉은 사로몬들이 그의 제자들입니다.

이 분들은 모두 오늘을 기해서 붓다佛에 귀의하였고, 붓다의 담마法에 귀의하였으며, 승단僧에 귀의하였습니다. 여러분들도 단단히 법을 의지하여 수행에 힘쓰기 바랍니다."

붓다의 말을 듣고 고참 제자들 사이에 동요가 일어났다.

신참 제자가 고참 제자를 지도하게 된다는 붓다의 말에 저항이 생겨났기 때문이다. 선배가 후배를 지도하는 것이 어느 사회에서나 통용되는 습관이다.

하지만 선배가 후배를 평생 지도해 갈 수는 없다. 선배를 공경하는 것과 선배가 죽을 때까지 지도자로서의 의무를 다 한다는 것은 별개의 문제다.

영혼의 과거세의 경력에 따라서는 후배가 선두에 서지 않으면 안 될 때도 있고, 이런 일은 어느 사회에서나 볼 수 있는 일이다.

그러나 당시의 인도사회는 카스트라는 신분제도가 사회전체에 뿌리깊게 박혀 있었으므로, 신분제도의 연장인 선·후배, 신新·구

舊의 계급의식은 인간 평등을 부르짖는 붓다의 가르침에도 불구하고 여전히 제자들의 마음 속에 자리잡고 있었던 것이다.

붓다의 말에 한동안 동요가 일어났지만 이내 그 소음은 그치고 평정을 되찾았다.

그리고 웨누와나(죽림정사)는 평온에 잠겼다.

우파데사와 고리타는 붓다가 한 의외의 소개말에 마음이 죄어드는 것을 느꼈다.

§우란분재盂蘭盆齋와 공양

우파데사와 고리타는 붓다에 귀의함으로써 지난날의 모든 인생을 첫걸음부터 다시 시작하는 기분으로 수행에 정진하겠다고 여러 제자들 앞에서 열심을 털어놓았다.

그래서 두 사람은 그 날부터 정사의 청소는 물론, 함께 붓다에 귀의해온 제자들의 옷을 세탁하는 일까지 거들어 주었다. 바로 어제까지만 해도 제자들이 자신의 신변을 돌봐주었는데 오늘부터는 다 같은 위치의 붓다의 제자다. 하나에서 열까지 자신의 손으로 자신을 다스리지 않으면 안 된다. 고통이 따르지만 두 사람은 그 고통을 견디고 있다.

설법이 있는 날엔 붓다의 입에서 흘러나오는 그 신리神理를 한 마디라도 놓칠세라 일념으로 듣고 새겼다.

그런데 두 사람의 태도가 진지할수록 주위의 고참 제자들의 불만은 더 크게 쌓여갔다.

붓다의 면전에서는 평상을 가장하고 있지만 속마음에는 계급의식이 고개를 쳐들어 두 사람을 달갑게 여기지 않고 있었다.

이 무렵 야사는 자기가 태어난 고향에 돌아가서 바라나시 교외에서 붓다의 법을 가르쳤다. 바라문에서부터 수드라에 이르기까지 각계 각층의 사람들이 많이 모여들었다.

야사는 한 사람이라도 더 많이 귀의시키려고 노력하고 있었다. 귀의자가 많아지면 붓다를 초청할 수가 있다. 부모와 함께 밤마다 머리를 맞대고 전도사업의 계획과 실천을 상의했다.

고향에서 야사의 평판은 좋았다. 특히 여성들의 인기가 대단하여 유혹도 심했다. 남자다운 수려한 용모에 호족의 외동아들이라는 조건도 여성의 관심을 끌기에 충분하였다. 거기에다 붓다의 법은 남녀나 계급의 차별이 없었으므로 누구나 야사에게 쉽게 접근할 수 있는 기회가 많았으므로 여성들과 대화를 나누는 기회도 자연히 많았다.

야사의 출가 동기는 한 사람의 여성 때문이었다. 그런 만큼 여성에 대한 야사의 견해는 엄하고 신중하였으며, 여성들의 유혹과는 정반대로 금욕의 일선만은 굳게 지키고 있었다.

그럼에도 불구하고 접근해오는 여성이 많았으므로 야사는 일부러 얼굴에 흙을 발랐으며 누더기 같은 승의를 걸치고 그녀들의 시선을 피하려고 애를 썼다.

아라한의 경지라고 하지만 마음의 바늘을 항상 정도에 맞추어 생활한다는 것이 얼마나 어렵다는 것을 야사는 잘 알고 있었다.

고뇌도 많이 하였다.

번뇌의 불꽃은 꺼졌다 싶어도 마음에 틈만 생기면 금세 모락모락 타오른다. 인간의 마음의 구름도 하늘에 뜨는 구름처럼 잡기가 힘들고 나타났다 싶으면 사라지고 사라졌다 싶으면 다시 나타나는 것이었다.

야사는 여덟 가지의 정도를 마음의 척도로 삼고 마음과 행동을 다스려 나갔으며 결코 고삐를 늦추는 일이 없었다.

마음의 구름이 걷히지 않았을 때에는 마가다의 웨누와나(죽림정사)에 있는 붓다를 상념하면서 빛을 구했다.

우루벨라 캇사파는 종래의 종교에서 완전히 해방되어 있었다. 100세를 넘긴 연륜이 붓다의 법의 위대성을 이해하는 데 큰 힘이 되었다. 뒤늦게나마 겨우 손에 쥔 불법의 올바름으로 비로소 마음의 안주를 얻을 수 있었다. 그는 웨누와나(죽림정사)가 있는 숲속에서 묵묵히 명상에 잠겨 삼매의 경지에 빠져 있었다. 다른 두 사람의 후배도 그와 마찬가지로 수행에 정진하고 있었다.

웨누와나(죽림정사) 상가에서 활약하는 주된 지도자는 코스타니야, 아사지, 밧데야, 나만 등 카필라 시절부터 함께 생활하여 온 제자들이었다. 이들이 사로몬들을 돌보며 지도하고 있었다.

그런데 그들 세계에 우파데사와 고리타가 끼어들어 왔으므로 고참 제자들 사이에 동요가 심하게 일어났다. 두 사람에 대한 비난의 말들이 일기 시작하더니 확대되는 조짐을 보이고 있엇다.

코스타니야는 재빨리 붓다에게 물었다.

"붓다, 아산자의 제자들이 들어오고부터는 아무래도 고참 사로몬들 사이에 불평의 소리가 들리게 되었습니다. 어떻게 하면 좋겠습니까?"

붓다는 이미 이러한 교단의 공기를 읽고 있었다. 저녁 설법 시간에 모두들 빠짐없이 참석하도록 지시하였다. 코스타니야는 붓다의 방을 나서자 곧 나만들과 의논하여

'오늘 밤 집회에서는 중대한 발표가 있으니 사로몬들은 전원 집

합해야 한다'는 회람을 돌렸다.

사로몬들은 중대한 발표란 도대체 무엇일까 하고 저마다 궁금증을 안고 집회의 광장으로 모였다.

집회 전에 제자들은 어느새 끼리끼리 무리를 지어 체험담과 신리에 대해서 서로 담소하고 있었다. 이런 풍경은 어느 집회에나 있는 법이다.

사로몬들의 얼굴은 모두 밝고 건강해 보였다. 그러나 그 가운데에는 빨리 아라한이 되고 싶다는 조급한 마음에 쫓겨 반성의 명상이라기보다는 자신을 학대하여 암흑의 심연에 빠져 괴로워하는 자도 더러 있었다.

선배나 친구들로부터 이것 저것 지도를 받으면서 그 잘못을 바로잡고 있었지만 제자들이 많아질수록 수행의 속도에는 과속과 지속의 차이가 심하게 일어났다.

붓다가 제자들 앞에 모습을 드러냈다. 광장에는 기침 소리 하나 들리지 않는다. 일동을 한번 휘둘러보고 난 붓다는 천천히 입을 열었다.

"인간은 누구나 전생윤회의 체험을 쌓고 있는 영원한 생명이라는 사실을 깊이 명심하십시오.
실재의 의식계와 현상의 물질계를 전생轉生 왕래하는 과정에 지금 우리들은 여기 존재하고 있습니다.
마음을 잃기 쉬운 이 현상계에 인간은 저마다 자신이 선택한 환경에서 영혼의 연마를 위해서 새로운 체험을 학습하고 있습니다.
 인간은 누구나 장님의 인생을 보내고 있으면서도 그 체험을 통해서 풍부한 마음과 조화된 사회를 건설할 목적을 지니고 있으므로, 붓다는 장님의 중생에게 광명을 불어넣고 인생의 목적을 일깨워주기 위해서 지상에 강림하고 있습니다.
 사로몬들이여,
 여러분 가운데에는 조그만 신심으로 일찍부터 나에게 귀의한 자도 있습니다. 또 전생의 과정에서 더욱 넓고 크고 풍부한 마음을 지닌 사로몬들도 이미 태어나 있습니다.
 과거세에서 붓다와 인연이 닿아 정도正道를 배웠지만, 금세에서는 다른 제자들보다 뒤늦게 붓다에게 도달하는 제자들도 있습니다. 하지만 금세에서의 그러한 선착, 후착의 차이에 의해서 그 사람의 영혼의 크기를 저울질할 수는 없는 노릇입니다.
 우파데사와 고리타는 붓다의 전세에서 함께 육체를 지녔을 때 이미 보살의 깨달음을 이루었던 제자들입니다.
 사로몬들이여.
 금세에서 일찍부터 붓다와 인연이 닿아 귀의한 자는 팔정도八正道를 행동의 척도로 삼고 날마다 수행에 정진하였다면 이런 사실을 스스로 알 수 있을 것입니다.
 여러분들은 그 마음속에 과거세의 전생의 체험을 기억해 낼 수 있는 위대한 지혜의 보고를 간직하고 있다는 사실을 알아야 합니다.

그 위대한 보고의 문은 누가 여는가.

다름 아닌 여러분 자신입니다.

보고의 문은 법의 실천에 의해서만 열리는 것입니다.

마음의 왕국의 주인공은 타인이 아니라 바로 여러분들 자신입니다.

마하반야바라밀다(위대한 내재된 지혜에 도달함)의 경지에 이르기 위해서 일체의 집착을 끊고 조화된 평안의 경지, 즉 피안彼岸에 도달하는 것을 목표로 삼으십시오.

사로몬들이여,

붓다의 제자로서 금세만의 연생緣生을 가지고 선배니 후배니 하면서 불평·불만을 터뜨려서는 안 됩니다. 불평·불만은 자기의 욕망이 충족되지 않을 때 일어나는 것입니다.

욕망은 마음을 왜곡하여 남에게 독을 먹이고 스스로 고뇌의 씨앗을 뿌리게 됩니다. 붓다의 제자는 이런 협소한 마음을 가져서는 안 됩니다. 금세에서 제자로서 일찍 입문한 자들은 후배들에게 보다 겸허한 마음과 행위로써 대해야 할 것이며 자기의 확립을 확고히 해야 합니다."

붓다의 설법은 모든 제자들을 위엄 있게 눌러 갔다. 불만을 정당화하여 자기도 모르는 새 붓다의 법에서 이탈하였던 자들도 자신들이 왜소하고 어리석었음을 깨닫기 시작하였다.

"모든 사로몬들이여,

붓다는 과거 육불六佛의 전생을 통해서 여러 중생의 마음에 법등을 밝혀주고 구제해 왔습니다. 여러분들은 붓다의 과거 육불六佛 가운데의 한 인연에 의해서 금세의 제자가 되었습니다.

 우파데사와 고리타는 붓다의 과거 육불六佛의 연생을 하나 빠짐없이 체험하였습니다. 금세에서는 여기저기 여러 스승을 찾아 헤매면서 불법을 구해오다가 이제서야 이 붓다의 인연에 닿은 것입니다.

 그런 연유로 우파데사와 고리타의 육체에서 비치고 있는 광명은 마치 히말라야 산정에서 굴러온 눈덩이처럼 커다란 후광으로 충만합니다.

 여러분들도 법을 의지하여 생활에 정진한다면 자신의 눈으로 그 광명을 확인할 수가 있을 것입니다."

붓다가 여기까지 말하자 아사지가 일어서서 물었다.

 "붓다, 제가 우파데사를 처음 만났을 때는 머리 둘레에 엷은 황금색 빛을 보았습니다만 지금의 그 빛은 참으로 크고 몸 전체를 감싸고 있습니다.

 광명의 크기에 차이가 나는 것은 무슨 까닭입니까?"

붓다는 아사지의 얼굴을 보고 미소를 지었다.

 "아사지여, 바로 그렇다.

 장마철에 마가다국의 하늘은 구름이 덮여 햇빛을 볼 수 없다. 또 장마철이 지나가더라도 이따금 구름이 끼면 햇빛은 가려진다.

 붓다의 법을 의지하고 생각하는 것, 행동하는 것을 바르게 하여 집착에서 벗어나면 마음의 구름은 벗겨지고 반성, 선정의 정도에 따라 광명에 차이가 나는 법이다.

햇빛은 누구에게나 평등하여 구름 위는 빛으로 가득하다. 신불의 빛도 누구에게나 평등하다. 마음의 조화도에 따라 사람마다 그 후광aura에 차이가 생긴다.

우파데사, 고리타는 이미 오랜 과거세부터 붓다의 법에 귀의하여 수행에 정진하여 왔으므로 마음의 구름이 벗겨져 있다. 머지않아 아라한이 될 것이며, 더욱 수행을 쌓아 보살의 경지에 이를 것이다."

붓다의 설법은 아사지의 질문에 의해서 더욱 실감있게 사로몬들에게 전달되었다.

붓다의 모습은 제자들이 밝힌 등불에 비쳐 어두운 웨누와나(죽림정사) 광장에 우뚝 솟아 보인다. 그리고 그 몸에서는 후광aura 이외에도 여러 줄기의 강한 빛이 사방으로 뻗치고 있다.

지평선에 불쑥 솟아오르는 아침 태양의 눈부신 광선처럼 붓다의 빛은 환하게 사로몬들을 비추고 있었다.

광장의 제자들 가운데에는 붓다의 빛을 처음 목격하는 자도 있었다. 사방에 퍼지는 강한 빛에 경탄과 외경의 마음을 금할 길이 없었다.

붓다의 설법에 의해서 우파데사도 고리타도 과거세의 깊은 인연을 알게 되어 굳은 결의를 다지는 것이었다.

붓다의 설법이 있은 지 이레가 지났다.

고리타는 붓다의 법을 단단히 마음속에 새겨, 탄생에서부터 지금까지의 과거를 하나하나 들춰내어 반성하고 마음의 구름을 벗겨 나갔다.

이레째 되는 날 갑자기 눈앞이 선명한 광명으로 충만하더니, 여태까지 체험하지 못했던 아름다운 풍경이 눈앞에 전개되는 것이 아닌가!

마음은 평온하고 육체적인 마음의 동요는 일절 일어나지 않았다. 눈앞에 펼쳐지는 녹색의 풍경은 아름답기 그지 없었으며 지상의 그 어떠한 풍경도 비교가 되지 않았다. 흠뻑 매료되고 말았다.

고리타는 이 때를 기해서 종래의 안목이 180도 달라져 버렸다. 사는 기쁨을 느낄 뿐만 아니라 자신의 신변에 일어나는 여러 현상에 대해서 감사하지 않을 수 없게 되었다. 그리고 붓다의 위대한 모습을 여태까지와는 다른 각도에서 알 수 있게 되었다.

고리타는 친구인 우파데사에게 그 심경을 털어놓았다.

"우파데사, 나는 어제부터 붓다가 말씀하시는 광명에 싸여 마음은 평화로우며 삼매의 경지를 알 수 있게 되었다.
 아사지가 말하는 것처럼 붓다의 후광aura은 몸 전체에서 발산되고 있으며 그야말로 위대하다는 형용사 이외에는 표현할 말이 없구나.
 우파데사, 너의 몸에서도 무엇이라고 말할 수 없는 엷은 빛이 발산되고 있다. 그리고 오른편에 브라흐만 같은 분이 서서 미소짓고 있다…"

고리타는 흐르는 눈물을 닦아 냈다. 그리고 지금 자신이 한 말을 다시 한번 확인하려고 눈을 끔벅이며, 우파데사의 오른쪽에 서 있는 빛의 천사를 몇 번이나 응시하였다.

"너도 볼 수 있게 되었는가. 참으로 축하한다. 나는 마음의 때가 너무 많은지 아직 거기까지는 이르지 못했다. 법의 실천이 부족한가보다."

우파데사는 고리타의 손을 잡고 친구의 영혼의 진보를 진심으로 축복해주는 동시에 자신을 반성하는 것이었다.

그리고 며칠 뒤의 일이었다. 고리타는 문득 돌아가신 어머니 생각이 났다. 인간의 상정이라 그런지 고리타도 타계하신 어머니가 지금 어떠한 세계에서 생활하고 계실까 궁금하였다. 그는 눈을 감고 어머니를 상념했다. 그러자 어머니의 생시 모습이 똑똑하게 눈 앞에 나타났다.

"아아… 어머니가 계신다. 혼자 쓸쓸하게 이쪽을 보고 계신다. 무엇이 필요한 것일까."

고리타는 자신의 눈을 의심하면서 어두운 곳에 서 있는 어머니를 보고 있었다. 장소는 고리타의 집 근처인 것 같았다.

어머니는 분명히 물을 마시고 싶어하는 모양이었다.

고리타는 일어나 바리에 물을 담아 어머니에게 바쳤다.

그런데 이게 어찌 된 일인가.

물이 가득 찬 바리를 어머니 입술까지 가져가면 물이 불로 변해 버리는 것이 아닌가.

고리타는 몇 번이나 되풀이해 물을 떠다 바쳤다.

어떻게 해서라도 어머니에게 물을 드리고 싶었지만 번번이 화염에 싸여버리는 것이었다.

고리타는 그 의문이 풀리지 않았다.

그는 붓다에게 자신의 체험을 말씀드리고 그 이유를 물었다.

그러자 붓다는,

"고리타여, 심안心眼이 열려 축하한다. 참으로 잘 정진하였다.
그대의 어머니는 생전에 바라문 가문의 출신으로 많은 신자들로부터 보시를 받았음에도 불구하고 남에 대한 감사의 마음이 없었고 보은의 행위도 없었으며, 자아가 강하고 허영심이 가득했다. 어머니의 세계는 화염지옥이다."

하고 고리타의 눈을 바라보면서 조용히 대꾸했다. 고리타는 한 대 얻어맞은 것처럼 힘이 쭉 빠지는 것 같았다. 한참 동안은 엄청난 충격에 얼이 빠져 입이 열리지 않았다. 한참 후에야 간신히 입을 열어 붓다에게 물었다.

"어머니를 구원하기 위해서는 어떻게 해야 합니까. 육체를 낳아 길러주신 어머니입니다. 그 보은으로 어머니를 화염지옥에서 구제해 드리고 싶습니다. 어머니를 구원하는 일이라면 저는 무슨 고통이라도 견디겠습니다.
 가르쳐 주십시오."

 고리타의 어머니는 자아가 강했고, 죽음이 두려워서 아수라와 같은 모습으로 타계하였다. 이 사실은 고리타 자신이 누구보다도 가장 잘 알고 있는 사실이었던 만큼 더욱 더 어머니의 불행이 가슴을 아프게 했다.

 붓다의 제자가 되어, 부모와 자식간의 인연은 전세(실재계)의 약속에 의해서 맺어진다는 것을 알고 있었으므로, 구제할 길이 있으면 구제해 드리고 싶은 마음이 더욱 간절했다.

 "고리타여, 어머니는 어머니의 생명이고, 너의 생명은 네 자신의 것이다. 너의 어머니로부터 육체를 얻었지만 영혼은 별개라는 것을 알아야 한다. 갠지스강 위에 배들이 떠 있다. 하지만 배의 주인공인 뱃사공은 다 다르다. 그처럼 육체의 뱃사공인 마음도 별개이다."

 "육체는 얻었지만 영혼은 별개라는 말씀입니까."

 "그렇지. 육체는 인생황로를 건너는 배에 지나지 않아.
 영혼은 영생불멸, 변함없는 것. 그 영혼이 일생 동안의 체험을 남김없이 수록하여 육체주肉體舟에서 내려, 자신이 체험한 내용에 상응하는 세계로 돌아가는 것이 법의 틀이라는 말이다."

어머니가 지옥에 떨어진 원인은 다름 아닌 어머니 자신의 심상과 행동에 잘못이 있었다는 사실을 고리타는 이해하였다.

"붓다, 그러면 어떻게 공양해야 좋겠습니까."

"그대의 어머니는 이 현상계에서 지은 죄에 상응하는 세계에 가서 그 죄의 대가를 치르고 있네. 그리고 그 죄의 대가가 보상될 때까지 그곳에 머물 것이며, 마음의 구름이 벗겨졌을 때 비로소 광명의 세계로 승천할 수 있게 된다네."

"일체의 책임은 당사자 자신에게 있다는 말씀입니까."

"그렇지. 육체를 낳아준 어머니에 대한 보은은, 어머니가 하지 않았던 이타利他의 보시행布施行을 일년에 사흘쯤 해 드리게. 그리고 어머니가 어째서 지옥에 떨어졌는가 잘 가르쳐드리는 것이 중요한 일이야.
 자기 자신의 마음과 행동에 대해서 올바른 기준을 잊어버리고 오관五官에만 마음이 붙들려 번뇌煩惱의 인생을 보낸 자는 그 마음에 상응하는 세계에 가게 마련이야.
 인연·인과, 모두 자기 자신이 만들어 내는 것이야.
 이 세상을 연으로 해서 지은 죄이므로 살아 있는 후손들이 정법을 몸소 실천함으로써 설명하면 지옥의 영들의 반성은 빨라진다네.
 고리타여 법을 의지하여 더욱 정진함이 좋을 것이야."

고리타는 자기의 확립이 없이는 어머니를 구출할 길이 없다는 것을 마음에 깊이 새겼다.

뿐만 아니라 이처럼 붓다를 만날 수 있게 된 것도 따져보면 어머니로부터 육체를 얻었기 때문에 가능하였으며, 따라서 어머니에 대한 공양이야말로 지상에서 할 수 있는 최대의 보은 행위라는 사실을 깨달았다.

> "고리타여, 돌아가신 어머니에 대한 공양은 정도正道의 생활을 하고, 몸을 건강하게 하며, 하루하루를 밝게 생활하는 것이 길이야.
> 붓다의 법을 공양하는 것은 지옥에 떨어져서 고뇌에 허덕이는 자들에게는 다시 없는 마음의 양식이 된다네."

붓다의 설법을 고리타뿐만 아니라 어느새 몰려온 여러 제자들도 함께 듣고 있었다. 그리고 자기의 확립이야말로 조상에 대한 최대의 공양이 된다는 것을 알게 되었다.

그런데 오늘날, 우란분재盂蘭盆齋라고 하여 7월 13일부터 15일까지의 사흘 동안 지옥, 아귀계餓鬼界에 떨어진 근친자에게 공양하는 풍습이 남아 이어지고 있다.

그 연유를 따져보면 이 때 고리타(목건련)의 어머니에 대한 공양에 근거하고 있다.

하지만 오늘날의 우란분재盂蘭盆齋는 불단에 음식 공양을 차리고 불경을 외우는 것이 공식화되어 지난날 붓다가 설법한 조상 공양의 정신은 사라지고 말았다.

참다운 조상 공양은 앞서 말한 바와 같이 살아 있는 가족들이 건강하고 밝게, 정도正道에 입각한 삶 자체에 있음을 명심해야 한다.

왜냐하면 저승의 지옥계는 고뇌로 찼으며 그 고뇌에서 벗어나기 위해서 이승의 근친자에게 구원을 얻기 위한 집요한 접근이 있기 때문이다.

낯선 사람에게 손을 벌리고 구원을 요청하는 사람은 드물다.

근친자에게 접근해 오는 것이 당연한 이치 아닌가.

또한 그들의 마음은 현상계에서 만들어낸 암흑의 세계이므로 아무래도 현상계에 눈을 돌리게 되어 있다.

지옥은 4차원의 세계다. 현상계인 3차원의 세계에서는 4차원이 보이지 않지만 4차원에서는 3차원이 잘 보인다.

가정이 밝으면 그 밝음에 의해서 자신의 어둠을 깨닫게 되어 반성의 큰 요소가 된다.

하지만 가정이 어둡고 노여움이나 불평·불만이 가득하면 그 가정에 안주할 수 있게 되어 가족들의 의식 속에 침입하여 지옥계에서의 고통을 벗어나려고 한다.

빙의를 당한 가정은 부조화한 영혼의 수가 늘어남으로 더욱더 혼란스런 파문이 확대되어 간다.

가족에게 빙의한 지옥령은 생전의 죄 뿐만 아니라 현상계의 인간 마음에 빙의하여 혼란하게 한 이중의 죄를 짓는 셈이다.

지옥령은 이렇게 하여 더욱더 구제받기 어려운 상황에 놓이게 되고 현상계도 한층 더 혼란에 빠지게 된다.

이승과 저승의 관계는 인간의 마음을 통해서 항상 상통하고 있으며, 이승이 혼란하면 저승도 시끄러워지고 이승이 평화로우면 저승도 조용해진다.

즉, 조상을 진정으로 공양하는 길은 우선 가정이 명랑하고 밝아져서 조상의 영靈에 반성의 빛을 보내줄 수 있게 하는데 있다.

또 가정이 밝아짐으로써 지옥계의 영靈들의 수도 감소되고 현상계에 나쁜 영향을 미치는 빈도도 줄어들게 된다.

현상계의 불국토·유토피아는 이렇게 하여 실현의 발판을 쌓아갈 수 있지만, 현상계의 인간들이 오관육근五官六根의 번뇌煩惱에 사로 잡혀, 자기보존으로 치닫고 있을 동안에는 조상공양 같은 것은 안중에도 없게 된다.

불단에 재물을 차려도 지옥령은 먹을 수 없다.

어려운 경문을 독송하여도 이해하지 못한다.

이해하지 못하기 때문에 지옥에 떨어져 있다.

조상공양은 지옥령을 천상계로 승천시키는 데 그 뜻이 있는 만큼 어디까지나 살아 있는 가족들이 붓다가 설한 정도를 잘 지켜 그들에게 반성의 빛을 보내주어야 한다.

우란분재盂蘭盆齋의 사흘 공양이 갖는 원래의 의미는, 여러 일에 쫓겨 봉사할 시간이 없는 사람이 1년을 통해서 적어도 사흘 동안은 가난한 사람을 위해서 봉사하고 보시하는 데 있었던 것이다.

우란분재盂蘭盆齋가 되면 마중불을 피워 망령을 집 안에 불러들여 진수성찬을 차리는 오늘날의 풍습이 얼마나 비합리적인 부당한 짓인가는 붓다가 설법한 신리神理를 이해하면 쉽게 납득할 수 있는 일이다.

§개명改名

한편 우파데사도 법을 마음의 기둥으로 삼고 자신이 걸어온 상념과 행위의 잘못을 지엄하게 반성하여 마음을 으뜸으로 삼는 생활을 실천하고 있었다.

어느날 붓다가 우파데사를 불러 이렇게 말했다.

"우파데사, 그대는 지금까지 체험한 지식이 법의 실천에 의해서 지혜가 되어 나타나고 있네. 마음의 구름도 활짝 개어 삶의 기쁨을 몸과 마음으로 느낄 수 있게 되었네."

"예, 붓다. 이런 기쁨에 젖어본 적은 일찍이 없었습니다. 마음 속이 확 트이고 붓다의 가르침이 제 마음의 비뚤어짐을 바로잡아 깨끗이 씻어주며, 붓다를 생각하기만 해도 무엇이라고 형용할 수 없는 기쁨이 샘솟는 것입니다.
신기하고 불가사의한 일이 아닐 수 없습니다.
붓다, 참으로 고맙습니다."

우파데사의 눈에 이슬이 맺혔다. 그는 붓다의 자비로운 말을 듣고 가슴에서 치밀어오르는 감동을 억누를 길이 없었다. 붓다는 우파데사의 마음속을 환희 꿰뚫어보고 있었으며 그가 이미 아라한의 경지에 이른 것을 흡족하게 여기고 있었다.

"우파데사, 그대는 바라문 계급 특유의 논쟁적인 지식을 몸에 익히고 있었지만 지금은 그 지식의 껍질을 벗고 좁은 마음을 법등으로 크게 키우게 되었네. 그리하여 현상계의 모든 일들을 지상의 지식이 아니라 마음의 눈으로 관찰하고 판단할 수 있게 되었네. 붓다의 법을 진심으로 실천했기 때문이야.

 정도正道의 생활은 솔직하고 여유만만한 마음가짐이 무엇보다도 중요한 것이야.

 모든 일에는 원인과 결과가 있게 마련인 만큼 나타난 결과에만 마음이 빠지게 되면 아무리 풍부한 지식이 있다 하더라도 진실을 파악하기가 어렵고 판단을 그르친다네."

이렇게 말하고 난 붓다는 오른손을 펴서 손바닥을 우파데사의 머리 위에 가져가 빛을 넣었다. 손바닥을 쬐는 순간 우파데사의 몸에 진동이 일어났다. 그의 몸은 따뜻한 열기로 감싸이는 것이었다. 붓다의 손바닥에서 쏟아져나오는 빛의 영기靈氣 때문이었다.

빛을 받은 우파데사의 입에서 전생의 고대어가 쏟아져 나왔다. 그 고대어는 줄줄이 이어져 그칠 줄을 몰랐다. 붓다의 의식도 전생으로 달려가서 우파데사를 안고 서로 고대어로 대화를 나누면서 그리운 회포를 푸는 것이었다. 그 때는 이러했고 저 때는 저랬다 등으로 전생의 옛일을 되새기는 것이었다.

화엄경華嚴經 십지품十指品에는 과거세의 기억에 대해서 이렇게 기록되어 있다.

한 예를 들면,

'…그는 여러 가지 옛날의 주소를 기억한다. 일생을 기억하고, 2, 3, 4, 5, 10, 20, 30, 40, 50, 백생을 기억하고, 수백생, 수천생, 수백천생, 수백억 무수생無數生을 기억하고 파괴의 가르파, 생성의 가르파, 파괴와 생성의 가르파, 생성과 파괴의 몇 가르파를 기억하고, 백 가르파, 천 가르파, 백천 가르파, 억 가르파, 백억 가르파, 천억 가르파, 백천억 가르파 내지 수백억 무수의 가르파를 기억한다.'

라고 기록되어 영도현상靈道現像과 과거세의 기억에 대해서 설명하고 있다.

전생윤회는 여러 가지 경험의 연속이며 어느 때는 무장으로, 어느 때는 농부로, 또 어느 때는 승려로 이승의 삶을 살아오면서 영혼의 진화를 도모해 왔다.

이렇게 하여 인간은 성장하면서 신의 마음을 이해하여 가는 것이지만 경우에 따라서는 신불神佛의 마음을 거슬러 빗나간 길을 걷게 되기도 한다. 항상 신불神佛의 뜻에 부합되는 생활만 하기란 어려운 일이다. 또 그렇게 되면 마음의 크고 작음, 높고 낮음도 모를 뿐더러 신의 마음을 제대로 이해하기도 어렵다.

유아의 마음은 집착이 없어 신의 마음에 가깝지만 유아 그대로의 상태에서는 자립이 생활을 할 수 없다.

자립의 생활을 하면서 마음을 더럽히지 않고 신의 의사를 용현湧現해 가야 하는 것이 정법이다.

'가르파'란 '카르마(업業)'이며 오온五蘊의 생활행위를 말한다.

오온五蘊의 생활이란 색色(물질)·수受(느낌)·상想(생각)·행行(행위)·식識(분별)을 말한다.

색色이란 이 현상 세계를 의미하며 수受란 그것을 인식하여 받아들이는 오관五官을 의미하고, 상想이란 오관五官에 바탕한 여러 가지 생각을 뜻하여, 행行이란 오관五官에 바탕한 생활행위를 의미하고, 식識이란 이 모든 관념 인식을 말한다.

그렇기 때문에 오온五蘊의 생활이란 오관육근五官六根이며 오관육근五官六根은 카르마의 생활이다.

카르마(업業)에서 헤어나지 못하는 한 인간은 신의 마음을 구현할 수 없다.

십지품은, 과거세의 기억을 카르마(업業)로써 설명하고 있지만 신리神理에 비춘 생활행위는 카르마(업業)를 초월하고 있으며 거기에는 생사의 고통이 없기 때문에 설명이 불충분하다고 밖에 할 수 없다.

우파데사는 과거세의 기억을 되살리게 됨으로써 그 동안 헤어졌던 부모님을 다시 만난 듯한 감격과 기쁨에 젖어 얼굴은 눈물로 흠뻑 젖었다.

이렇게 과거세의 기억을 소생시킴으로써 내재된 지혜의 문을 열어 나갔다.

붓다가 예언한 대로 우파데사도 고리타도 마하반야바라밀다摩訶般若波羅蜜多心經(내재된 위대한 지혜에 도달함)의 진도를 높이고 있었다.

웨누와나(죽림정사) 수행자들의 옷은 언제나 초라한 것이었으며 그것도 일년 내내 입은 그대로였다. 먼지와 땀으로 얼룩진 그대로 여서 위생적으로도 좋지 않았다. 붓다 자신이 그런 습관에 젖어 있었으므로 제자들도 자연 붓다의 버릇을 따르고 있었다. 목욕이나 세탁은 각자 임의대로 하고 있었으므로 역시 남자들만의 세계에서는 몸은 씻지만 승의僧衣는 더러워도 그대로 입기 일쑤였다.

붓다는 피로가 겹쳐 병이 났다. 휴식도 취하지 않고 제자들에게 설법을 계속해온 것이 첫째 원인이었지만, 비위생적인 생활에도 큰 원인이 있었다. 붓다는 몸이 불편한 것을 좋은 기회라고 생각하여 혼자 조용히 자성하면서 편안한 휴식을 취했다.

붓다가 쓰러졌다는 소문이 금방 빔비사라왕의 귀에 들어갔다. 왕은 즉시 주치의 시바카를 붓다에게 보냈다.

"붓다가 가르치는 법은 우리들 마음에 평안을 주고 암흑의 인생에 광명을 던져주고 있습니다. 위대한 붓다가 과로로 쓰러졌다는 소식을 들으신 임금님의 염려는 대단합니다. 그래서 이렇게 임금님의 분부를 받들고 찾아왔습니다. 붓다의 몸은 그 무엇과도 바꿀 수 없는 소중한 것입니다. 부디 자중자애하시기 바랍니다."

시바카는 붓다의 침소 가까이 다가가서 고개를 숙이고 이렇게 인사를 드렸다.

"고맙습니다. 일부러 위문화 주셔서 감사합니다.
식사의 조절이 좋지 않았던 것 같습니다.
푹 쉬었더니 이젠 괜찮습니다."

하고 붓다가 일어나려고 하였다. 시바카는 황급히 붓다의 어깨를 누르며 만류했다.

"일어나서는 안 됩니다. 부디 그대로 누워 계십시오."

붓다는 이미 회복되어 혈색도 좋아졌지만 시바카는 가져온 약초로 만든 환약을 붓다에게 권했다. 며칠 뒤 시바카는 다시 붓다를 병문안하였고, 붓다는 완쾌되어 방 안에서 일어나 앉아 있었다.

"붓다, 많은 제자들을 거느리고 참으로 큰일입니다. 집단생활은 특히 위생 문제를 소중히 다루지 않으면 큰일이 일어날 수 있습니다. 전염병이라도 돌게 되면 많은 희생자를 내게 됩니다. 말씀드리기가 송구스럽습니다만 지금과 같은, 땀내가 나는 옷을 그대로 입고 있어서는 몸이 쇠약해졌을 때는 매우 위험합니다. 방도 청결하지 않고 주변 환경도 깨끗하다고는 할 수 없습니다. 전염병은 비위생적인 것이 원인이 됩니다. 저는 의사의 입장에서 청결하게 하는 방법을 알고 있습니다. 제발 저에게 그 일을 시켜주십시오."

시바카는 붓다의 검소한 생활은 집착을 떠난 것임을 익히 알고 있었다. 하지만 검소와 불결은 다르다. 의사의 입장에서 붓다에게 봉사할 수 있는 길은 이것 뿐이라고 생각하였다.

"그건 참으로 고마운 일입니다. 왕의 주치의인 당신이 상가僧伽를 위해서 봉사해 주신다면 모두들 좋아할 것입니다. 제자들에게 무엇이든지 지시해 주십시오."

시바카는 우선 밧데야와 상의해서 화장실의 개선부터 착수했다. 폭 2미터, 깊이 2미터 정도의 구덩이를 20미터 길이로 파서 그 위에 이동식 판잣집을 세웠다. 오물이 구덩이에 가득 차면 흙으로 덮어버린다. 그리고 다른 적당한 장소에 구덩이를 파서 판잣집을 이동시켜 화장실로 쓰는 것이었다.

이런 화장실이 생기기 전에는 각자 적당한 장소에서 용변을 보는 것이 습관이었다. 사람이 적을 때에는 그대로 괜찮았지만 정사의 인원이 대세대가 되자 골치 아픈 문제가 아닐 수 없었다. 정사에서 멀리 떨어진 곳에서 모두들 용변을 보기만 한다면야 상관 없는 일이지만 개중에는 뒤가 급한 사람도 있어서 그만 정사 근처에서 일을 보고 만다. 수가 점점 늘어남에 따라 악취가 한계선을 넘어 정사 안에까지 스며들었고, 정신통일의 참선도 제대로 될 리 없었다. 더욱이 정사의 주변은 악취와 함께 병균의 소굴이 되어 전염병의 원인이 된다. 이런 이유에서 우선 화장실의 개선이 시급했던 것이다,

다음은 승의僧衣의 개선이었다. 죽은 수행자의 옷을 벗겨 입는 자도 있었으니 그 비위생적인 생활태도는 현대인으로서는 도저히 상상조차 할 수 없는 일이었다. 빔비사라왕의 보시에 의해서 항상 세탁된 깨끗한 승의를 갈아 입을 수 있게 되었다. 의복은 당시의 인도에서는 귀중한 일상품이었다. 오늘날처럼 기계로써 양산이 되는 것도 아니었다. 한 조각의 천도 손으로 짜지 않으면 안 되었다. 따라서 노예 계급에 이르러서는 발가숭이와 다를 바 없는 몸으로 사역당하고 있었으며, 농부들의 들일도 거의 맨몸이었다. 인도는 남국이었으므로 의복을 걸치지 않아도 불편없이 생활을 할 수 있

었으며, 주민들도 옷에는 그다지 신경을 쓰지 않아도 괜찮았다.

하지만 계급이 위로 올라갈수록 복장이 고급화하고 있었으며, 그래서 신분의 차이는 의복만 보면 쉽게 판단이 서는 일이었다.

사로몬들도 옷에 대해서는 이러한 시대적 배경이 있어서 그다지 개의하지 않았다.

현상계의 여러 가지 사물에 대한 집착에서 멀리 벗어난다는 사고방식에 젖어 옷이며 귀중품에 마음이 사로잡히는 일이 없었다.

어느 날 시바카가 카시에서 생산한 좋은 비단을 가져왔다. 그 비단은 날란다의 대부호大富豪의 병을 고쳐 준 답례품으로 받은 것이었다. 시바카는 빔비사라왕이 입어도 좋을 만큼 훌륭한 비단이었으므로, 자기가 입기에는 너무 과분한 것 같아 누구 적당한 분이 없을까 생각하던 중에 붓다의 얼굴이 떠올랐다.

"붓다, 저의 소원을 들어주십시오."

시바카는 진지한 어조로 입을 열었다. 붓다는 미소를 지으면서 대꾸했다.

"언제나 우리들을 위해서 봉사해 주셔서 감사하고 있습니다. 새삼스럽게 소원이라니 무슨 일입니까."

"도저히 받아들여지지 않을 것으로 생각됩니다만 꼭 부탁드리고 싶은 것이 있습니다."

"으흠, 그래 무슨 일이지오."

"붓다는 이 지상에서 가장 존귀하신 분입니다. 그런 신분이 초라한 옷을 걸치고 계시는 것은 어울리지 않는 일입니다. 이 비단은 어떤 분으로부터 답례로 받은 물건입니다만 제가 입기에는 과분하고, 붓다께서 입으심이 가장 어울릴 것 같아서 가져왔습니다.
꼭 이 보시를 거두어주시기 바랍니다."

이렇게 말한 시바카는 보자기를 풀고 비단옷을 꺼내어 붓다에게 바쳤다. 붓다는 시바카의 후의를 쾌히 받아들였고 그 자리에서 시바카가 가져온 옷을 입었다. 시바카는 눈물을 흘리면서 기뻐했다.

이 소문이 라자그리하의 부자 상인들에게 알려져 그 때부터 승의의 보시가 갑자기 유행하였다. 이리하여 붓다의 제자들은 시바카의 뜻대로 항상 청결한 복장을 입게 되었다.

붓다의 상가는 우파데사와 고리타 두 제자가 합세함으로써 더욱 전교 활동이 활발해졌다. 불법 포교가 적극적일수록 당연히 입문자의 수도 늘어나게 마련이다.

1주일간의 반성과 명상을 하고 삼보三寶(불佛·법法·승僧)에 귀의歸依하는 자의 수가 날로 늘어갔다.

붓다는 우파데사와 고리타를 불러 말했다.

"같은 이름이 많고, 너희들 자신도 마음을 새롭게 가다듬는다는 뜻도 있고 하니, 이번 기회에 개명하는 것이 어떻겠는가?"

"붓다, 저도 전부터 그런 생각을 가지고 있었습니다. 마음의 때를 벗기고 마음의 평화를 얻었으니 새로운 마음에 어울리는 이름을 가지고 싶습니다."

우파데사는 '날란다의 우파데사'라고 불리는 게 마음에 걸렸다. 그래서 새로운 이름을 붓다에게 하나 지어달라고 부탁하려던 참이었다.

"우파데사, 그대의 모친은 마하바라문의 부인으로서 남편을 잘 섬기고 중생에게 자애심을 베풀었으며 아이들도 잘 키웠다. 그대의 모친은 라자그리하의 마을에서도 소문난 현모양처다.
그 어머니의 이름을 따서 이제부터는 '사리뿟다[2]'로 개명함이 어떻겠는가?"

"예, 어머니처럼 자애심이 풍부한 분의 이름을 달고 어머니에게 지지 않을 정도로 훌륭한 수행자가 되겠습니다. 붓다, 참으로 고맙습니다."

---

2) **사리푸트라**: 산스크리트어로는 शारिपुत्र샤리뿌뜨라, 팔리어로는 사리뿟따. 어머니 이름은 "사리"이다. 산스크리트어 "푸트라"는 아들이다. 사리불(舍利弗)은 사리푸트라를 음역한 이름이고, 사리자(舍利子)는 '사리의 아들'이라는 뜻을 번역한 이름이다. 그의 원 이름은 우빠띠샤, 팔리어로는 우빠띳사.

우파데사는 붓다가 자기 어머니의 일까지 소상하게 알고 있는데 놀랐다. 슈바라의 위대한 초능력은 알고 있었지만 이런 신변 문제도 정곡을 알아맞추어 주니 붓다에게 사사하게 된 것이 새삼 그지없이 기뻤다. 그리고 가슴이 뿌듯해졌다.

한편 고리타는 목갈라나[3]로 이름을 바꿨다.

사리뿟다는 개명 후 날란다에 계시는 어머니를 유행遊行 길에 찾아가 뵈었다. 어머니는 변함없이 건강한 모습으로 아들을 맞이하였다.

"참 잘 왔구나. 전에 비해서 너의 얼굴이 한결 좋아졌구나. 어때, 수행은 고단하지 않은가?"

"어머니도 건강하시니 무엇보다 다행한 일입니다. 그런데 어머니, 붓다로부터 어머니의 이름을 따서 사리뿟다라는 새 이름을 얻었습니다. 붓다는 어머니가 마음이 아름답고 훌륭한 분이라고 칭찬을 아끼지 않으셨습니다."

"우파데사, 너는 참으로 훌륭한 스승을 만나 큰 복을 누리고 있구나. 나도 기쁘기 한량없다. 부디 몸조심하여 훌륭한 수행자가 되어서 낡은 사고방식에 젖어 있는 사람들에게 붓다의 정도를 가르쳐주어라. 네가 아라한의 경지에 이르렀다는 소식을 듣고 나는 훌륭한 아들을 두었다는 기쁨

---

3) **목갈라나**: 산스크리트어: मौद्गल्यायन마우두갈야야나, 팔리어로는 목갈라나. 한자어로 목건련 혹은 목련이라고 한다. 또 십대제자의 한 명으로서 필두였으므로, 마하(大)를 붙여 마하목건련, 대목건련 등으로도 기록된다

을 누를 길이 없었다. 파샤바도 아산자 밑에서 수행하고 있지만 가까운 시일 내에 네가 있는 데로 찾아가겠다고 벼르고 있단다."

"형도 그런 말을 하셨단 말입니까. 그건 참 잘 생각한 일입니다. 형도 틀림없이 정도를 알게 될 날이 있을 것입니다.
 붓다의 가르침이야말로 자기 자신을 확립하는 지름길이며 중생을 제도하는 유일한 길입니다. 이것은 제가 직접 체험으로 깨달은 것인 만큼 분명히 말씀드릴 수 있습니다.
 어머니, 저는 과거세에서도 붓다 밑에서 정도에 정진하였다는 사실을 기억해 낼 수 있었습니다. 붓다와 손을 잡고 과거세의 추억담을 나누면서 눈물을 흘렸습니다.
 어머니, 붓다는 참으로 위대하신 분입니다. 슈바라의 경지라는 것은 직접 만나서 가까이에서 보지 않고서는 실감으로 느끼지 못하는 것입니다.
 저의 마음은 평안하며 지금까지 배워온 지식으로서는 도저히 따를 수 없는 위대한 지혜가 마음 속에 내재되어 있다는 것을 이제야 알게 되었습니다.
 지금까지 마음속에 품어왔던 모든 의문은 다 풀렸으니 이렇게 기쁜 일이 또 어디에 있겠습니까."

사리뿟다는 자신이 맛본 법열의 경지를 어머니에게 알려드리려고 애를 썼지만 만분의 일도 설명이 되지 않았다. 하지만 어머니는 아들이 혈색도 좋아졌고 크게 변한 것을 피부로 느끼고 있었다.

"우파데사, 너는 물을 만난 물고기처럼 싱싱해졌다. 무거운 짐을 내려놓은 듯한 환한 너의 얼굴을 이제까지 보지 못했다. 참으로 잘됐구나."

어머니 사리는 아들의 밝은 얼굴을 구석구석 살피는 것이었다. 그리고 무엇인가 짚인 듯이 말을 이었다.

"그렇다. 너, 붓다의 법을 아버지께 가르쳐 드려라. 네가 절대적이라고 믿고 있는 그 붓다의 가르침을 들으시면 아버지도 마음이 바뀔 게 틀림없다."

"어머니, 붓다는 여느 스승처럼 어려운 말로 설법하지 않습니다. 그야말로 아이들도 알아들을 수 있는 쉬운 말로 설법하십니다. 그래서 누구든지 이해할 수 있게 됩니다. 붓다의 가르침은 일상생활의 마음가짐과 행동을 가르치고 있으며 알아듣기 쉬운 것이 특징입니다.
조금만 더 기다려 주세요. 어머님도 아버님도 붓다의 법을 반드시 알게 되어 일상생활 가운데 숨어 있는 영생의 생명과 인연을 이해하시게 될 기회가 올 것입니다…"

사리뿟다는 유행중이 아니었다면 며칠 동안 머물러 부모님과 형에게 붓다의 법을 설명해 드리고 싶었다. 그리하여 가족이 모두 붓다에 귀의하게 된다면 그 이상 행복한 일은 없다고 생각하였다.

언젠가 그런 기회가 있을 것을 예상하면서 어머니 곁을 떠났다.

사리뿟다는 웨누웨나(죽림정사)로 돌아왔다. 동료들은 그를 우파데사라고 부르지 않고 새로운 이름으로 불러주는 것이었다. 처음에는 어머니의 이름이 불러지는 것 같아서 조금 어색하였지만, 며칠이 지나자 그도 그 이름이 귀에 익어져서 우파데사는 멀리 사라져 버렸다.

한편 고리타였던 목갈라나도 이 무렵에는 이미 새로운 이름이 판에 박혀 동료들로부터 그렇게 불려도 아무러 저항감을 느끼지 않게 되었다. 둘은 보시하는 중생들로부터도 친근감 있게 그렇게 불리게 되었다.

붓다의 설법과 감화력은 제자들의 마음을 일깨워 정도의 궤도 위에 올려놓았으며 그칠 줄 모르는 법등이 되어 그들의 가슴을 밝혀 나갔다.

특히 사리뿟다와 목갈라나 두 사람은 붓다의 법문을 접할 적마다 법열의 감격에 흠뻑 젖었다. 쏟아지는 눈물을 주체할 길이 없었다. 만일 금생에서 붓다와 만나지 못 하였더라면 상기도 길을 잃고 헤매는 어린양의 꼴이 되었을 것이고, 영혼의 심연에서 울려오는 참된 자신의 목소리도 듣지 못 하였을 것이며, 붓다의 수족이 되어 중생제도의 위업에도 참가 못 하였을 것이다.

천만다행으로 붓다를 만나 과거세에서 이어온 자신들의 천명天命을 자각할 수 있게 된 기쁨은, 여태까지의 험난했던 우회의 도정이 컸던 그만큼 말할 수 없이 큰 감격이었다.

목갈라나는 이미 심안이 열려 붓다의 과거세와 현세의 모습이 동시에 겹쳐 보였는데 현재 설법의 내용도 과거세의 그것과 전혀 다른 점이 없다는 것을 알고, 전생윤회의 신비함을 새삼 뼈저리게 느끼는 것이었다.

고뇌가 기쁨으로 바뀌고 미망이 부동의 신념으로 탈바꿈하는 것도 붓다가 설하는 법의 힘이었다.

인간의 영혼은 영생이며 죽음이란 원래 존재하지도 않는 것이었다.

영혼은 윤회라는 연속체 가운데 있는 것이며 육체의 생사는 허수아비 같은 허울에 지나지 않았다.

육체라는 옷을 입고 희로애락에 번롱당하는 조그만 마음이 얼마나 자신의 영혼을 어지럽히고 남을 부조화로 몰아넣는 짓인가를 알았으며, 붓다의 법을 이해하면 할수록 커지는 것이었다.

팔정도八正道를 기둥 삼는 마음과 행동의 실천이 마침내 불지佛智를 여는 길잡이가 됨을 알았다.

사리뿟다의 지혜와 목갈라나의 천안통력天眼通力은 많은 제자들을 경탄시키기에 충분하였다.

뿐만 아니라 두 사람의 오로지 정법에 따른 정진의 자세는 선배들의 마음을 감동시키기에도 부족함이 없었다.

그 진지한 태도는 붓다의 예언 그대로였으며 과거세로부터 연생緣生이 금생에 얼마나 중요하게 작용하고 있는가 하는 것을 이해시키고도 남음이 있었다.

§대부호의 아들 피팔리야나

붓다는 웨누웨나(죽림정사)의 숲 속에서 지관止觀과 명상에 잠기고 있었다. 선정 삼매에 이르렀을 때였다.

"붓다, 근간에 정도를 찾아 한 사람의 수행자가 나타날 것입니다. 그리고 붓다의 제자가 될 것입니다. 이 수행자는 머지않아 아라한의 경지에 도달하여 붓다의 법을 많은 중생에게 펴나갈 것입니다."

브라흐만(범천梵天)의 부드러운 목소리였다. 언제나처럼 그것은 마음 속에서 울려오는 목소리였다.

"또 한 사람의 연생緣生의 제자가 불어난다."

붓다는 선정을 풀고 브라흐만의 말을 되뇌었다.

브라흐만의 인도와 예언은 정확하기 이를 데 없어 단 한번도 사실과 어긋나 본 적이 없었다. 우주즉아宇宙卽我의 깨달음을 얻은 뒤 전도에 마음을 굳힌 것도 브라흐만의 인도에 의한 것이고, 연생의 제자들이 몰려온다는 예견도 브라흐만의 자비로운 빛에 의한 것이었다.

마음을 괴롭히고 장래를 망설이는 일은 전무하였다.

물론 일상생활의 자질구레한 일, 교단의 운영문제, 전도의 세부사항 등에 대해서는 자연히 머리를 쓰게 마련이다. 하지만 그런 것에 마음이 사로잡혀 괴로워하는 일은 결코 없었다.

모든 것은 이미 예정표가 짜여져 있었으며 그것을 어떻게 지체 없이 실행에 옮기는가 하는 문제뿐이었다.

브라흐만의 목소리는 언제나 육체의 내부에서 들려왔다. 들려온다기보다는 속에서 말을 건네온다고 하는 표현이 적절할지 모르겠다.

좀더 구체적으로 말하면 붓다의 잠재의식에서 전달되어 오는 목소리였다.

붓다의 잠재의식은 대우주로 확대되어, 차원을 초월한 그 대우주에는 붓다의 영혼의 형제, 영혼의 친구들이 개개의 생명을 지니고 존재하고 있다.

표면의식의 파동이 정도正道의 신의 의식과 교류하는 상태가 되었을 때, 이러한 영혼의 형제와 친구들의 말소리를 마음의 귀를 통해서 들을 수 있게 된다.

표면의식의 파동이 정밀할수록 영혼의 형제와 친구들의 말은 정확하기 이를 데 없고 또 그것은 시간과 공간을 초월하여 언제 어디에서나 어떠한 문제라도 거침없이 해결해 준다.

바라밀다가 열린다, 혹은 여래를 가리켜 대지혜, 대지식이라고 일컫는 것은 이러한 잠재의식 속에 존재하는 목소리를 포착할 수 있는 능력을 가리키는 것이며, 그 능력은 목소리로 들을 수도 있고, 상념으로 마음속에 떠오를 때도 있다.

브라흐만이 이따금 붓다에게 가르쳐 주는 그 말은 모두 이상과 같은 과정을 거쳐 전달되어 왔다.

그런데 일반에서는 이것을 잘못 이해하여 육체의 귀에 들려오는 말을 바라밀다라고 받아들여 깨달음을 얻었다고 착각하는 수가 많다.

밖에서 들려오는 말은 자신의 잠재의식의 목소리와는 다르며 동물령이나 지옥령 등 악령의 목소리들이라고 해도 틀림이 없다.

왜냐하면 잠재의식은 자기 자신이기 때문에 속에서 들려오고, 인격체가 다른 동물령이나 지옥령은 자기 것이 아니기 때문에 당연히 그 소리가 밖에서 들려온다.

밖에서 말이 들려오는 것은 매우 위험한 경우이며 본인이 그 정체를 모르고 그 목소리에 귀를 기울이고 거기 공감하게 되면 그 사람의 의식의 일부가 중독되는 동시에 나아가서는 의식의 일부가 점령당하여 이중, 삼중의 인격이 되어 폐인으로 전락하는 불행한 사태도 일어난다.

또 의식의 일부가 점령당해도 자기 안에서 목소리가 들려와 바라밀다와 혼동하는 수가 있다.

영혼의 형제나 친구들은 현상계의 당사자에게 혼란과 불행을 불러일으킬 만한 언행은 일체 하지 않는다.

당사자의 불행은 바로 영혼의 형제인 자신들에게 되돌아오는 성질의 것이기 때문이다.

감정의 기복이 심한 사람이나 자신의 주장을 관철하기 위해서는 남의 의견을 무시하는 언동을 서슴없이 하는 사람이 이러한 현상에 부닥쳤을 경우에는 자중과 반성이 크게 요구된다.

또 이러한 현상이 일어나지 않더라도 예언이 잘 맞거나 오만에 빠진 자는 어김없이 지옥령과 동물령이 빙의된 결과이니 경계해야 한다.

마魔가 빙의한 것도 모르고 오래도록 정상적인 생활을 하고 있는 사람도 있는데 이런 것을 가리켜 기심己心의 마魔라고 한다.

기심己心의 마魔는 영적 능력을 자기의 욕심과 염력으로 희구할 때 나타난다. 그리하여 제 2의 성격이 되어 표면으로 드러난다.

마魔의 포로가 되면 마음도 몸도 자기 뜻대로 되지 않으며 운명의 수레바퀴는 크게 바뀐다. 위험스럽기 그지없는 일이다.

붓다는 자비로운 브라흐만의 인도에 대해 항상 감사하는 동시에 고뇌에 허덕이는 많은 중생을 구제함으로써 그 은혜에 보답하지 않으면 안 된다고 스스로를 채찍질하고 있었다.

자신이 설하는 법에 만에 하나라도 잘못이 있게 되면 전 세계를 부조화한 환경으로 만들어버릴 수 있기 때문이다.

붓다는 다시 명상에 잠겼다.

주위의 수목들도 붓다의 명상에 방해가 되지 않도록 숨소리 하나 내지 않고 조용하기만 하였다.

이따금 산새가 푸드득 날아서 시간의 흐름을 알려 주기도 하였지만 깊은 정적은 주위의 모든 생명활동이 정지한 듯한 느낌을 주었다.

붓다의 의식은 차츰 대자연 속으로 동화되어 갔다.

엷은 황금색의 부드러운 빛살이 붓다의 몸을 에워싸는가 싶더니 어느새 성큼성큼 커져서 갑자기 대우주와 하나로 융화되고 말았다.

이 무렵 죽림정사의 동북에 위치한 델타라고 하는 바라문족의 도시에 피팔리야나라는 청년이 있었다.

그의 부친은 마하칸피라고 불리는 대부호였으며 많은 소작인들을 거느리고 있었다.

야나는 외아들로 양친의 사랑을 흠뻑 받으면서 무엇 하나 부족한것 없이 성인으로 성장하여 행복한 나날을 보내고 있었다.

학문은 바라문교의 경전이 중심이었으며 야나는 흥미를 가지고 수행자들로부터 그 가르침을 받았다. 공부를 할수록 그 경전에 의문이 생겼다.

그 한 가지가 신의 벌이었다.

일단 바라문의 신을 믿기 시작한 자는 그 신에게 평생을 복종해야 하며 만일 이를 게을리하고 거역하면 신의 노여움을 사서 불행에 빠지게 된다는 것이었다.

야나는 경전을 가르쳐주는 수행자에게 이 점을 물어 보았다.

하지만 돌아오는 대답은 언제나 같은 것이었으며 신의 벌과 신앙의 형식은 경전에서 말하는 그대로였고, 그가 납득할 만한 명쾌한 해답은 하나도 얻을 수 없었다.

바라문의 수행자들은 되풀이 물어오는 똑같은 질문에 진절머리를 내고 그를 멀리했다. 일 년에 몇 차례 개최되는 바라문의 제사에도 야나는 참석하지 않았다.

양친은 대대로 이어온 바라문교의 신에게 기도를 올리고 야나의 불경스러운 태도를 사죄하였다. 그리고 야나의 마음이 바로잡혀 자기들 편에 서 주기를 빌었다.

야나는 부모의 맹목적인 신앙에 대해서 회의를 품고 있었다. 어느 날 부모가 기도를 마치고 집에 돌아오자 이렇게 입을 열었다.

"아버지는 저의 불행을 신에게 빌고 있는 것입니까. 종종 기도하러 다니시는 것 같은데…."

아버지는 야나의 말에 아연했다.

"무슨 말을 하는 거냐. 네가 바라문의 신을 믿지 않기 때문에 벌을 받지 않도록 하기 위해서 참배하고 있는 것 아니냐. 어찌 너의 불행을 기도한단 말인가. 얼토당토 않는 말을 해서는 안 된다. 조상대대로 내려오는 신을 믿지 않으면 두개골이 부서진다는 너의 조부모님의 말씀을 나는 귀에 못이 박히도록 들어왔다. 너에게도 불행한 재앙이 닥쳐오면 큰일 아니냐."

아버지는 야나의 얼굴을 살피면서 훈계하였다.

"바라문의 신은 나쁜 짓을 하지 않는 사람에게도 벌을 주는 건가요. 저는 도저히 믿을 수 없습니다. 아버지와 어머니는 저의 행복을 신에게 빌고 계신다고 하셨지만 신의 마음이란 공평한 것이며 아무런 나쁜 짓도 하지 않는 저에게 벌 따위를 줄 리는 만무하다고 여겨집니다. 잘못된 생각일까요. 벌을 준다는 신 따위는 절대로 믿을 수 없습니다."

아버지 칸피라는 야나의 항의를 받고 가슴이 내려앉는 것 같았다. 하지만 자신도 야나와 마찬가지로 그런 의문을 품고 있긴 하였다. 품고 있었지만 그 신을 버릴 만한 용기가 없었다.

신앙은 어제 오늘 접한 생소한 것이 아니라 조상대대로 이어오면서 생활 속에 밀착된 것이다. 이것을 버리면 생활의 기반이 무너지고 살아가는 기반을 잃는 꼴이 된다.

당시에도 신을 저버린 도적들이 많았다. 그들은 무리를 지어 강도와 약탈질을 일삼았다. 신을 믿지 않는 자들은 그런 짓 이외에는 살길이 없었다고 여긴다.

신앙은 계급을 초월하여 모든 사람들의 생활을 규제하며 입에 발린 소리라도 신을 받들지 않으면 사람들의 신임을 얻을 수 없었다.

무신론자는 그 당장에 사회 밖으로 밀려나게 마련이었다. 그들은 처자도 없이 제멋대로 놀아났으며 술과 여자가 탐나면 도시로 내려가서 약탈질을 해댔다.

도시나 마을은 이러한 도둑들의 침략에 전전긍긍하였다. 자위책으로 농민과 상인들이 맞서 싸우는 경우도 있었지만 카스트라는 엄격한 계급제도에 묶여 무기를 지니고 조직적으로 대항하는 행동은 허용되지 않았다.

일반인들의 생활은 이 때문에 항상 불안정하였으며 언제 불행한 일이 생길지 모르는 세태였다. 신을 믿고 신에 의지하고 신과 함께 살아가지 않으면 기댈 언덕이 없었다. 맹목적 신앙은 이런 사람들의 마음 속에 뿌리를 내리고 있었다.

한편 무신론자들의 무참한 죽음은 도처에서 목격될 수 있었다. 노략질하여 도망가는 도중에 말에서 떨어져 뇌진탕을 일으켜 죽는 자도 있었다. 또한 그들의 생활은 가난하고 비위생적이어서 콜레라나 장티푸스 같은 돌림병에 걸려 동굴 속에서 한꺼번에 몰사하는 경우도 적지 않았다. 이러한 산적들의 죽음을 보고 신의 벌을 받았다고 손가락질 하였다.

야나의 아버지는 신앙에 대해서는 그다지 맹목적은 아니었으며 또한 어느 정도 모순을 느끼기도 하였지만 그렇다고 바라문교 이외에 따로 믿을 만한 것이 없었다.

더욱이 대대로 그칠새 없이 불어닥친 전란의 와중에서도 용케 가계를 보전해 올 수 있었던 것은 오로지 선조의 가피와 바라문 신앙의 덕택이라고 믿고 있는 터였다.

"야나야, 조상대대로 바라문 가문으로 신앙하여 온 은덕으로 우리 집안은 보전되어 왔다. 의문이 있어도 지금까지의 풍습을 그대로 지켜다오. 신앙을 버리면 어떻게 되겠는가. 바라문 계급의 지탄과 반발도 한번 생각해 보아라. 베이샤나 수드라이면 또 모르되 우리 집안은 엄연한 바라문 가문이 아닌가. 가문의 위신과 체통을 잃지 말아야지. 나도 신에 대해서는 잘 모른다. 하지만 대대로 이어온 생활을 지키고 있으면 틀림이 없다. 네가 많은 하인들의 귀여움을 받으면서 자랄 수 있었던 것도 광대한 땅을 남겨 준 조상들의 덕택이다. 너무 골똘히 생각하지 말고 지금까지 살아온 대로 분수를 지켜다오."

아버지의 애절한 마음을 야나도 뼈저리게 느끼고 있었다. 자신의 장래를 염려하고 행복하기를 기도하는 아버지의 자정에 감사하지 않을 수 없었다.

그러나 대지주와 소작인의 관계에 대해서도 그는 의문이었다. 같은 인간이면서 어째서 이런 불공평이 있을 수 있단 말인가. 광대한 토지를 소유하고 있다고는 하지만 그 땅을 갈고 식량을 생산해 주는 사람은 다름 아닌 소작인들이 아닌가.

하기야 그들은 주어진 일밖에 하지 않는다. 자기들이 먹을 만큼의 일을 하면 그것으로 다 됐다는 자기 만족의 안일한 생활을 하고 있다.

말하자면 남을 위한다기보다는 자신을 위하는 일일 뿐이었다. 만일 그들이 인간으로서의 사는 목적과 기쁨을 이해할 만한 무슨 계기가 주어진다면 그들도 자신들을 소중히 할 줄 알게 되지 않을까 싶기도 했다.

지금의 자신은 그들의 자각을 일깨워 줄 만한 힘도 없다.

그들의 노동력 위에 군림하여 부유한 생활을 누리고 있는 대지주의 입장은 너무나 모순이 많다는 것만 절실하게 느낄 뿐이었다.

자연을 한번 보라. 인간인 이상 누구에게나 신의 은총은 차별없이 부여되고 있지 않은가.

　풍부한 태양, 물, 땅 그리고 거기서 생산되는 식물의 열매들. 어느 것 하나 특정인에게 독점되는 것이라곤 없다.

　바라문 계급만이 신의 사자使者라고 하는 것도 우습다.

　그런데 바라문이라고 하는 가문에 의해서 바라문 사람들은 자신들만을 마치 신의 사자使者인 양 자처하고 있다.

　신앙의 형식이야 어찌 되었든 간에 이러한 사고방식은 모순이다. 이 모순은 아버지가 자기를 설득하려고 하면 할수록 더욱 절실하게 마음 밑바닥에서 느껴져 왔다.

　하지만 지금의 아버지에게 그것을 말해 봤자 이해할 리 만무하고 무엇보다도 우선 지금의 자신에겐 아버지가 이해하도록 설득할 만한 힘도 부족하다.

　야나는 기분을 돌려 웃는 얼굴을 짓고 아버지를 위안시켰다.

　"아버지, 걱정하지 마세요. 어떠한 의문이 일어나도 조상 대대로 이어온 것인 만큼 거기에는 무엇이 있을 것 같기도 합니다. 앞으로는 저 때문에 참배는 그만 하시기 바랍니다. 종전대로 생활할 테니까요."

　이 말을 듣고 아버지는 겨우 마음의 안정을 되찾았다.

　그로부터 야나는 마하 바라문의 수행자들과 대선인들의 수행장을 순방하면서 평소의 의문을 추구해 갔다. 하지만 어느 수행장 어느 선인仙人을 만나도 결론은 한 가지뿐이었다.

'전통傳統…'만이 바라문교를 지탱하는 유일한 기둥이었다.

더 이상 수행자를 만나보아야 얻을 것이 없다는 결론을 내린 야나는 이번에는 자기 자신이 직접 한번 명상의 선정을 해보리라고 마음 먹었다.

수행자 가운데에는 육체 고행으로 자학하는 자도 있었지만 더러는 명상에 잠겨 자신의 모습을 찾으려고 하는 사로몬들도 많았기 때문이다.

야나는 명상의 방법은 물론 무엇 때문에 그것을 하는지조차 확실한 판단이 서지 않았지만, 지식으로 이해할 수 없는 이상 스스로의 체험에 의해서 아는 방법밖에 없다고 여겼던 것이다.

그는 명상에 잠겨 있는 사로몬의 흉내를 내어 숲 속에 앉았다. 처음에는 허리와 다리가 마비되어 참선 그 자체가 주는 고통이 힘들었다. 수행자들로부터 배우기도 하고 자신이 연구하기도 하여 이윽고 장시간 앉아 있을 수 있는 습관이 몸에 배었다.

명상이 깊어짐에 따라 무엇인가 보이는 듯하여 장시간 앉아 있어 보았는데도 끝내 아무 것도 보이지 않았다.

§야나의 결혼

아버지는 야나의 말을 일단은 믿었지만 그 후의 야나의 태도가 여느 때와 달라지기 시작한 것이 불안하였다.

나이도 이미 스물이 되었으므로 서둘러 결혼을 시켜 가정을 꾸리게 하면 안정을 되찾을 것이라는 생각이 들어 결혼시킬 계획을 서둘렀다.

적당한 처녀를 몇몇 선택하여 선을 보였다. 하지만 그 때마다 번번이 아직 이르다는 핑계를 대고 꽁무니를 뺐다.

야나는 갑자기 혼사문제가 거론된데 대해서 일말의 위기감을 느꼈다. 부모님의 마음은 이해하지만 거기에 타협할 수 없는 자신의 불안이 깔려 있었기 때문이다.

그래서 그는 어느 날 혼자서 이웃 나라 바이샬리, 다시 먼 바라나시의 도시로 유행하면서 이 곳 저 곳 수행장의 문을 두드렸다.

얻는 것은 없었지만 한 곳에서 가슴 부푼 소문을 귀에 담을 수 있었다.

가까운 장래에 진짜 관자재보살觀自在菩薩이 출현한다는 소문이었다. 32상을 겸비한 붓다에 다름 아니며 인간을 구제하는 참다운 분이라는 예언이었다.

이 소문을 들은 야나는 장래에 반드시 그 슈바라의 제자가 되어 인생의 고뇌를 해탈해 보리라고 마음먹었다.

가출의 목적은 달성하지 못하였지만 집에 돌아온 야나는 부모를 안심시키기 위해서 몸이 가루가 되도록 가사를 돌보았다.

그는 부모에 대한 효심도 지극하였지만 하인들에 대한 인정도 각별하였다. 소작인들 틈에 끼어들어 소작인들과 함께 땀 흘리기를 마다하지 않았기 때문에 소작인들로부터 야나님, 야나님 하고 신뢰를 한몸에 받게 되었다.

부모님은 정신없이 일하는 그런 아들의 모습을 보고 오히려 불안해졌다.

장가를 가지 않겠다고 하는 것은 가정을 가지지 않겠다는 것을 의미하며, 그래서 야나가 어느 날 홀연히 어디론가 사라져 버릴 것만 같은 생각이 들어 불안했다.

야나의 친구들은 거의가 다 결혼을 하여 아이들도 있었다. 생활에 아무런 불편도 없는 야나가 어째서 결혼을 거부한단 말인가. 나이가 어리다, 아직 결혼하기가 이르다는 핑계는 통하지 않는다.

하지만 이 일만큼은 본인이 싫어하는 것을 우격다짐으로 강요할 수 없는 노릇이었다. 그렇다면 어떻게 해야 한단 말인가. 이것이 부모의 적지 않은 고민이었다.

스물 셋이 되던 해 야나는 이웃 마을에 사는 친구 추다니아의 집을 찾아나섰다.

"추다니아, 오랜만이구나… 오늘은 너의 아버님께 미인의 목상을 하나 만들어 달라고 부탁하고 싶어서 왔단다. 아버님께서 안에 계시는가?"

"야나, 미인의 목상도 좋지만 미인의 부인을 맞아들이는 것이 어때. 독신으로 버티고 있는 친구라곤 너 혼자밖에 없지 않은가. 너무 심각하게 생각하지 마라. 나는 벌써 아이가 둘이나 된다. 살아가는 기쁨도 있고 아이는 참으로 말로 표현 못할 만큼 귀여운 존재란다."

"그럴 테지… 실은 나의 아내가 되어 줄 여자의 얼굴을 만들어 달라고 부탁드리러 온 거야."

"야나, 부인 될 사람의 얼굴을 어째서 만들겠다는 건가. 너는 참으로 이상한 친구야."

"아니, 그렇지 않아. 나의 이상의 여인상을 부모에게 보여 드리고 싶어서 그래. 조각품과 같은 이상적인 미인이 나타나면 결혼하겠다는, 말하자면 견본을 하나 만들어 갖고 싶은 거야."

"하하하… 너다운 이야기다. 잠깐 기다려 봐."

추다니아는 별채에서 작업중인 아버지에게로 달려갔다. 작업장에서 부자가 주고받는 말소리가 들리더니 이윽고 사람 좋아 보이는 50대 연배의 남자가 웃으면서 나타났다. 추다니아의 아버지는 웃는 얼굴로 가볍게 야나에게 목례하고 말했다.

"야나 도련님 오랜만입니다. 아버지께선 안녕하십니까. 방금 추다니아로부터 이야기를 들었는데 매우 어려운 주문이라 놀랐습니다. 어디 한번 그 이상적인 미인의 얼굴을 설명해 보세요."

야나로서는 미인상은 결코 즉흥적인 착상이 아니었다. 진지하게 여러 날 동안 궁리한 끝에 얻어 낸 결론이었다. 바라문의 캇사파 집안이라고 하면 인근에서는 모르는 사람이 없다. 추다니아의 아버지도 마하칸피라를 존경하고 있는 한 사람이었다. 가장이 몸져 눕거나 생활이 어려운 집이 있으면 양식을 나눠주고 옷가지와 약초 등을 보내주기도 하는 독지가였기 때문이다.

"아버지도 건강하십니다. 저의 결혼을 성화같이 재촉하고 계십니다만 마음에 드는 여성이 나타나지 않는군요. 이상적인 여성의 조각상을 만들어 부모님께 부탁드리려고 합니다. 이상적인 여성이란 한마디로 범천계(브라흐만 세계)의 천녀 같은 여인을 말합니다. 카시산 비단옷을 입고 있는 아름다운 여성입니다. 제작비는 원하시는 대로 드리겠으니 잘 부탁드립니다."

야나는 이렇게 말하고 고개를 숙였다. 천녀라고 하면 하늘을 나는 청초하고 아름다운 미녀가 연상된다. 지상계의 여성의 장점을 집대성한, 말하자면 인간을 낳는 모상母像 같은 존재다. 불佛을 찬미하고 불심을 현묘한 음악처럼 바꾸어 인간에게 기쁨과 평안을 안겨주는 모상母像이다.

추다니아의 아버지는 야나가 주문하는 바가 어디 있다는 것을, 역시 예술가다운 감각으로 재빨리 읽었다.

"알았습니다. 하지만 시일이 좀 걸릴 겁니다. 어느 정도 완성될 무렵에 연락드릴 테니… 그만 마음놓으세요."

추다니아의 얼굴을 돌아보면서 아들의 동의를 구하는 듯 빙긋 웃었다.

"야나, 잘 됐구나. 아버지께서 주문을 맡아주셔서 나도 마음이 놓였다."

"고맙다. 추다니아, 이젠 나도 한시름 놓았네."

"모처럼 왔으니 오늘은 나와 함께 묵고 가는 것이 어때? 여러 가지 할 이야기도 많으니…"

"추다니아, 고맙다. 하룻밤 같이 지내고 싶지만 급한 일이 있어서 오늘은 이만 실례하겠네. 다음에 와서는 밤새워 정담을 나누자꾸나. 그럼 여러 가지로 고마웠어."

추다니아는 부인과 함께 야나를 집 밖까지 배웅했다.

"야나, 조각이 되면 내가 직접 연락하러 가겠다. 조심해서 잘 가."

"우리 부모님께는 조각상 이야기는 비밀로 해다오. 나에게 직접 연락 부탁한다. 그럼 잘 있어."

둘은 서로 손을 흔들면서 헤어졌다. 해는 아직 많이 남았다. 야나는 집으로 돌아가지 않고 산중으로 꺾어들었다. 이전부터 산 속에서 4~5일간 혼자서 자신을 살펴보고 싶었었다. 사마나나 사로몬들처럼 혼자서 수행을 해보고 싶었던 것이다.

참선할 장소를 정해 놓고 땔감을 모아 밤을 새울 준비를 했다. 그 숲은 언젠가 찾아가 본 적이 있는, 이시 선인仙人이 기거하던 바이샬리 교회의 숲과 닮은 데가 있어서 어쩐지 정이 갔다. 해는 어느새 지고 어둠이 감쌌다. 부드럽게 기복하는 언덕이 검게 부각되었고 빽빽이 들어선 수목은 괴물처럼 일어섰다.

야나는 불을 활활 피웠다. 그는 요가의 방법대로 자세를 가다듬고 명상에 들어갔다. 명상을 하려고 하면 할수록 이상스레 온갖 잡념이 끼어들어 마음을 어지럽혔다. 야나는 미인상에 대해서 속으로 중얼거렸다.

'최고의 미인상이 되면 우선 며느리감은 구할 수 없게 될 것이다. 장가들면 아이도 태어날 것이고 그러면 출가도 불가능해진다. 결혼은 절대로 해서는 안 된다.'
'완성된 미인상을 보게 되면 부모님도 틀림없이 단념하시겠지. 두 분께는 미안하기 짝이 없는 노릇이지만 미인상을 보시게 되면 내 기분을 이해해 주실 것이다.'
'추다니아 녀석, 내 속도 모르고 나를 이상한 눈으로 보았지. 아마 신부감의 견본을 만들어 달라고 주문한 사람은 세상에 나밖에 없을 거야. 이 방법 외에 부모님을 설득할 길이 없구나. 이 정도면 부모님도 며느리감 구하기를 단념

하시겠지.'

'하지만 추다니아의 아버지는 좀 달랐다. 그 눈빛이 어쩌면 내 속을 다 꿰뚫어보고 있는 듯 싶었지. 그 어른은 어쩌면 내 마음을 읽고 있었는지도 몰라.'

야나는 꼬리를 물고 일어나는 잡념으로 명상을 중단하고 눈을 떴다. 모닥불은 더욱 세차게 타오르고 있었다. 불빛에 드러난 수목들이 살아 있는 괴물처럼 일렁거렸다.

야나의 마음은 평온을 되찾고 차분히 가라앉았다.

밤하늘을 쳐다본다. 수목들 사이에 반짝거리는 무수한 별들이 보석처럼 명멸한다. 곧장 별의 무리들 속으로 날아가고 싶은 충동이 일기도 한다. 별을 쳐다보고 있으니 무한한 자연의 신비에 마음이 빼앗겨 잡념은 안개처럼 사라진다. 모닥불에 다시 눈길을 던지니 현실의 자신으로 되돌려 놓으려는 듯 불길이 바스락바스락 소리를 지른다.

가만히 바라보니 불길은 어김없이 살아 있는 생물이다. 불이 삶의 상징처럼 보이기 시작했다. 나무는 아무 말이 없다. 하지만 나무가 일단 불을 만나면 화염을 공중으로 분출하고 적·청·황의 색채를 엮어 내면서 자신의 존재를 주장하는 것 같기도 하다. 그리고 둘레를 밝게 비추며 따뜻한 열을 방출한다.

인간의 체온도 무엇인가 체내에서 연소하고 있기 때문에 유지된다. 체온이 없는 인간은 생명이 없는 빈 껍질에 불과하다.

생명은 역시 불이다. 살아 있는 자는 생명의 불에 의해서 존재가 가능하다. 불은 현실이며, 불은 생명 있음의 증거다. 하지만 불 그 자체에 생명이 있는 것일까. 불 속에 숨겨진 신비한 그 무엇이 불을 만들고 생명을 부여하고 있다.

그 무엇이란 과연 무엇일까.

야나는 불길을 응시하였다. 불길을 응시하고 있으니 현실의 자신으로 돌아와 있다.

유복한 현실의 환경 속에서 자신을 똑바로 찾아볼 수 있는 일이 과연 가능한 것일가 하는 생각이 퍼뜩 고개를 쳐들었다. 인간은 환경의 지배를 받고 순종하게 마련이다. 난의포식暖衣飽食(따뜻한 옷과 배부른 식사)의 환경 속에서는 자신을 똑바로 찾아보기란 불가능한 일일 것이다. 저도 모르게 한 발자국 나락의 길로 떨어진다.

그 동안 스승을 찾아 여러 날 헤매기도 했다. 하지만 자신이 구하는 이렇다 할 스승은 어디에도 없었다. 바라문의 신에게 기도드리는 것이나 가혹한 육체고행에 열중하는 것으로서는 깨달을 수 없다는 생각이 들었다. 슈바라(깨달음)에의 길은 어디에 있을까.

여러 가지 상념이 야나의 마음속에 떠올랐다 사라졌다.

하이에나의 울음소리가 멀리서 산울림처럼 울려왔다. 산새의 울음소리가 밤하늘을 찢고 야나의 고막을 울렸다. 숲 속의 밤은 역시 으스스하였으며, 이 지상에는 자기 혼자만 존재하는 것 같은 착각에 빠질 지경이다.

야나는 장래 문제를 생각하다가 그만 밤을 지새고 말았다. 꼬박 뜬눈으로 세웠으니 피로가 덮치는 것은 당연한 일이었음에도 불구하고 이상스레 피로를 느끼지 않았다. 태양이 떠오르자 싱싱한 아침 공기는 그대로 야나의 마음이었고 몸이었다.

　야나는 사흘을 그 숲 속에서 보냈다.

　명상에 의한 이렇다 할 수확은 없었지만 밝고 맑은 마음으로 집에 돌아왔다. 떠나기 전에 네댓새 동안 여행을 다녀온다는 계획을 부모님과 하인들에게 일어두었던 터라 그가 돌아오니 모두들 반색을 하면서 맞아들였다.

　"무사히 돌아오셔서 반갑습니다. 도련님의 건강한 모습을
　뵈오니 기쁘기 그지 없습니다. 분부하셨던 일은 모두 끝냈
　으니 안심하십시오."

　옛날부터 고용되어 있는 늙은 하인이 이렇게 보고하였다. 야나는 망고 과수원의 울타리 치는 일을 소작인들에게 지시해 두었던 것이다. 바라문 수행자들과 수드라들이 심심찮게 망고를 훔쳐갔기 때문에 그 방지책을 일러두었던 것이다. 남의 물건을 허락도 없이 가져간다는 것은 좋은 일이 아니며 무엇보다도 그런 일은 근로에 대한 감사의 마음을 잃게 되고 타락이라는 죄를 짓게 된다.

　이러한 죄를 예방하고 죄의 원인을 제거하기 위해서도 울타리의 필요성을 느껴 망고 과수원을 대나무로 에워싸게 했던 것이다.

　그로부터 열흘이 지났다.

　미인상의 일로 추다니아가 나타났다. 멋진 미인상이 완성되었다는 기쁜 소식을 야나에게 알렸다. 야나는 곧장 말을 타고 추다니

아의 집으로 달렸다. 목각상은 훌륭하게 완성되어 있었다. 비단옷을 걸친 미인상이다.

"어떻습니까, 야나 도련님.
이 정도면 마음에 드실는지요…"

추다니아의 아버지는 짐짓 겸손하게 말했다.

"야나, 이건 절세의 미인이다.
이런 미인을 찾기란 너의 부모님도 큰일이겠다."

옆에서 추다니아가 거든다. 야나는 목각상을 이모 저모 살펴보고 나서 고개를 끄덕이더니 미소를 지었다.

"잘 되었습니다.
마음속에 그리던 미인상과 흡사합니다. 고맙습니다."

"아니 아니 아직 다 된 것이 아닙니다. 얼굴과 손발에 화장을 시켜야 합니다. 이 정도로 마음에 드신다면 화장을 시켜 끝을 내겠습니다. 한 이삼 일이면 됩니다. 그럼 완성되는 대로 아들 편에 실어 보내지요."

목상의 높이는 50센티미터 정도, 얼굴의 윤곽은 부드럽고 갸름하다. 초생달 같은 눈썹, 오똑한 콧날, 미소 짓는 입술, 칠흑이 짙은 머리카락은 어깨까지 흘러내리고 있다. 주문한 대로 카시산 비단옷을 입혔으며 화장까지 시키면 이 세상에서는 찾아볼 수 없는 희한한 미인상이 되리라.

"그리던 상상의 여성과 똑같습니다. 고맙습니다."

추다니아의 아버지는 야나의 칭찬을 듣고 흡족한 듯 고개를 끄덕였다.

며칠이 지난 다음 야나는 완성된 목조상을 양친 앞에 내놓았다. 양친은 처음엔 영문을 몰라 쭈뼛거렸지만 이내 야나의 설명을 듣자 가슴이 섬뜩했다.

"어머니, 제 신부감은 이 조각과 똑같은 여성이어야 하며 같은 바라문 출신이어야 합니다. 부탁드리겠습니다."

양친은 벌어진 입이 다물어지지 않았다. 아무리 그래도 그렇지 도대체 목조상과 똑같은 처녀를 찾으라니, 이건 처음부터 불가능한 일을 전제로 한 떼씀이 틀림없다는 생각이 들었다. 아들이 과연 무엇을 원하고 있는지 양친은 갈피를 못 잡고 갑자기 언덕에서 떨어진 듯 암담한 기분에 싸였다. 어두운 양친의 마음과는 달리 목각의 미인상은 아름답고 눈부시기만 하다. 금방이라도 입을 열고 말을 건네올 것만 같다.

야나는 양친의 표정을 살펴보고 있다가 저도 몰래 안됐다는 생각이 들어 고개를 떨구고 말았다. 인형을 가운데 두고 부모와 자식간에 뜻밖의 침묵이 계속되었다.

무거운 공기가 흐르고 있었다. 마침내 어머니가 그 공기를 가르고 입을 열었다.

"네 말대로 해보겠다. 틀림없이 찾아낼 거야. 암 찾아내고 말고. 기품 있는 이 인형 같은 처녀를 반드시 찾아내겠다. 어머니로서도 이런 훌륭한 며느리가 우리 집안에 들어오면 얼마나 좋겠나. 세상은 넓다. 반드시 있을 거야. 있으니까 이런 조각이 만들어진 것 아닌가. 이 세상에 없는 것은 상상조차 할 수 없는 일일 테니까."

야나는 묵묵부답이었다. 아버지는 공허하게 떠도는 듯한 아내의 말을 팔짱을 끼고 듣고 있었다.

하지만 아버지조차도 야나가 출가를 의도하여 이 목상을 만들었다는 속셈까지는 꿰뚫어보지 못했다.

그 날부터 야나의 어머니는 아들의 요구에 응하려고 서둘렀다. 출입이 낮은 바라문의 수행자들에게 목각 인형을 보여주고 그와 똑같은 처녀를 찾아달라고 신신당부하였다. 그 대가는 많은 보화로써 치르겠다는 약속을 덧붙이는 것도 잊지 않았다.

그리하여 일가가 총동원하여 신부감 찾기에 나섰다.

어느 날 바라문의 손다리라는 수행자가 어머니를 찾아왔다. 목상과 흡사한 신부감이 있다는 반가운 소식을 가지고 왔다. 어머니는 뛸 듯이 기뻤다. 역시 자기가 예상했던 대로 소원이 이루어졌다고 어쩔 줄 몰라했다. 야나의 부모는 그 길로 손다리를 따라 이웃나라 자가라의 마을로 떠났다.

그 마을에 사는 대부호인 마샤가家의 딸 파도라라는 아가씨가 주인공이었다. 마샤가家에 이른 야나의 부모는 아가씨를 만났다.

손다리의 말처럼 얼굴이며 자태가 살아 있는 인형이었다.

"마샤님, 저는 이웃 나라에 사는 마하 칸피라라는 사람인데 아들 야나의 신부감으로 파도라 아가씨를 맞아들이고 싶습니다. 실은 부끄러운 이야기입니다만 아들놈은 이 인형과 흡사한 아가씨가 아니면 결혼을 하지 않겠다는 고집입니다. 그 동안 사방으로 수소문하여 그런 여성을 찾아왔습니다. 이제 겨우 알게 된 댁의 따님이야말로 아들이 바라는 바로 그 모습인 것 같습니다. 부디 저희들의 소원을 받아들여 주시기 바랍니다. 아들을 데리고 와서 한 번 보여드릴테니 만나보아 주시기 바랍니다."

칸피라는 정중하게 청혼하였다.

"당신이 바로 카샤파가의 칸피라님이시군요. 먼길을 일부러 와주셔서 황송합니다. 자비심 많은 분이라는 소문은 익히 듣고 있으며 아드님의 이야기도 들었습니다. 이 청혼은 저희 부모로서는 반대할 이유가 하나도 없습니다. 단지 파도라의 의견을 묻지 않고서는 이 자리에서 확답드릴 수가 없는 일입니다. 딸하고 의논하여 회답을 올릴 테니 잠시만 기다려 주셨으면 좋겠습니다."

하늘에서 굴러떨어진 듯한 좋은 혼처에 마샤 부부는 들떴다. 딸을 강제로 설득시켜서라도 이 혼처는 놓치지 않겠다고 마음을 가다듬었다. 마샤 부부는 딸에게 야나의 이야기를 꺼냈다. 그리고 야나의 부모가 가져온 목각의 인형을 넘겨주었다.

파도라는 그 인형을 보는 순간 가슴을 한 대 얻어맞은 듯했다. 자기의 분신이 거기 서 있는 것처럼 느껴졌다. 무슨 두려운 사물을 손에 만진 듯 흠칫하였다.

세상에는 참으로 기이한 일도 있다면 있는 법.

아직도 자기는 야나라는 청년을 만나보지도 않았고 한 마디 말도 건네본 적이 없다. 더욱이 이 인형을 만든 사람은 당사자인 야나가 아니라 제 3자인 조각가를 시켜서 만들었을 터….

하기야 지금 눈앞에 놓인 목각 미인이 그대로 자신을 빼닮았다는 생각은 들지 않았다. 다만 인형이 제시되는 순간 어딘가 자기를 닮은 데가 있으며 꿈나라의 물건이라도 대한 듯한 야릇한 기분이 들었던 것이다.

"어때, 좋은 인연이 아닌가. 칸피라 부부의 소문은 너도 익히 들어 알고 있을 테니, 그분들의 아드님인 야나라는 총각이 이런 여성을 원하고 있다는구나. 이 인형은 내가 말하기에는 조금 어떻다만 어지간히 너를 닮았다. 다시 없는 혼담이다. 네가 승낙하면 곧 야나님을 집에 데려오겠다고 하시는구나. 지금 당장이 아니라도 좋다. 잘 생각해 보고 대답하여라."

파도라는 부모님의 다시 없는 좋은 혼처라는 말에 마음이 움직였다. 그 때까지 그녀는 결혼은 평생 하지 않겠다는 다짐을 하고 있었다. 틈만 생기면 출가하여 불쌍한 중생을 제도하리라는 생각을 품고 있었다.

무슨 까닭으로 이런 생각을 가지게 되었는가 하면 그 내력은 이렇다. 두 해 전에 아버지를 따라 고샨비로 여행을 간 적이 있었다. 그런데 그 도시 근교에 문둥병 환자들만이 모여 집단생활을 하고 있는 마을이 있었다.

아버지는 행인지 불행인지 그 곳을 파도라를 데리고 통과하게 되었다. 파도라는 나병 환자들의 참담한 모습을 보고 가슴이 아팠다. 그들은 깊은 골짜기의 손바닥만한 평지에 겨우 비를 막을 정도의 초라한 막사를 짓고 보시와 자농自農으로 목숨을 부지하고 있었다. 자세히 보니 코가 없는 자, 한쪽 팔이 썩어서 덜렁거리는 자, 머리가 빠져 남잔지 여잔지 분간도 못할 사람들이 내일도 희망도 없이 벌레들처럼 무기력하게 움직이고 있었다.

나병 환자들의 집단수용소라는 것을 아버지로부터 듣고 알게 된 파도라는 이 세상의 생지옥을 본 듯하여 마음이 얼어붙었다.

여행은 계속되어 여기저기서 천재지변으로 고아가 된 불쌍한 거지 아이들도 많이 만나게 되었다. 그들 불쌍한 생명들을 구하고 돕는 길이 없을까 하는 궁리에 잠기는 시간이 많아졌다.

여행을 나서기 전까지만 해도 단란한 가정 밖에 몰랐던 그녀로서는 자신도 머지않아 시집을 가서 단란한 가정을 꾸미리라는 순진한 마음 뿐이었다.

그런데 여행에서 돌아온 그녀의 단순한 꿈은 찢어졌고 인생관은 돌변했다. 즐거운 것이라고만 여겼던 소박한 인생관은 180도 바뀌어 인생에 대한 깊은 회의에 잠기게 되었다.

부모님이 혼담을 꺼내기만 하면 결연히 거절하려고 작정했던 결심도 자기를 닮은 인형을 대하자 이상하게 무너졌고, 한번 야나라는 청년을 만나보았으면 하는 야릇한 기분으로 바뀌었다.

파도라의 승낙을 얻어낸 부모는 즐거웠다. 칸피라 부부도 손을 맞잡고 기쁨을 감추지 못했다. 집에 돌아온 부모는 야나에게 파도라와의 경위를 설명했다.

"야나야, 네가 그리던 이상의 여성이 발견되었다.
축하한다. 빨리 가서 그 처녀를 만나보도록 하여라.
그야말로 선녀같은 아가씨다.
기품이 있고 너에게 꼭 어울리는 짝이다."

야나는 부모님의 말을 듣고 마음이 어두워졌다. 설마하니 생각했던 일이 이렇게 빨리 현실로 나타나리라고는 상상조차 못한 일이었기 때문이다. 과연 그런 인형의 인물이 지상에 있단 말인가. 그는 마음 속으로 중얼거렸다.

'그 인형은 색시를 찾기 위한 우상이 아니었다.
부모님이 나의 결혼을 단념하도록 하기 위한 우상이었다.
내 입으로 부모님의 마음을 아프게 하고 싶지 않았기 때문에 그 우상으로 하여금 부모님의 단념을 유도하고 싶었다.
그런데 이 일은 도대체 어떻게 돌아가는 것인가.'

그렇다고 이제 와서 야나는 오리발을 내밀 수도 없는 일이었다. 이런 야나의 심중 따위를 부모님이 알 턱이 없다.

그는 부모님이 시키는 대로 파도라를 만났다. 그리고 그는 그 인형을 약혼의 정표로 파도라에게 정식으로 보내게 되었다.

한편 파도라로서는 이렇게까지 신부를 생각하여 인형까지 만들 정도의 사람이라면 결혼해도 좋으리라는 생각이 들었다.

이리하여 야나와 파도라는 이상한 인연의 인도에 따라 결합하기에 이른다.

이 때 야나는 스물 셋, 파도라는 열 여섯이었다.

§정신뿐인 부부

야나와 파도라의 결혼식은 양가의 부모와 친지, 친구, 소작인들 그리고 많은 하인들의 성대한 축복 속에 화려하게 치러졌다.

잔치는 여러 날 계속되었고, 두 사람의 전도를 하객들은 진심으로 축하했다. 첫날밤에 야나는 자신의 장래의 설계도를 파도라에게 늘어놓았다.

장래의 설계란 출가였다.

출가의 목적은 신리神理를 깨닫고 중생을 구제하는 일이었다. 결혼은 부모를 안심시키기 위한 피할 수 없는 수단에 지나지 않는 일이었음을 상기시키고 부모님이 이해하실 날이 되면 당장에라도 출가하고 싶을 뿐이라는 자신의 간절한 심경을 토로했다.

처음 이 이야기를 꺼낼 때 야나는 어지간히 망설였다.

말도 더듬거렸다.

여성의 입장에서 보면 결혼은 평생의 꿈일 것이며 가정을 꾸미는 것이 사는 보람일 터…. 그런데 하필이면 첫날밤부터 출가의 이야기를 꺼낸다는 것은 남자의 일방적인 독선이요 횡포라는 생각이 들기도 했다.

애당초 출가할 계획이었다면 이번 결혼은 파도라를 비롯하여 양쪽 부모, 그리고 모든 하객들의 마음을 속이고 상하게 한 짓이 되리라. 그러니 이 결혼은 처음부터 하지 말아야 했던 것이며 어떠한 난관이 있더라도 부모님과 담판 짓고 해결했어야 할 문제가 아니었던가.

결혼과 출가는 상반되는 행위이며 그것을 동시에 이룬다는 것은 모순이라도 이만저만한 것이 아니다.

그런 만큼 그는 성의를 다하여 자신의 인생관을 자상하게 설명해 나갔다. 그런 다음 자신의 일방적인 고집을 용서해 주길 빌었다.

그는 이 이야기를 늘어놓는 동안 죄지은 사람처럼 파도라의 얼굴을 바로 쳐다볼 수가 없었다. 고개를 떨구고 자신의 속마음을 드러내어 이해시키기에 급급할 따름이었다. 이야기를 끝낸 그는 한시름 놓은 듯 그녀의 얼굴을 쭈뼛거리면서 쳐다보았다. 자세히 보니 그녀의 눈에 눈물이 고여 있었다.

야나는 가슴이 덜컹 내려앉는 것만 같았다.

그런데 뜻밖에도 그녀는 가만히 두 손을 내밀더니 야나의 손을 꼭 잡고 조용히 입을 여는 것이었다.

"야나님, 잘 말씀해 주셨습니다. 실은 저도 출가를 꿈꾸어 온 사람입니다. 아버지를 따라 여행에 나갔다가 많은 불쌍한 사람들을 목격하고 인생은 즐거움만이 아니라 불행한 구석이 많다는 것을 알게 되었습니다.

 그로부터 저는 불행한 사람들에게 조금이라도 힘이 되는 일을 하고 싶었습니다. 그래서 제가 할 수 있는 일이 무엇일까 하고 고민하고 있었습니다. 야나님으로부터 혼담이 있었을 때 저는 망설였습니다. 결혼을 하게 되면 가정에 묶이는 몸이 되고 불행한 사람들을 돌보는 일은 불가능해지고 맙니다, 그렇다고 부모님께 이런 뜻을 털어놓을 수도 없고 몹시 주저하였습니다.

 하지만 저도 여잡니다. 가정에 대한 어릴 때부터의 꿈이 있었습니다. 평생에 잠깐만이라도 좋으니 가정을 한번 꾸며 보고 싶다, 그런 인생의 경험을 하고 난 뒤에도 출가는 늦지 않을 것이라고 말입니다.

 야나님, 저는 욕심꾸러기인 것 같습니다. 야나님이 보낸 인형을 보고 이런 분과 함께 맺어진다면 저의 출가의 꿈도 이루어지리라는 예감이 들었습니다.

 지금 야나님께서 먼저 출가의 뜻을 말씀해 주시니 제 꿈도 이제야 실현되나 봅니다. 잘 말씀해 주셨습니다. 이렇게 기쁠 수가 없습니다."

 야나는 그제서야 파도라가 흘린 눈물의 의미를 알았다. 파도라의 얼굴을 다시 한 번 살펴보고 같은 인생관을 가지고 있던 두 사람이 서로 만나게 된 기연을 신에게 감사드리지 않을 수가 없었다.

 이리하여 희귀하게도 정신만으로 결합한 부부가 탄생하였다. 통상적인 부부의 교섭은 없었지만 두 사람의 금실은 원만 그대로였다. 이를 보고 머지않아 두 사람의 사랑의 결정체가 탄생하리라는 기대를 모든 주위 사람들은 안고 있었다. 야나의 어머니는 유독 그것을 고대하고 있었다.

 결혼한 지 4년이나 지났다. 부모는 파도라가 아이를 낳지 않자 조바심이 났다. 어째서 아이가 태어나지 않는가 의심을 품기 시작했다. 부모는 바라문의 신에게 일념으로 빌기도 했다. 하지만 아이가 태어날 리 없었다.

그러다가 아버지 칸피라는 손자의 얼굴도 보지 못한 채 하룻밤 드러눕더니 그만 세상을 떠나고 말았다. 어머니의 슬픔은 깊어졌다. 초조와 비애의 그늘이 그녀의 얼굴에서 떠날 날이 없었다. 대대로 이어온 카샤파 가문이 이대로 야나의 대에서 끊어지게 되지 않을까 눈앞이 캄캄해졌다.

이따금 어머니는 며느리 파도라에게 가만히 상태를 물어보곤 했다. 파도라는 그 때마다 대답이 궁했지만 어머니의 마음을 아프게 하지 않으려고 화제를 돌려대곤 했다. 부부의 비밀을 어머니에게 일러드릴 수는 없는 노릇이었다. 하지만 이런 상태로 나간다면 어머니를 계속 속이는 죄를 짓게 된다.

진퇴양난에 빠진 파도라는 야나에게 부부의 비밀을 앞으로 어떻게 유지할 것인가를 의논하였다. 야나도 그 점은 큰 고민이었다. 그에게도 이렇다 할 뾰족한 묘안이 있을 턱이 없었다. 그의 결론은 이왕지사 버텨온 이상 어머니에겐 미안한 노릇이지만 그대로 밀고나가는 방법 밖에 없다는 것이었다. 파도라는 결국 야나의 의견에 따르기로 하였다.

칸피라가 없는 카샤파 집안은 갑자기 어두워졌다. 아이가 없다는 것, 여기에 따른 어머니의 아픔, 그리고 아버지의 죽음이 부른 인생의 무상이 야나의 마음을 사로잡아 옥죄는 것만 같았다.

그의 일상생활의 행동이 점점 굼떠 갔다. 사색에 잠기는 시간이 많아졌기 때문이다. 동시에 출가하고 싶다는 마음의 부피가 고무풍선처럼 자꾸 부풀어올랐다.

그는 우선 출가의 제 1단계를 실천에 옮기기로 하였다. 아내 파도라와 의논하여 광대한 경작지를 소작인의 수대로 구분하여 각자의 몫으로 할당하여 경작시키기로 하였다. 장차 그것을 그들에게 나누어주기 위한 사전의 공작이었다.

어머니가 살아 계실 동안에는 이 계획을 어머니에게도 소작인에게도 비밀로 하였다. 그런 어느 날 그는 하인과 소작인들을 한자리에 모아놓고 아버지가 돌아가신 뒤의 앞으로의 계획을 발표하였다.

"여러분, 오늘 모이게 한 뜻은 다름이 아닙니다. 아버지가 살아 계실 동안에는 우리 카샤파 집안을 위해서 여러 가지로 협력해 주셔서 참으로 고맙습니다. 오늘부터는 제가 여러분의 책임자로서 모든 가사를 꾸려나갈 것입니다. 아버지를 받들었던 것처럼 저를 도와주시기 부탁드립니다.
그런데 앞으로는 여러분 한 가족 단위로 경작 구역을 일정하게 분할하여 할당해 드릴까 합니다. 자기 몫으로 할당된 구역은 각자의 책임과 노력의 정도에 따라 그 수확이 높아지기도 하고 낮아지기도 할 것입니다.
망고 과수원에 종사했던 소작인 여러분들에게도 저마다의 몫을 분담하여 드릴 테니 각자 책임을 지고 작업에 임해 주시기 바랍니다. 농작물을 도시로 수송하는 여러분은 상인들과 긴밀한 연락을 취해서 능률적인 계획하에 판매고를 올려주시기 바랍니다.
그럼 각자 할당된 분야에서 책임을 지고 힘내어 주시기 바랍니다."

이렇게 야나는 소작인과 하인들에게 각자의 담당구역을 분명하게 할당하여 장차 자기 몫으로 자립할 수 있는 기틀을 만들어 주었다. 소작인들의 능률은 올랐다. 아버지가 살아 계실 때보다 훨씬 더 많은 수확이 올랐다. 야나가 서른 세 살 때의 일이었다.

마침내 올 것이 왔다.

오랜 세월 야나에 대한 사랑으로 일관하신 어머니가 잠들듯이 타계하고 말았다. 그렇게 바라던 손자의 얼굴도 보지 못한 채 염려와 불안의 말년으로 그 생애의 막을 닫았다. 야나는 어머니의 주검 앞에서 가슴이 죄어드는 아픔을 느꼈다. 차라리 모든 사실을 털어놓고 어머니의 이해를 구하리라고 얼마나 망설였던가. 하지만 그렇게 하면 어머니의 슬픔과 한탄은 얼마나 더 깊었으며 그 수명도 단축시킬지도 모르는 일이었다.

역시 이대로가 좋았다…. 하고 장례를 치른 뒤 야나는 혼잣말로 되뇌는 것이었다.

비록 손자는 없었지만 어머니가 위안과 평안을 유지할 수 있었던 것은 파도라의 밝은 마음과 진심의 효행 덕택이었다. 어머니의 분부는 무엇이든지 고분고분하게 해드렸으며, 그림자처럼 따라다니며 어머니의 시중을 들었다. 친자식도 그렇게까지는 할 수 없는 일이라고 모두들 파도라의 지칠 줄 모르는 효행에 감탄하였다.

파도라에게 남긴 어머니의 최후의 말은 이러했다.

"나와 같은 욕심 많은 시어머니를 잘도 받들어 주었다. 손자도 보지 못하고 눈을 감는 것은 한이지만 너처럼 훌

륭한 며느리가 옆에 있었기 때문에 편안하고 즐거운 세월
을 보낼 수 있었다.
 참으로 고맙다. 야나를 잘 부탁한다."

어머니가 숨을 거두고 두 번 다시 그 입에서 말이 나오지 않자 파도라는 대성통곡했다. 며느리로서 시어머니에게 참다운 안심을 드리지 못한 죄를 깊이 사죄하였다. 옆에 있던 마음씨 고운 야나도 그 자리에 오래 있을 수가 없어서 자기의 방으로 뛰어들어가자 큰 소리로 흐느꼈다.

어머니의 장례식이 끝난 지 49일이 되는 날이었다.

야나와 파도라는 머리를 삭발하고 몸에 승의를 걸치고 서둘러 출가의 준비를 시작하였다. 모두들 모인 자리에 야나와 파도라가 섰다. 야나는 술렁거림을 손으로 제압하고 천천히 입을 열었다.

 "여러분, 지금 보시다시피 우리 두 사람은 이제부터 출가
합니다.
 지금부터 6년 전에 여러분에게 각자의 담당구역을 할당해 드렸습니다. 여러분은 자기의 할당 면적에 대한 책임을 완수하여 각자 자립할 수 있게 되었습니다. 앞으로 주어진 그 경작지를 자기의 소유물로 자유롭게 가꾸어 나가시기 바랍니다.
 카샤파 집안의 전 재산을 여러분에게 공평하게 나누어 드리기로 하였으니 마음 편하게 소유하시기 바랍니다. 우리 부부는 더 이상 여러분의 주인도 지주도 아무 것도 아닙

니다. 우리들은 각자 한갓 수행자로서 여생을 보낼 것입니다. 자, 그럼…"

소작인들 가운데 큰 파문이 소용돌이쳤다.

"야나님…"

여기 저기에서 절규가 터져나오고 울면서 딩구는 사람도 있어 마당은 삽시간에 큰 혼란이 일어났다. 장로격의 노인이 눈을 껌벅이면서 야나에게 매달리다시피 간청하였다.

"주인님, 제발 저희들을 버리지 마시기 바랍니다. 주인님이 없는 저희들은 앞으로 누굴 의지하고 살아야 합니까. 절대로 주인님 속을 상하게 하는 짓은 하지 않을 것입니다. 그렇지 않습니까. 여러분…"

"여러분 마음은 잘 알겠습니다. 하지만 여러분은 근 6년 동안 자신에게 할당된 경작지를 훌륭하게 다룰 수 있게 되었습니다.
 우리 부부가 없어도 서로 합심해 나가면 지금처럼, 아니 지금보다 더 풍족한 수확을 올릴 수 있을 것입니다. 제발 울지 마십시오. 그리고 힘을 내세요. 자신의 경작지를 자신의 힘으로 지켜서 안정된 생활을 누리기 바랍니다.
 우다이, 너는 어릴 적부터 내 곁에 있으면서 내가 무엇을 하고 싶었던가를 잘 알고 있는 입장이 아닌가. 여러분들의 훌륭한 상담역이 되어 다오. 여러분, 어려운 일이 있으면 이 우다이와 의논하여 잘 해결해 나가기 바랍니다."

우다이는 끝내 울음을 터뜨리고 말았다. 그는 더듬거리면서 무릎을 꿇었다.

"주인님…, 그렇다면 저도 데려가 주십쇼. 무슨 일이라도 하겠습니다. 어떤 어려운 일이 있어도 해낼 것입니다. 제발 부탁입니다."

"우다이, 너는 아직도 내 말을 못 알아듣는구나. 너는 여기 남아서 여러분의 상담역을 맡아야 한단 말이다. 네가 하지 않고 누가 할 건가. 여러분 부디 제 뜻을 헤아려 주십시오."

야나도 가까스로 여기까지 말을 마치자 입이 막혀버렸다.

퍼뜩 옆을 보니 파도라가 하녀들과 석별의 정을 나누고 있었다. 슬픈 모습이 눈에 들어오자 야나도 견딜 수 없는 슬픔이 치밀어서 더 이상 서 있을 수 없었다.

모든 소작인과 하인들의 애모의 정을 단호히 끊어버리듯이 두 사람은 집을 뒤로 하였다.

야나는 그 때까지 살아온 정들었던 집이 멀어짐에 따라 지난날이 모두 아득한 기억 속에서 새삼 되살아나는 듯한 기분에 사로잡혔다.

생각해 보니 조상 대대로 번영을 누려온 카샤파가家라고는 하지만 따져보면 소작인들과 하인들의 희생 위에 구축된 누각이 아니었던가. 농지는 소작인들의 노동력에 의해서 경작되고 있다.

그들의 피땀의 결정을 그들에게 돌려준 것이 어찌 이상한 짓이 될 수 있단 말인가.

할아버지도 아버지도 이승을 떠날 때는 한 뼘의 땅도 가져가지 못했던 일이 아닌가.

천 명이 넘는 소작인들에게 더 이상의 희생을 강요할 수는 없는 일이다. 그들에게 농토를 돌려줌으로써 일에 희망을 걸 수 있게 하였으며 내일의 삶을 약속받을 수 있게 하였다고 할 수 있다.

자기가 결행한 행동은 정당하였다. 뿐만 아니라 조상에 대해서도 올바르고 떳떳한 짓을 했을 따름이다. 저승에 있는 조상들도 나의 이 조치에 대해서 결코 불만을 품지는 않을 것이다.

어머니가 돌아가신 지 겨우 49일밖에 되지 않았다. 어머니는 어쩌면 나의 조치가 불만일지 모른다. 하지만 언젠가는 진심을 이해할 날이 있으리라.

승의를 걸친 야나는 무슨 큰 임무라도 수행한 듯 상쾌한 기분이 되어서 정든 고향이 멀어짐에 따라 발걸음이 한결 가벼워졌다.

여기서 잠깐 설명하고 넘어갈 일이 있다.

그것은 야나가 어째서 어머니의 장례 후 49일이 지난 날에 이런 조치를 취했던가 하는 문제다. 예부터 사람이 죽으면 49일 동안은 그 집을 떠나지 않는다는 전래의 속설이 있는데 이것은 당시의 인도에 있었던 믿음이다. 어디서 전해진 것이냐 하면 바라문교였다.

다만 49일에 대해서는 오늘날과 당시의 그것과의 사이에는 다소 뉘앙스의 차이가 있다. 무엇인가 하면 죽은 영이 옛집에 머물 수 있는 기간은 실제에 있어서는 길어야 21일 동안이라는 것이다.

고타마 싯다르타가 반성의 선정을 한 지 21일째 되던 날에 저 세상의 범천계에 올라가서(광자체光子體가 육체를 떠나서) 강연을 하고 있다. 이것 역시 저 세상의 예정된 계획에 따른 것이었기 때문이다.

고타마 싯다르타의 승천은 사자死者의 경우와는 그 내용에 있어서 크게 다르다고 할 수 있으나, 설령 사자死者의 영이 아무리 지상 생활에 강한 집착을 가진다 하더라도 21일이 지나면 일단은 저 세상의 수용소에 가야 하는 것이 영계의 법칙이다. 그리고 대체로 나머지 28일 동안에 각자의 영혼의 상태에 따라 소위 천국과 지옥의 거주지가 결정된다.

그런데 이 동안에 만일 지상의 유족들이 죽은 영혼의 마음을 뒤흔드는 언동을 취하면, 일단은 타계한 거주지에 정착은 하지만 동시에 지상의 집착의 장소에 금방 접선이 되어 이른바 자박령自縛靈·지박령地縛靈이 되어 지상계의 사람에게 온갖 영향을 미치게 된다. 따라서 초상이 났을 때는 사자와 관계되는 여러 가지 조치는 역시 49일이 지나서 취하는 것이 마땅하다.

가령 죽은 지 며칠 되지도 않은데 사자가 생전에 소중히 하던 금은보화를 유족들이 제멋대로 처분을 하거나, 추억물로 나누어 가지거나, 혹은 유족들이 재산 싸움을 벌이기라도 하면 사자의 영은 그것을 빼앗기지 않으려고 필사적으로 저항하여 사고나 재난을 불러일으키는 원인이 된다. 더욱이 어떤 영의 경우는 49일이 지나도 지상에 자박령으로 남는 일이 있지만 이런 예는 거의 드문 일이라고 할 수 있다.

하지만 최근에는 물욕주의가 지상을 뒤덮고 사후의 세계를 믿지 않는 사람이 너무나 많아서, 자살이나 고통 속에 죽은 자 이외에도 자박령이 되어 살아 있는 사람에게 도움을 구하여 빙의하는 영이 많아졌다. 이 때문에 지상계는 더더구나 혼란과 광란의 시대에 빠져 있다고 할 수 있다.

한편 야나의 앞으로의 행선지는 애당초 이렇다 할 일정한 목적지가 정해져 있는 것이 아니었다. 물론 찾아갈 집도 없었다. 그의 집은 이를테면 도처에서 장소를 제공해 주고 있는 대자연 그것이었다. 그야말로 경계도 없고 시비도 발생하지 않는 평화로운 자연의 환경이 그대로 그의 집이요 마당이요 생활의 터전이었다.

그 누구의 속박도 받을리 없었고 빼앗길 물건도 버릴 물건 조차 없었다. 말할 수 없이 심신이 가벼워지니 여태까지 '이것은 내 땅이다' '이것은 내 집이다'하고 얽매였던 마음의 짐이 얼마나 큰 것이었던가 하는 것을 실감할 수 있었다.

때가 되면 자신이 끌고 다니는 육체조차 자신의 소유물이 아니고 자연에 돌려주지 않으면 안 되리라. 생각이 여기에 미치자 인간은 겉모양의 실체가 없는 것에 마음이 빼앗겨 욕망의 고통에서 탈피하는 길을 잃고 있다는 것을 알았다. 야나는 마음 속에서 거듭 거듭 자신이 결행한 행위의 올바름을 되새기는 것이었다.

한편 야나와 더불어 길을 나선 파도라는 이 때 나이 스물 여섯을 헤아렸으며 한창 젊음이 넘치고 있었다. 그녀는 야나와 결혼한 것을 진심으로 행복하게 생각하고 있었다. 동시에 야나를 마음으로 존경하고 있었다.

오늘날까지 야나라는 사람을 시종일관 지키고 돌봐왔는데 야나야말로 유일한 마음의 벗이며 지혜와 용기와 행동력이 있는 믿음직한 사나이로 생각하였다.

10년 동안 한지붕 밑에서 잠자리를 같이 해오면서 단 한번도 살을 대본 적도 없이 마치 남매와 같은 생활을 해왔다. 정욕에 불탄 적이 없는 일상을 하루 이틀도 아닌 10년간 지내온 자신의 모습을 되돌아보고 파도라는 한편 자신의 정신에 무슨 큰 결함이라도 있는 것이 아닌가 하는 생각이 들기도 했다. 아니면 육체적으로 혹 불구는 아닐까 이따금 자신을 의심해 보기도 하였다.

§함께 출가한 부부

파도라의 친정은 카샤파 집안만큼 크지는 않았지만 아버지는 처를 몇 명이나 거느리고 있었다.

첫째 부인이 파도라의 생모였지만 아버지의 시중을 들고 있는 부인은 둘째, 셋째, 넷째였으며 그 밖에도 여러 여성들에게 둘러싸여 있었다. 일부다처는 생활 능력이 있는 남자이면 누구든지 공공연하게 인정받고 있는 특권이었으며 처·첩을 많이 거느리는 것이 남자의 힘과 능력을 과시하는 척도가 되었다. 여성도 또한 본처가 아닌 위치에 앉는 한이 있어도 생활의 안정과 허영을 충족시키기 위해서는 당연한 일로 여기고 있었으며 대가의 첩으로 들어가는 것은 오히려 여성의 자랑이요 명예이기도 했다.

하지만 일부다처의 저변에는 남존여비의 사상이 깔려 있었으며 여자는 남자의 도구에 지나지 않는 존재였다.

이런 사상이 생겨난 것은 남자는 원래 완력이 강했고, 여자는 그 그늘에서 보호를 받는 약한 존재였으며 약육강식의 동물계의 모습이 그대로 인간 사회에 도입된 것이라고 말할 수 있다.

힘을 정의라고 하는 사상은 오늘날에도 사람들의 마음을 지배하여 여러 가지 면에서 그 모습을 드러내고 있다.

정치, 경제, 교육, 국가 간의 외교도 옛날만큼 노골적은 아니지만 최후의 낙점을 결정짓는 것은 역시 힘이다. 군사 확장은 무익한 짓이라고 떠들고는 있지만 미·소[4]를 비롯하여 아무리 작은 나라라도 적지 않은 희생을 무릅쓰고 국방력에 힘을 쏟고 있으며 경제는

---
4) **미·소** 미국과 소련(냉전 시기의 러시아)

경쟁을 당연한 축으로 삼고 돌아가고 있다.

한편 교육에 있어서도 재능 교육, 천재 교육이 강조되어 과학 기술이 무엇보다도 우선되고 있다. 완력에서 두뇌로, 옛날과 지금은 그 역점이 이동되고 있을 뿐이다. 남자의 이와 같은 힘의 세계에 대해서 일부 여자는 거기 매력을 느끼고 추종하고 있다. 일부 일처, 남녀평등을 부르짖고는 있으나 이와 같은 힘에 대한 심리적인 마음의 작용이 있는 이상 남존여비의 폐단은 좀체로 무너지지 않을 것이다.

이런 폐단을 없애기 위해서는 육근六根의 번뇌에서 벗어나는 것이 근본적인 길이겠으나 우선 남자들이 힘이 정의라는 본능적 사고방식을 뜯어고치는 길밖에 없다.

힘이 정의라고 하는 생각은 지위, 명예, 권력욕을 낳게 하는 자기 보존이 그 밑바닥에 깔려 있지만 현실적으로는 고독감, 대립감, 경쟁심 등의 번뇌에 불을 붙이는 짓이 된다.

번뇌의 종착점은 언제나 허무하며 구원이 없다. 앞을 다투어 지위나 명예를 차지하면 어깨의 짐은 더 무거워지고 마음의 평안은 더욱 더 멀어진다.

마음의 평안은 자신과 타인과의 벽을 허물고 서로 돕고 사는 사랑의 공동 사회에만 존재한다.

사랑의 공동 사회는 천국의 세계를 그대로 반영하는 것이다.

한편 여성은 심적 지위의 향상을 위해서는 육체적 자기애에서 벗어나야 한다. 남성이 믿음직스럽고 거기 기대고 싶어지는 심적

발화점은 남자와는 다른 자기 육체에 대한 편애가 원인이다. 산고를 겪게 한 내 자식이 자신의 분신처럼 느껴지고 맹목적으로 키울 수 있는 것도 이와 같은 자기 연장의 편애가 하나의 저력이 되고 있다.

남녀의 수는 저 세상도 이 세상도 1대 1이며 남자가 적고 여자가 많은 법은 없다. 지상의 남녀의 비는 전쟁, 시대적 사고방식과 행위 등에 의해서 때에 따라서는 다소의 언밸런스를 보일 때도 있지만 본래는 균등하게 되어 있으며 일부일처는 신의 설계다.

여성이 남성과 대등의 입장에 서기 위해서는 우선 경제적 기반이 필요하다고 생각하는 사람도 있는데 그것은 경제 우선의 오늘날의 사회풍조가 낳은 사상이며 이런 생각은 근본부터 틀렸다.

가정경영과 자녀의 양육을 누가 하고 있는가.

인간 성장에 있어서 정서 교육은 빠뜨릴 수 없는 것이며 정서 교육은 가정이 으뜸이다. 부모 자식의 관계는 약속된 일이며 이 약속은 가정을 통해서 이루어진다.

태어난 아이를 국가나 사회에서 키운다고 한다면 이러한 약속은 제대로 이행되지 않을 뿐더러 집단 교육에 밀려 사상은 편중되고 질서는 혼란에 빠질 것이다.

여성의 역할은 가정에서 다음 세대의 주인공을 올바르게 이끄는 일이다. 애당초 남성과는 다른 역할을 지고 태어난 존재다.

즉 여성이 아이를 낳고 기름으로써 인류는 멸종하지 않고 면면히 그 대를 보전할 수 있게 된다.

만일 여성의 이와 같은 역할을 하지 않고 아이를 낳지 않으면 우리 지상의 생활은 과거와 현재로 끝나고 미래의 생활은 잃게 될 수밖에 없다. 그러면 영혼의 진보도 전생윤회도 없게 된다.

우리에게 생명이 깃들고 전생윤회의 법에서 과거·현재·미래라고 하는 연속적인 생명이 성립되는 것도 이를테면 여성의 이와 같은 역할 덕분에 가능한 일이다.

이와 같은 법을 살리는 특성은 하늘이 부여한 여성의 의무이며 책임이라고 할 수 있다.

이런 의미에서 남자는 현실 사회에, 여자는 미래 사회에, 그 의무와 책임을 지닌다 할 수 있다.

미륵보살은 미래 사회를 설법하였으므로 미래불이라고도 부르지만 본래 여성은 미래 사회를 창조하는 책임을 지니고 있으므로 이런 견해가 생겨났다고 할 수 있다.

한편 파도라의 가정은 많은 부인이 아버지 시중을 들고 있었다. 사회의 제도나 사상이 그것을 당연한 것으로 수용하고는 있었지만 본래 남녀는 1대 1을 기본으로 성립되어 있는 것이므로 이 틀에서 벗어나면 여성간에 추악한 갈등이 일어나는 것은 당연하다.

아버지와 어머니 사이에는 언제나 냉랭한 공기가 흐르고 있었다. 파도라는 어릴 때부터 이러한 남녀간의 갈등을 눈여겨 보아 왔으며, 여성이란 공통된 입장에서 은연 중에 여성의 자존심을 상처받고 있었다.

동시에 여성의 가엾고 불쌍함이 파도라의 마음을 무의식중에 짓누르고 있었다. 어머니는 입을 열면 으레 아버지에 대한 불평이었다. 아버지의 여성에 대한 분별없는 애욕이 어머니의 마음을 무참하게 짓밟고 있었다.

파도라는 어머니에 대해서 위로의 말을 찾지 못했다. 다만 어머니의 말을 열심히 들어줌으로써 같은 여성의 입장에서 함께 인내해 주는 길밖에 달리 도리가 없었다.

경제적으로는 유복하였지만 파도라의 출가 초발심은 이러한 가정적 배경이 그 원인을 만들고 있다.

다른 가문에 시집을 가서 가정주부가 된다 하더라도 남편이 아버지처럼 둘째, 셋째 부인을 불러들이지 않는다고 그 누가 보장할 수 있으랴. 여자의 행복이란 참으로 눈깜박할 사이일 뿐, 시간이 흐르면 자기도 또한 어머니의 처지처럼 자기를 떠나가는 남편 때문에 고뇌의 나날을 겪에 되리라.

그렇다면 그런 원인을 만들지 말아야 한다.

결혼을 피하고 평생을 독신으로 버티면서 불행한 사람들의 힘이 되어주리라. 원을 세웠던 것이다.

야나와의 부부 생활은 그야말로 이름뿐이었으며 처녀 시절의 원이 이루어지게 되었으므로 그녀의 마음은 남편에 대한 독점욕도, 하물며 질투심도 일어날 리 없었다. 야나가 오랫동안 여행을 떠나도 그 안부가 염려되는 일은 있어도 마음이 외롭다거나 불안에 잠기는 일은 결코 없었다.

조상 대대로 이룩해 놓은 막대한 재산이 야나의 손에 의해서 지극히 간단하게 소작인들에게 분배되었고, 그래서 기뻐하는 소작인들의 얼굴을 보고 진심으로 만족스러워지는 자신이 새삼 대견스럽게 여겨졌다.

괴로움의 원인은 집착이라는 상념에 있다는 것을 이미 처녀 시절에, 그리고 야나와의 결혼 생활을 통해서 익히 알고 있었다.

다만 파도라에게 몇 가지 이해되지 않는 부분이 있었다.

사물을 소중히 한다는 것과 집착심과의 관계, 출가와 재가의 관계, 면면히 이어져 내려온 인간 사회의 인연, 사랑의 진의였다.

집착의 원인을 만들지 않는다는 것은 중요한 일이지만 그런 곳을 피해서 돌아가는 것이 과연 집착을 짓지 않게 되는 것일까.

무엇보다도 먼저 결혼이란 도대체 무엇일까, 부부란 무엇일까 하는 것이었다.

일대 일의 남녀 양성의 기능은 이 지상계에 있어서는 없어서는 안될 한 쌍이다.

한 쌍은 모든 것에 적응되어 하늘과 땅, 음과 양의 한 쌍의 조화에 의해서 현상계는 회전하고 있다.

결혼이란 음양의 조화가 아닌가.

남녀는 각각 저마다의 특성과 역할을 지니고 있으며 양자는 결혼에 의해서 정신적, 육체적인 완성을 향해 성장해 가는 것이리라.

만일 남녀가 결혼이란 공통의 장소를 가지지 않고 별개의 행동을 취한다면 인간사회는 멸망의 길밖에 없다.

불국토, 유토피아의 목적은 각자의 마음에 우선 그 뜻을 품음과 동시에 현실 사회에 그것을 구체화해 나가는 것이다.

그 구체적인 방법의 첫째가 결혼이란 공통의 장소일 것이다. 따라서 결혼은 신의 의사에 따른 것이며 만일 결혼이라는 것이 없다면 불국토는 저 세상만의 것이 된다.

아담과 이브의 양성은 인간사회를 상징적으로 묘사한 것인데 인간사회는 이 양성의 조화에서 모든 것이 비롯된다.

부부생활은 사회생활의 핵을 의미한다. 남녀의 핵을 중심으로 자식이란 분자들에 의해서 가정은 태양계의 일원이 되며 회전하기 시작한다.

즉 사회생활의 조화를 이루는 한 단위, 한 몫이 되는 것이다.

가정이 없고 부부생활이 없는 사회생활이란 애당초 있을 수 없는 일이 아닌가.

아담과 이브의 창세가 그 일대一代로 끝났다면 인류는 이 지상에 설 수조차 없었을 것이다. 결혼이 이루어지고 가정을 꾸리게 됨으로써 인류는 면면히 지상의 생명을 이어올 수 있었다.

그리고 보다 고차원의 조화를 목표로 향상하는 것이 인류의 정명이다.

집착의 상념은 보고 듣고 느낌으로써 일어나는 것이지만 사물의 도리를 안다면 고뇌는 생기지 않을 것이다.

인간은 육체라는 물질을 거느리고 생활하기 때문에 물질에 대한 집착이 생기는 것은 필연적이다.

하지만 색色(물질계·이승)은 공空(실재계·저승)으로 통하고 공空은 또한 색色을 형성한다는 것을 이해한다면 색色에만 사로잡히는 어리석음을 분명히 알 수 있으리라.

일체의 조화는 집착이라는 고뇌에서 벗어남으로써 비로소 이루어지는 것이기 때문이다.

일반적으로 사랑이라는 것은 남녀 양성 사이에서 싹튼다.

한 이성에게 매력을 느낀다는 것은 자신에게 없는 것을, 혹은 부족한 것을 상대가 지니고 있으므로 비롯된다. 물론 양자 사이에는 무엇인가 공통적인 요소가 기반에 없으면 서로 끌리는 흡인력이 생겨나지 않는 것도 사실이지만 아무튼 상대에게 매력을 느끼는 신기한 요소가 없다면 인생항로에서 서로 도와가는 좋은 반려자는 되지 못할 것이다.

사랑이라는 것은 이와 같이 서로 돕고 보완하고 상대를 살리는 관계에서 싹트며 그것은 나아가 선린애, 사회애, 인류애로 발전해 간다.

아무리 사회가 변하고 인류가 증가하여도 남녀 양성의 기본적인 축은 절대로 무너지지 않으며, 인류가 영원히 그 생존을 이어가는 것도 한 쌍의 남녀가 결혼하여 가정을 꾸리고 조화함으로써 가능한 일이다. 따라서 사랑이라는 것은 우선 남녀 양성에서 출발하여 거기서 사방으로 확산 확대되어 가는 것이다.

그러므로 사랑은 지상의 조화에 있어서 없어서는 안될 신의 빛이요 지상의 빛이다.

파도라는 야나와 어깨를 나란히 하고 걸어가면서 지난 6년 동안의 결혼생활을 뒤돌아보고 거기 무엇인가 정신적, 육체적인 공백이 커다란 구멍처럼 떠오르는 것을 느꼈다.

무엇인가 불투명하고 분명하지 못한 것이 있었다.

출가는 성장한 환경에서 발심된 일이지만 남편이라고 부르는 상대를 코앞에 두고도 그냥 남남처럼 지내온 자신에게 무엇인가 한가닥 아쉬운 부족감을 느끼는 것이었다.

카샤파가의 젊은 주인이 출가하는 연도에는 많은 수드라들이 나와서 눈물을 흘리면서 전송했다.

둘은 동북과 남으로 갈라지는 동네 밖 갈림길에 이르렀다.

둘은 마주 섰다. 야나가 먼저 입을 열었다.

"파도라, 출가한 자들이 함께 생활한다는 것은 서로 수행에 방해가 될 뿐이다. 너를 혼자 보내는 것은 나로서도 걱정스러운 일이지만 어쩔 수 없구나.
부디 몸조심하여 훌륭한 바라문의 스님이 되기 바란다.
나도 지금부터 혼자 몸이 되어 수행의 스승을 찾아가겠다.
나는 남쪽 길을 택하겠다. 너는 동북의 길을 가서 바라문의 수행을 하기 바란다. 이 길은 바라나시로 통하며 내를 건너면 바이샬리의 도시에 이른다.
많은 비구니들이 수행하고 있는 곳이다."

"알았습니다, 야나님… 야나님도 부디 몸조심하여 수행하시기 바랍니다. 깨달음을 얻으신 뒤에는 다시 뵈옵고 저를 인도해 주시기 바랍니다. 여기서 헤어진다는 것은 가슴 아픈 일입니다만… 이 아픔을 이기고 저도 수행에 정진하겠습니다. 야나님은 어느 수행장으로 가시겠습니까…?"

"나는 마가다 국의 라자그리하로 갈 작정이다. 가야 다나의 수행장에도 가고 싶고…."

두 사람은 서로 손을 잡았다. 두 사람의 눈은 서로의 건강과 재회를 기약하는 기도와 같은 아름다운 광채로 빛났다. 파도라의 눈에 한 줄기 물기가 반짝거렸다 싶었는데 그녀는 급히 야나에게 등을 돌리고 동북쪽으로 발걸음을 옮기기 시작했다.

야나는 파도라의 뒷모습을 언제까지나 지켜보았다. 파도라는 몇 번이나 뒤돌아보면서 가만히 손을 흔들면서 점점 멀어져 갔다. 마침내 파도라의 모습이 경사진 숲 속으로 빨려들어가 버렸다. 야나는 그녀가 숲 속으로 사라져 버리자 흐르는 눈물을 가눌 길이 없어 그만 큰 소리로 울음을 터뜨리고 말았다.

지난 6년 동안 정신적으로는 그 어느 남편 못지않게 아내를 사랑하였지만 지금 이런 입장에 서고 보니 그녀의 뒤를 쫓아 가서 도로 데려오고 싶은 충동이 몸 구석구석을 휘젓는 것이었다.

야나는 속으로 고함쳤다.

"파도라, 용서해 다오. 이것도 무슨 인연이라고 체념해 다오. 파도라여, 부디 건강하여라. 언제까지나 건강하여라."

그는 파도라를 삼킨 숲을 언제까지나 바라보았다. 가까스로 마음이 가라앉자 그는 파도라와는 반대 방향의 남쪽 길을 걷기 시작했다. 하루, 이틀… 여태까지와는 달리 산야에서의 노숙은 역시 예상 이상으로 고통스러웠다. 내일은 내 집에서라는 기대가 있는 일시적인 노숙이 아니라 180도 달라진 생활의 급전환이었으므로 망향의 그리움이 마음속 깊숙한 곳에서 치밀어 올라왔으며 동시에 파도라의 신변이 걱정스러워지기도 했다.

출가는 오랫동안 별러온 염원이었지만 지금 이렇게 그 염원이 이루어지고 보니 그 무엇인가 큰 바다에 자기 혼자만 내던져진 것 같은 느낌이 들어, 자유이긴 하지만 그 자유를 다 감당하지 못하고 허둥대는 자신의 모습이 가엾기조차 했다. 출가라는 것이 이다지도 지엄하다는 것을 그는 처음으로 깨닫게 되었다.

하지만 닷새째가 되자 야나의 마음은 차츰 침착성을 되찾기 시작했다. 천성으로 구도심이 강한 그답게 적응하는 속도도 빨랐다.

그 무렵 붓다는 웨누와나(죽림정사)의 동북쪽에 위치한 날란다 근처 길 옆에서 선정에 들고 있었다. 큰 보리수가 하늘에 치솟아 따가운 햇빛을 가려 참선하기에 알맞은 시원한 그늘을 지어주고 있었다. 브라흐만이 말한 대로라면 지금쯤 그 수행자가 나타날 무렵이라고 붓다는 어림하였다.

붓다의 선정은 대지에 뿌리를 박고 서 있는 거목의 밑둥처럼 그 몸은 미동도 않는다. 둥글고 큰 후광aura이 붓다를 감싸고 주위는 황금색으로 빛나고 있었다.

한 사람의 수행자가 붓다 앞에 나타나 땅바닥에 몸을 던지고 두 손을 머리 위에 올려 합장하였다.

"아포로키티슈바라, 위대한 광명에 싸인 슈바라여, 포고라(저)를 슈바라의 제자로 거두어 주십시오.
포고라 파라 파라 고로... 슈바라, 슈바라!..."

야나였다. 땀과 먼지와 눈물로 엉망이 된 야나의 얼굴은 구겨진 채 감동으로 떨고 있었다. 붓다는 천천히 눈을 뜨고 수행자를 내려다보았다.

"수행자여, 잘 오셨습니다. 자, 고개를 드시오."

"예, 슈바라, 만나뵙게 되어서 기쁘기 한이 없습니다.
저는 날란다의 북동에 있는 델타라는 마을에 살던 바라문 피팔리야나라고 합니다.
슈바라, 저를 인도해 주십시오."

"피팔리야나여, 그대는 잘도 나를 알아보았다.
나는 고타마 싯다르타라고 하는 수행자다.
그대가 정도를 찾아 나에게 오리라는 것을 예측하고 여기서 기다리고 있었다."

붓다의 말은 야나의 가슴에 천금의 무게를 울리며 전달되었다. 야나가 출가한 지 불과 며칠 만에 이렇게 붓다를 만나게 된 것은 따져보면 이미 오래 전부터 그의 가슴 속에 키워온 출가에 대한 열망이 이제야 때를 만나 이루어지게 된 인과에 불과한 것이었다.

붓다의 말은 그 무엇과도 비교할 수 없는 감동으로 그의 가슴을 파고들었다. 몸이 와들와들 떨렸고, 마음은 감동으로 흠뻑 젖었다. 야나는 봇짐 속에서 새로 지은 승의를 꺼내 붓다에게 바쳤다.

"슈바라, 이 승의를 착용하시기 바랍니다.
저의 마음의 조그만 보시입니다."

조금 전에 야나가 선정 중의 붓다를 보았을 때의 모습은 광명으로 싸였으며 몸에 걸치고 있는 승의도 아름답게 보였지만 지금 이렇게 마주 앉아 보니 그 옷은 인사치렛말로도 좋은 것이라고 하기에는 힘들 정도로 남루했다. 하지만 환하기만 한 붓다의 모습은 바라나시의 선인, 바이샬리의 수행자들로부터 들은 예언 그대로 이분이야말로 붓다가 틀림없다고 확신하기에 충분하였다.

그는 붓다는 외견상으로도 32상을 구유하고 있으며 그의 마음은 이미 붓다에게 죄다 읽혀지고 있다는 느낌이 들었다.

"피팔리야나여,
그대의 아내는 정도를 찾아 파다리가마로 갔는가."

"옛 슈바라, 틀림없이 그쪽으로 갔습니다."

"그대는 잘도 지계를 지켜 정도를 구하였다. 재산, 농토, 일체를 집착에서 떨쳐버렸으며 마음속은 나를 만난 기쁨으로 충만한 듯하구나. 그 기분을 잊지 말기 바란다. 목구멍만 넘어가면 뜨거움을 잊어버린다는 속담처럼 되어서

는 안 된다. 지금의 그 겸허한 마음이 그대를 위대한 수행
자로 키워나갈 것이다."

"붓다, 참으로 고맙습니다."

그는 가슴속에서 치밀어오르는 눈물을 누를 길이 없어서 큰 소리를 내어 통곡하고 말았다. 마음이 정화되자 그는 붓다와 과거세에서 사제지간이었다는 것을 깨달았다.

붓다 승단에 입문하는 데는 적어도 1주일 간의 산중 수행이 필요했지만 피팔리야나의 경우는 특례였다.

야나는 이미 아라한의 경지에 도달하여 과거세의 말로써 당시의 붓다의 법을 말하는 것이었다. 붓다도 그리운 과거세의 말로써 응답하면서 야나와의 재회를 마음으로 기뻐하고 눈물을 흘렸다. 야나는 7일 동안 붓다와 함께 수행하였다. 그러자 붓다가,

"피팔리야나여, 지금까지 내가 입고 있던 이 승의를 그대에게 주겠다. 이 승의는 내가 대각을 이룰 때 몸에 걸치고 있던 것, 그대도 하루 빨리 우주처럼 넓은 마음의 경지에 이르기를 바란다."

하며 입고 있던 옷을 벗어 야나에게 주었다. 야나는 그것을 받들어 입고 붓다의 경지를 목표로 더욱 수행에 정진하고자 맹세하였다. 웨누와나(죽림정사)로 돌아온 붓다는 서둘러 제자들에게 피팔리야나를 소개했다.

"여러분, 내가 얼마 전에 예언했던 피팔리야나를 소개하겠습니다. 지금 여기 있는 사람은 붓다의 법을 깨닫고 있습니다. 이미 아라한의 경지에 도달하여 과거세를 알고 있습니다. 머지않아 자신을 완성하여 많은 중생에게 붓다의 법을 설하고 제도할 것입니다. 여러분들도 더욱 분발하여 정도를 실천하고 넓은 마음을 만들기 바랍니다."

붓다의 말은 그대로 제자들의 마음 속에 전달되어 갔다. 사리뿟다·목갈라나가 처음 입문했을 당시의 쓴 경험을 떠올린 제자들 사이에 또 다시 같은 불만과 동요가 있을 리 없었다. 누구나 피팔리야나를 따뜻하게 맞이했다. 그리고 피팔리야나도 교단의 일원이 되고부터는 눈에 띄게 두각을 나타내었으므로 붓다의 예언이 새삼 경탄스러웠다.

피팔리야나가 귀의한 것은 붓다가 깨달은 지 4년째인 마흔살이 되던 해였다. 피팔리야나는 승단의 도반들과도 친하게 지냈으며 선배들을 제치고 지도자가 되었다. 그리고 그 이름도 마하카샤파 즉, 대가섭이라고 고쳤다.

한편 야나와 헤어진 파도라는 파다리 가마에서 코살라 국으로 들어가서 쉬라바스티에서 수행하고 있었다. 여기는 바라문의 수행 도장이며 여성들만의 수도원 같은 곳이었다. 신분이 낮은 자는 여기 들어갈 수 없었다. 바라문 출신으로서 지조가 견고한 여성에 한정되어 있었다. 의식과 계율과 봉사가 이 곳의 일과였지만 바라문 특유의 선민의식이 강해서 파도라는 머지않아 인종차별의 불평등에 깊이 고민하게 된다.

여러 곳에서 붓다에 귀의하는 자가 날로 늘어났다. 귀의자가 증가하면 행동이 조직적이 되고, 조직적이 되면 형식이 수반된다. 이러고 보니 붓다의 대목표인 생로병사의 고뇌에서의 해방과 자기완성은 차츰 형식만의 것이 될 염려가 있었다. 그래서 시라비차戒律의 필요성이 절실해졌다. 즉 승단을 통제하기 위한 계율戒律의 수립은 피할 수 없는 것이 되고 말았다.

특히 마가다국의 라자그리하는 대소 각종의 종교 교단이 난립하여 서로 상대방의 교단을 쓰러뜨리기 위해서 스파이를 잠입시켜 상대방 교단을 교란시키는 사건이 빈번하였다. 당시의 신앙도 오늘날과 흡사하여 그 대부분이 근본적으로는 타력신앙이었다. 신과 인간이 분리되어 우상숭배가 신앙의 골격을 이루고 있었으며 그런 만큼 신앙과 싸움이 표리처럼 엉켜붙어 믿을 수 없는 난립상을 보이고 있었다.

붓다의 교리는 대자연을 대상으로 한 자연과 인간의, 이를테면 일체화였으며 생활의 지표는 태양 같은 자비심의 구현화에 있었다. 하지만 회원이 많아지고 교단이 방대해짐에 따라 내용보다 형식이 우선되고 충실한 내용이 차츰 희석되어가는 경향이 있었다.

특히 한 발짝 교단 밖으로 나가면 그런 타력신앙들이 우글거렸기 때문에 붓다 교단에서도 어느 정도의 계율은 불가피한 것이 되고 말았다.

붓다의 제자가 되기 위해서는 우선 삼보에 귀의하는 것이 필수요건이었는데 먼 지방이나 타국의 경우에는 삼보 귀의의 절차를 밟지 않고 입단할 염려가 있었다. 이런 자가 입단하여 인간의 마음을 오도할 염려가 있었으므로 먼저 웨누와나(죽림정사)를 중심으로 구족계具足의 우파데야(수행자의 지도자)를 정했다. 만일 우파데야가 부재시에는 이차랴(우파데야의 대리)에 의해서 각 지구의 책임자가 지명되었으며 교단 입단시에는 각 지구 교단의 사로몬들의 찬동을 얻어 결정하도록 하였다.

또 입단자의 연령은 20세 이상으로 한정시켰다.

§사제師弟의 이별

바라나시 교외의 바라문의 마을은 온통 붓다의 이야기로 들썩거렸다. 야사의 부모인 우파시카·우파사카는 바라문 가문의 신망도 두터웠다. 두 부부는 마하베이샤였는데 수행자라면 누구랄 것 없이 차별 없는 보시를 아끼지 않았기 때문이었다.

더욱이 그들 부부는 붓다의 재가在家 신도 제 1호였으며 만나는 수행자마다 붓다의 가르침을 자랑스럽게 늘어놓았다.

마하바라문인 바바리도 이 두 사람으로부터 붓다의 이야기를 들었다. 생로병사의 고뇌에서 해탈하는 정도를 설한 그 내용이 충실하고 빈틈없음에 가히 붓다의 명성에 손색없는 것이라고 여기고 있었다. 특히 바바리를 감동시킨 것은 이 부부의 외동아들인 야사가 붓다의 제자로 입문하여 벌써 아라한의 경지에 이르러 중생 제도에 앞장서고 있다는 사실…. 그래서 붓다를 꼭 한번 만나보고 싶었다.

하지만 바바리는 이미 120세의 고령이었다. 먼 마가다 국까지 걸어가기에는 너무 늙은 몸이었다.

붓다에 대한 흠모의 정을 안고 애태우고 있을 무렵에 마을에서 축제가 있었다. 일년에 한 번씩 열리는 축제는 바라문의 신을 모시고 마을 전체가 즐기는 행사였다. 바바리는 제전의 유사有司였다. 분주한 축하 행사를 끝내고 가파리의 도장으로 돌아왔다.

돌아와서 한 숨 푹 쉬려고 하는데 초라한 행색의 한 사나이가 난데없이 찾아왔다. 몸이 부석부석 부어 있고 머리카락은 먼지투성이었다. 얼굴은 아예 씻은 적도 없는 듯 때딱지가 눌어붙었고, 어디를 보나 거지 그대로였다. 그런데 본인은 바라문의 수행자라고 우겼다. 바바리는 그 수행자에게 자리를 권하고 죽을 대접했다. 날카로운 눈빛으로 바바리를 쏘아보면서 그가 입을 열었다.

"축제는 굉장하던데. 공양물도 여간 많지 않았어.
그것을 나에게도 좀 나누어 주시구려.
그 때문에 이렇게 찾아왔으니깐."

행색에 어울리지 않는 요구를 하므로 바바리는 어리둥절하여 금방 대답이 나오지 않았다. 잠깐 호흡을 가다듬은 뒤에야 바바리는 정중하게 대꾸했다.

"축제의 공양물은 모두 마을 사람들에게 나눠줘 버렸고
여긴 아무 것도 없습니다.
당신에게 드릴 것이 없어 죄송합니다."

"으흠, 그렇게 많던 공양물이 벌써 바닥이 났다고? 그렇다면 할 수 없군. 주지 않는다면 나의 주문으로 너의 머리통을 일곱 조각으로 깨어 즉사시킬 것이다. 그것도 7일 이내에 말이다."

이렇게 겁을 먹이고 그는 바바리 쪽으로 손바닥을 들어보이면서 무엇인가 알아듣지도 못할 주문을 외고 돌아가 버렸다.

바라문교의 수행자로서 이제껏 당해보지 못했던 일인 만큼 바바리는 당황하고 암담했다. 남이 보는 앞에서 저주를 받았으니 누군들 기분 좋을 리가 없다.

바바리는 괴로워서 밥도 목구멍에 넘어가지 않았다. 마음을 진정시키기 위해서 숲 속으로 나가 선정禪定도 해보았으나 평온을 되찾을 수 없었다. 스산한 마음으로 밤늦게까지 뒤척거리다가 어찌나 축제의 피로가 겹쳤던지 그대로 잠이 들고 말았다.

귓가에서 무슨 소리가 들리기에 문득 잠이 깼다.

"바바리, 무엇을 고민하고 있느냐. 너는 아직도 집착심을 못 버리고 있느냐. 무엇이 두려우냐. 무엇에 놀라고 있느냐. 바라문이라던 그 녀석은 너의 재산이 탐났던 것 뿐이다. 두파칠분頭破七分 따윈 알 리도 없어."

"바라문의 신령님, 두파칠분의 벌에 대해서 잘 알고 계시는 분은 누구신지요. 제발 가르쳐 주십시오."

바바리는 목소리의 주인공에게 매달려 해답을 구했다.

"너는 아직도 번뇌에 사로잡혀 있는가. 죽음이 그렇게도 겁이 나는가."

"저처럼 여러 제자들도 보이지 않는 세계의 무자비한 협박과 행위에 시달리고 있습니다. 고통을 견디기 어렵습니다. 제발 방법을 가르쳐 주십시오."

바바리는 진지하게 하늘의 목소리에 대고 빌었다. 그러자,

"코살라 국의 샤카(석가)족의 왕자 고타마 싯다르타가 출가하여 지금 마가다 국의 라자그리하 성의 동북쪽 그리드락터에서 마음의 위대함과 자비의 도를 설법하고 있다. 이미 붓다가 되어 중생을 제도하고 있다. 이 붓다라면 인과의 법을 가르쳐 줄 것이다."

라는 대답이 돌아왔다. 바바리는 다시 한번 놀랐다. 바라나시의 우파시카·우파사카가 신앙하고 있는 붓다의 이름과 똑같았기 때문이다. 바바리는 목소리의 주인공이 틀림없는 천인天人이라고 생각했다. 그래서 서둘러 제자들을 도량에 모았다. 축제가 끝난 뒤라 다들 한잠 푹 자고 있었던 터인 만큼 제자들은 불려온 영문을 몰랐다.

"지금부터 내가 하는 말을 깊이 명심해서 듣기 바란다. 나는 마하바라문의 가문에서 태어나 오늘날까지 바라문의 성전을 배우고 유행의 길을 걸어오면서 수행을 쌓아왔지만 아직도 모르는 것이 너무나 많다. 그래서 깨달음의 경지는 요원하기만 하다. 어제 도량을 찾아온 한 바라문 수행자로부터 보시를 요구받았으나 아무 것도 줄 수 없었다. 그러자 그 수행자는 나를 원망하면서 내 머리가 일곱 조각으로 갈라지며 7일 이내에 죽는다고 저주를 걸고 갔다. 뜻하지 않던 협박을 받고 밤새 뒤척거리다가 새벽녘에야 잠깐 눈을 붙일 수 있었는데 난데없이 하늘의 목소리가 들려와 붓다

가 정도를 설법하고 있다는 것을 교시 받았다."

제자들은 스승의 말을 숨죽이고 들었다. 스승이 겪은 거짓없는 진정이 절절이 전달되어 왔다.

"바라문의 어려운 습관, 형식적인 축제, 그 밖의 여러 가지 점에 있어서 여러분들도 의문이 많을 줄 안다. 그 의문에 대해서 스승인 나는 무엇 하나 해답할 수 없다. 왜 그럴까. 바라문교는 학문이 되고 말았으며 지식만의 깨달음으로 바뀌었기 때문이다. 붓다는 삼계를 꿰뚫어보는 법력을 겸비하신 분인데 그것은 가장 으뜸인 '마음'을 깨닫고 있음으로써 가능한 일이다. 진짜 붓다라면 모든 사람의 마음속을 자유자재로 꿰뚫어볼 수 있다. 내가 가르치지 못한 '마음'을 붓다에게 사사하여 참다운 바라문 수행자답게 슈바라의 경지에 이르기를 바란다."

이렇게 말의 요지를 매듭짓고 바바리는 제자들 한 사람 한 사람을 둘러보면서 붓다에게 수행하러 갈 인선을 시작했다. 가능하면 거기 모인 전원을 보내고 싶었지만 그럴 수는 없는 일이고 해서 바바리는 어렵게 한 사람씩 지명해 나갔다.

"핀기야, 너는 마다가 국의 라자그리하까지 나 대신에 지금부터 선발되는 제자들을 인솔해서 가 주기 바란다."

우선 핀기야를 인솔 책임자로 지명했다. 핀기야는 몸집이 클 뿐더러 힘도 세었기 때문에 긴 여행을 무사히 인솔하는 데 최적의 인물로 뽑혔다. 제자들은 다음에는 누가 지명될까 서로 얼굴을 쳐다보면서 바바리의 지명을 기다렸다.

"법 앞에서는 남녀의 구별이 없다.
모두 평등해야 할 것이다."

아직 어린 마이트레야에게 바바리의 시선이 멈추었다. 마이트레야는 바바리의 질녀였다.

"마타레(마이트레야), 너는 어릴 적부터 바라문교를 잘 공부하여 바라문 가문의 여성답게 수행을 쌓았다. 바라문 가문의 어린이들에게도 엄격한 제사의 학습을 잘 지도해 주었다. 가정에 돌아가지 않고 명상, 고행, 그 밖의 수도생활을 잘 견디기도 했다.
먼 마가다국이긴 하지만 가볼 뜻이 있는가."

"예, 보내주시기 바랍니다."

그녀는 모든 시선이 자기에게 집중되기도 전에 재빨리 대답했다. 하지만 누구보다도 먼저 지명되어 거침없이 승낙해 버린 자신이 조금 부끄럽게 느껴졌다. 동시에 가족들과 사전의 의논도 없이 독단으로 결정해 버린 자신의 경망함도 마음에 걸렸다.

바바리는 빙긋이 미소짓고,

"젊을 땐 고생을 많이 함이 좋으니라."

하면서 혼자 고개를 끄덕이더니,

"사라난다, 포사라, 도테야, 너희들도 마타레(마이트레야)와 함께 동행하는 것이 어떻겠는가, 어때?"

그러자 세 여성도 모두 좋아하며 스승의 말을 받아들였다.

"고맙다. 마타레도 셋이 함께라면 외롭진 않겠다."

3인의 여성은 마이트레야보다는 모두 서너 살 연상이었다. 지조가 곧고 평소에 우의가 돈독했다. 넷은 서로 눈짓을 교환하면서 굳은 결의를 표명했다.

이어 몽가라자가 지명되었다. 그는 우파니샤드, 베다의 이론에 밝아 바라문의 진가를 발휘하는데 절호의 기회라고 여겼다. 지명되자 몽가라자는 머리를 긁으며 말했다.

"스승님, 고맙습니다. 말인즉슨 비록 붓다라 하더라도 마하바라문의 바바리, 마하이시보다 위대한 슈바라라곤 생각되진 않습니다."

하고 말했다. 그러자 바바리가,

"그건 너의 생각일 뿐이다. 직접 만나보기도 전에 상상만으로 판단해서는 안 된다. 그게 너의 결점이다. 많은 체험을 거친 후에 비로소 옳은 것을 알게 되는 법이다."

하고 그의 좁은 소견을 꾸짖었다. 좌중을 연방 둘러보면서 한 사람씩 연거푸 지명해 나갔다.

"아지다, 멧다구, 로다카, 헤마카, 너희들도 젊다.
많은 인생 경험을 쌓고 오너라."

"자도카닌, 너도 함께 다녀오너라. 우다야, 가파, 너희도 가도록. 다들 단단히 수행하고 오너라.
도중에는 험한 산과 계곡도 있고 맹수와 독사도 많으니 서로 주의하면서 행군하여라.
크샤트리아에서 몰락한 산적도 있겠지만 재물이 없는 수행자에겐 손대지 않겠지. 여성도 남장을 하여라. 남성은 앞뒤에 서서 여성을 옹호하면서 행진하기 바란다.
붓다를 만났을 때의 마음가짐에 대해서 이야기하겠다. 진짜 붓다라면 너희들의 마음 속을 죄다 읽을 것이다. 거기서 우선 내가 누구이며 무슨 목적으로 많은 제자들을 보냈는가, 내 제자는 모두 몇 명이며 나의 고민, 머리가 깨어지는 일 등 마음속으로 생각만 해도 금방 알아버릴 것이다.
바도라베다, 푼나가, 우파시바, 난다, 너희들도 동행하여라. 자, 그러면 지명된 자는 모두 앞으로 나와요."

체구가 큰 핀기야를 선두로 17명이 바바리의 앞으로 나가서 정렬했다. 바바리는 17명의 얼굴을 둘러보다가 어느새 감상에 젖고 말았다.

자기도 젊다면 일동의 앞장에 서서 붓다를 만날 터인데 이렇게 늙었으니 목적지까지 도착하기조차 힘들다. 귀여운 제자들이 자기 곁을 떠나 생소한 곳에 가서 마음을 공부하게 된다.

이렇게 경하스러운 일은 없을 것이지만 막상 자기 곁을 떠나간다고 생각하니 마음 한 구석이 텅 비는 것만 같았다. 모자의 정과 흡사하여 바바리는 괴로운 가슴을 견디고 있었다.

"지금 여기 정렬한 여러분은 이미 각기 제자들을 교육하고, 자신에게 엄격하며, 항상 명상하고, 전생의 과정에서도 훌륭한 바라문의 수행자들이었다.
 나는 여러분에게 지식으로서의 바라문교를 설했지만 붓다는 마음고 행동의 척도를 가르쳐줄 것이다. 참다운 붓다라고 인정되거든 그 자리에서 붓다의 제자가 되어라. 매달려라.
 핀기야, 너는 나에게 돌아와 보고하도록 부탁한다."

바바리의 목소리는 떨리고 있었다. 눈물이 금방이라도 떨어져 내릴 듯 눈에는 물기가 흥건히 고였다.

마이트레야를 비롯하여 여성들은 모두 흐느끼고 있었다.

스승을 떠나면 이것이 금세의 마지막이 된다는 것을 누구나 느끼고 있었다. 붓다의 제자가 되어 자신을 완성하여 달라고 당부하고 있는 바바리의 큰 자비심은 나머지 제자들의 가슴속에도 전달되어 갔다.

"자, 이상 결정되었으니 17명은 내일 아침 출발하여라.
 첫 닭이 울 시각에 도량에 모여서 출발하기 바란다."

17명은 각각 집으로 돌아가 준비를 서둘렀다.

당시에는 오늘날과 같이 비행기나 기차 같은 것은 없었다. 어디를 가든 의지할 것은 두 개의 다리뿐이었다. 하루의 나들이라면 모르되 미지의 나라 마가다까지, 그것도 험로를 더위와 싸우면서 며칠이나 걸리는 행군이고 보니 적지 않은 위험을 각오해야 했다.

따라서 이 여행 자체가 가족들과도 최후의 이별이 될 지도 모르는 일이었다. 치안이 유지되는 곳이라야 고작 마을과 도시뿐이었고, 한 발짝 마을 밖을 나서면 호랑이, 하이에나, 독사 등이 우글거리는 이를테면 맹수의 천지였고, 거기에 산적들도 또한 도처에서 출몰하고 있었다. 여행은 죽음과 등을 맞댄 위험한 것이었으며, 그런 만큼 겨우 하루 동안에 출발 준비를 다한다는 것은 힘든 짧은 시간이 아닐 수 없었다.

그래도 이튿날 새벽 첫 닭이 울 시각에는 한 사람도 빠지지 않고 도량에 집합했다. 모두들 머리를 곱게 빗고 사슴 가죽옷을 입고 있었으며, 기다리고 앉아 있는 바바리 앞으로 나아가 인사를 올렸다.

바바리는 합장하면서 한 사람 한 사람의 전도를 빌었다. 스승과 제자 사이에는 이미 대화가 끊어졌다. 있는 것은 오직 사제지간의 따뜻한 마음의 교류 뿐이었다.

일행은 도량을 뒤로 하고 완만한 구릉을 몇 개나 건너 북쪽으로 걸었다. 그 사이 바바리는 전망이 좋은 높은 곳에 서서 일행의 모습이 사라질 때까지 언제까지고 배웅하고 있었다.

일행은 산을 몇 개나 넘었고 계곡도 여러 번 건넜다. 숲속을 지날 때는 맹수의 울음소리가 들려왔지만 덤벼들지는 않았다. 산적들도 나타나지 않았다. 가파리, 바이샬리를 지나서 산을 넘고 다시 계곡을 따라 남하하였다.

뜨거운 햇볕이 일행의 머리 위에 사정없이 쏟아졌다. 다들 기진하여 입을 여는 사람이 없었다. 그저 허우적거리는 두 다리에 몸을 맡기고 있을 뿐이었다.

마가다국의 라자그리하에 이르러서야 비로소 일행은 마침내 목적지에 도달했다는 안도의 숨을 쉬었다. 보는 것, 듣는 것 모두가 진기한것 뿐이었으며, 머물러 구경하고 싶기도 했다. 하지만 붓다를 만나는 것이 목적이었으므로 일행은 한눈 팔지 않고 행군을 계속했다.

핀기야는 지나가는 사로몬 한 사람을 붙들고 붓다의 거처를 물었다. 라자그리하 도시의 북문에서 동북쪽에 위치한 산기슭에 그리드락터라는 곳이 있는데, 붓다는 거기서 많은 제자들에게 법을 설하고 있다는 것을 알았다.

마이트레야는 미지의 붓다에 대해서 사라난다, 포사라, 도테야 등과 이야기를 나누었다.

"붓다란 어떤 분일까?"

"카필라의 왕자님이라고 하니 아마 크샤트리아다운 위엄을 갖추신 분일 거야."

"바라문 가문 출신도 아닌 계층에서 붓다가 탄생하다니 정말일까."

그녀들은 붓다를 만날 시각이 가까워질수록 궁금증과 설레임이 더해갔다.

붓다, 아바로키티슈바라는 으레 바라문 가문에서 출현되는 것으로 전해지고 있었으며, 그녀들도 그렇게 믿고 있었다.

이것은 누구나 같은 생각이었다. 역시 붓다를 직접 만나 보지 않고서는 이해할 수 없는 일이었다. 사실 아바로키티슈바라란 경전이나 말로만 듣고 알았을 뿐이지, 실제로 만나 본 적이 없으니 어떤 사람인지 누구나 궁금한 일이었다.

최연소자인 아지타가 선두에 서서 산에 올랐다.

이따금 산새들이 일행의 앞길을 가로질렀다. 산새의 울음소리가 그치면 주위는 심산유곡 같은 정적에 잠겼다.

붓다는 큰 바위를 등지고 많은 사로몬·사마나들에게 설법하고 있었다. 탄력성 잇는 쩌렁쩌렁한 음성이 청중의 마음속 깊이 스며들고 있었다.

§바바리의 제자 17인의 귀의

붓다의 이마에는 땀이 배어 있었다.

"수행자 여러분,
엄한 육체 고행으로는 불타는 번뇌를 진정시킬 수는 없습니다.
왜냐하면 마음이 오관五官에 붙들려 있기 때문입니다.
엄한 육체 고행을 견디고 있는 인내는 훌륭하지만 마음속에서 일어난 자아는 보다 강한 자기 중심적인 사고방식을 굳혀갈 뿐입니다.
오관五官에 붙들려 번뇌의 두께가 앉은 마음을 청정하게 씻는데는 올바른 심행心行이 필요합니다.
팔정도八正道의 척도를 기준으로 하여 마음과 행위를 수정해야 합니다.
맹목적인 수행은 자아의 온상이 될 수밖에 없습니다.
한편 부유한 환경에서 욕심대로 살고 있는 자도 번뇌에서 이는 욕망의 불꽃을 잠재울 수 없습니다.
고뇌의 생활은 꼬리에 꼬리를 물고 일어나게 마련입니다.
욕망이 충족되면 새로운 욕망이 생겨나고 끝없는 욕망의 윤회가 이어집니다.
흡사 진흙탕에 발목이 잡힌 것과 같으며 거기서 빠져나오려고 발버둥치면 칠수록 수족의 자유를 잃게 됩니다.
해탈의 길은 고행과 안일이란 양극단을 버리고 중도中道에 드는 것입니다."

붓다의 묵직한 목소리는 산야를 건너 전파되어 갔다.

핀기야 일행은 많은 수행자들 뒷자리에 일렬로 앉아서 붓다의 설법을 열심히 듣고 있었다.

"붓다의 몸은 황금빛에 싸여 말할 수 없이 아름답다.
마타레(마이트레야), 너의 눈엔 어때?"

아지타는 옆자리에 앉아서 붓다의 설법을 진지하게 듣고 있는 마이트레야에게 말을 건넸다. 아지타의 말을 들을 필요도 없이 마이트레야에게도 붓다의 얼굴이 겹으로 보였으며 아름다운 후광에 에워싸인 것을 신기하게 바라보고 있었다. 아지타의 말에 퍼뜩 제정신이 돌아온 마이트레야는 아지타의 무릎을 쿡쿡 찌르며 '설법이나 열심히 들어요'하는 눈짓으로 주의했다. 그리고 이내 붓다의 설법 속으로 다시 빠져들고 말았다.

붓다는 그들 일행이 왔다는 것을 이미 알고 있었다. 그래서 붓다는 이따금씩 핀기야 일행 쪽으로 시선을 던지면서 설법하고 있었다. 그들의 복장은 일정한 예복 차림이었다. 한눈에 마하바라문 출신이라는 것이 드러났지만 어디서 온 누구인지는 아무도 몰랐다. 하지만 붓다는 이미 다 알고 있었다.

약 한 시간 반이나 걸린 붓다의 설법이 끝났으므로 핀기야 일행은 붓다 앞으로 나아가 예를 올렸다.

"먼길에 무사히 잘 오셨습니다."

붓다는 얼굴에 미소를 머금은 채 조금 전의 힘차고 굵직한 음성과는 달리 부드럽고 친절한 말로 마중하였다. 일행은 우선 여기서 붓다의 인품을 엿보았다.

붓다는 몽가라자가 붓다의 설법 중에 마하바라문 가문의 입장을 의식하여 주의깊게 듣고 있었던 탓에 먼저 그에게 시선을 던지고 물었다.

"음식 대접을 받고 먹어보지도 않으면서 아무리 요리법을 탐색해 보아야 배는 부르지 않을 것이며, 그저 음식을 눈으로 즐기고 있는데 지나지 않을 것입니다.
바라문 출신은 지知로 알고 있을 뿐 마음의 존엄성은 모르는 것 같군요. 지식은 '실천'이란 행위에 의해서 지혜로 바뀝니다. 그대는 이것을 이해하겠습니까?"

돌연한 질문에 몽가라자는 놀랐다. 자신의 못난 짓을 깨닫고서는 땅에 머리를 대고 두 손을 던지면서 큰 소리로 울음을 터뜨리고 말았다. 뒤에 앉았던 아지타는,

"우리 스승은 두파칠분頭破七分 때문에 괴로워하고 있습니다. 위대한 성선聖仙이시여, 부디 이 괴로움을 해결해 주십시오. 부탁드립니다."

하고 혼자 마음속으로 일념하였다.

"수행자들이여, 여러분은 내가 진짜 슈바라인지를 알고 싶어하고 있습니다. 그래서 진짜 슈바라라면 법을 공부하고 실천해서 제자가 되겠다고 생각하고 있습니다.

사람은 누구나 자신이 직접 배우고 수행한 것을 절대적으로 옳다고 생각하게 마련이지만, 그것은 자기에게만 통하는 것이며 남의 말을 멸시하고 왜소한 자신을 만들어 버릴 뿐입니다."

붓다는 아지타를 보면서 다시 말을 이어갔다.

"그대들의 스승 바바리는 바라문의 세 성전에 통달하여 수신제가한 훌륭한 마하바라문입니다. 그대들은 내가 만일 진짜 슈바라이거든 제자로 입문하여 마음을 공부하고 제각기 자신을 완성하라는 그의 말을 듣고 왔을 터입니다. 바바리는 용기있는 지도자입니다. 너무나 고령高齡이기 때문에 그는 나에게 올 수 없었습니다. 나도 애석하게 생각합니다."

일동은 붓다가 사실을 다 파악하고 있다는 것을 알고 아지타도 그만 울음을 터뜨리고 말았다.

한편 마이트레야는 누구보다도 맨 앞자리에 앉아서 진작부터 붓다의 말 한마디 한마디에 감동하여 가슴에서 치밀어오르는 감정을 억누를 길이 없어서 두 볼엔 눈물이 흥건하였다. 그런 가운데서도 그녀는 이 감격이 어디에서 온다는 것을 벌써 이해하고 있었다. 그녀는 복받쳐오르는 감격이 별안간 걷잡을 수 없는 말이 되어 쏟아졌다.

"붓다, 아바로키티슈바라, 저는 붓다에 귀의합니다.

제발 제자로 거두어 주십시오."

어쩌면 절규같은 부르짖음이었다. 그녀로서는 생전 처음 겪는 체험이었다. 몸은 떨리고 감격은 밀물처럼 덮쳐왔다. 그녀는 위대한 붓다의 광명에 의해서 마음의 문이 열리고 말았다.

아지타는 붓다 앞으로 다가가 붓다를 의심했던 자신의 어리석음을 부끄럽게 여기며,

"용서해 주십시오, 붓다."

하고 붓다의 발 밑에 예배를 올렸다. 그리고,

"저의 스승은 무례한 바라문 수행자로부터 머리가 일곱으로 쪼개진다는 저주를 받고 있습니다. 제발 스승을 구해주시기 바랍니다."

하고 그만 사실을 입에 담고 말았다. 붓다는 아지타의 얼굴을 바라보면서 이렇게 대답했다.

"인간의 무지야말로 두파칠분頭破七分이라는 것을 알아야 합니다. 육체는 무상한 것입니다. 자기 것이면서 자기 것이 아닙니다. 왜냐하면 육체는 어버이로부터 얻은 것이며 언젠가는 다시 돌려주지 않으면 안 되는 것입니다.
이 육체의 오관을 통해서 경험을 풍부하게 하고 마음을 넓고 둥글게 키워가는 것입니다. 하지만 사람들은 이 실상을 모르고 육체 중심의 생활로 말미암아 괴로움을 스스로

만들어 욕망의 포로가 되고 있습니다.

그 누구도 육체를 지니고 실재계로 돌아갈 수는 없습니다. 그럼에도 불구하고 인간은 육체에 집착하여 고뇌를 짓고 맙니다.

그대의 스승 바바리는 바라문교에서 두파칠분頭破七分을 배워서 알고 있었기 때문에 괴로워하고 있습니다.

저주를 받아도 스스로의 마음과 행위가 올바르다면 그 저주는 저주를 건 자에게 되돌아가게 마련입니다.

햇빛이 들지 않는 더러운 그늘에 구더기가 들끓고, 햇빛이 쪼이는 대지에는 아름다운 꽃이 피고 벌과 나비들이 춤을 춥니다. 밝고 깨끗한 곳에 구더기가 붙을 수 있는가요?

벌은 자신의 마음과 행위의 부조화가 만들어 내는 것, 마음과 행위가 중도中道를 지키고 광명으로 충만한 생활을 한다면 되지 못한 수행자의 저주 따위가 무슨 걱정이 되겠습니까.

바바리는 그 저주를 받지 않게 될 것입니다. 비록 상대로부터 걸려 와도 이쪽에서 필요치 않다면 받지 않으면 될 일이니까 말입니다. 그 저주는 이쪽 것이 아니고 상대방의 것이기 때문입니다."

붓다는 여기까지 말을 하고,

"인솔 책임자!"

하고 핀기야를 손가락으로 가리키면서 말했다.

"그대는 스승에게 가서 이 사실을 보고하도록 하여라."

무엇이든지 붓다는 꿰뚫어보고 있었다. 17명의 수행자들은 사슴가죽으로 만든 승의의 오른쪽 어깨를 벗고 붓다의 발밑에 넓죽 엎드렸다.

"바바리의 편안한 생활과 장수를 기도한다…"

붓다는 자애에 넘치는 말로써 그들을 위로했다. 그들의 얼굴을 한참 바라보고 난 뒤 붓다는 말을 이었다.

"바라문의 수행자들이여, 그대들 마음속에 있는 의문을 풀어드리겠소. 사양하지 말고 무엇이든지 질문하세요. 긴장을 풀고 몸을 편안하게 하여 한 사람씩 질문하도록 하세요."

맨먼저 몽가라자가 질문인지 호소인지 모를 아리송한 말을 했다.

"저는 샤캬(석가)족인 분에게 마음 속으로 두 번 질문하였습니다. 하지만 대답해 주지 않았습니다. 세 번째는 대답해 주시리라 믿습니다."

"그대는 말을 할 수 있는 육체가 있지 않습까? 나는 혼자입니다. 많은 질문에 대답하기 위해서는 혼자서 많은 마음을 읽지 않으면 안 됩니다. 말로써 생각하는 바를 알려주는 것이 의사소통의 가장 빠른 방법이 아닐까요? 말이 필요없다면 사회생활에도 불편을 초래할 것이고, 일도 원활하게 돌아가지 않게 될 것입니다. 그렇지 않은가요?"

몽가라자는 얼굴을 붉히면서,

"죄송합니다. 제가 잘못했습니다."

하고 얼굴을 숙였다. 그런 다음 이번에는 또박또박한 어조로 질문했다.

"저 세상과 이 세상, 브라흐만과 인드라 신의 세계에 대해서 고타마님의 가르침을 듣고 싶습니다. 사신死神에게 붙들리지 않게 하기 위해서는 어떻게 하면 좋겠습니까?"

"몽가라자여, 그대는 육체가 전부라고 생각하는가?"

"아닙니다. 그렇게는 생각하지 않습니다."

"그렇다면 육체 이외에 무엇이 있는가?"

"…"

"그대는 바라문 계급으로서 성직의 가문에서 태어나 신들에게 봉사하는 특별한 종족이라고 생각하는가?
태양의 광선은 너희 바라문에게만 비치고 있는 것인가?
육체를 보존하는 환경은 너희 바라문만을 위해서 부여되

고 있는 것인가?
 그렇지는 않을 것이네.
 수드라에게도 베이샤에게도, 크샤트리아에게도 모두 평등하게 부여되고 있는 것이 아닐까?
 대자연은 인간에게 아무 것도 요구하지 않네. 요구하지 않으면서 묵묵히 살아가는 환경을 제공하고 있지. 이 모습이야말로 자비의 나타남일세.
 이런 대자비의 품속에서 인간은 육체를 지니고 살아갈 수 있게 되네. 대자연의 혜택이야말로 자비의 덩어리이지.
 그런데 대자연의 혜택을 창조하고 있는 근본의 의식이야말로 몽가라자여, 공空의 세계, 곧 의식계에 다름 아니네. 즉 마음의 세계이네.
 의식계는 그대의 육체를 부리고 있는 의지의 작용과 마찬가지로 눈에 보이지 않는 고차원의 세계이네. 그 의식과 연관을 맺고 우리의 존재가 가능한 것이지.
 육체를 지배하고 있는 의식, 공空의 세계야말로 실재이고 영원히 변치 않는 자기 자신이네.
 몽가라자여, 잠들었을 때 귀가 열려 있지만 말을 들을 수 있던가. 머리는 말을 기억할 수 있던가. 할 수 없지. 우리의 감각은 육체의 오관을 통해서 작용할 수 있는 것이지만, 육체를 지배하고 있는 의식의 작용이 없다면 감각도 작용할 수 없네.
 육체의 지배자야말로 진짜 자신이네. 브라흐만도 천사들도 의식의 세계, 공空인 실재계에 존재하고 있네.

육체는 이 세상의 자연과 조화를 이루며 존재한다네.

죽음은 육체와의 결별이기에 육체는 무상無常한 것이네.

죽음의 공포를 없애기 위해서는 생과 사의 구별을 없애야 하네.

안眼·이耳·비鼻·설舌·신身·의意의 육근번뇌六根煩惱의 집착이 죽음의 공포가 되고, 생은 이승 뿐이라고 하는 착각 속에 죽음의 두려움이 싹트지.

자아自我라는 위아僞我(거짓의 나)를 버리게. 거짓의 나는 모두 자기 본위이며 남을 돌보지 않는 차가운 마음이네. 삶과 죽음을 초월해야 한다. 삶과 죽음을 초월했을 때 사신死神을 볼리는 없다네.

범천계(브라흐만 세계)는 광명의 세계이고 조화를 이룬, 어디에도 비할 수 없는 지고至高의 세계이네. 실재의 세계는 마음의 넓이에 비례하여 제각기 만들어 낸 세계이네.

오관五官으로 잡을 수 없으니까 존재하지 않는다는 생각은 마치 장님의 어리석은 판단과 같은 것이네."

바라문의 이론가로 알려진 몽가라자도 붓다 앞에서는 꿀먹은 벙어리처럼 입을 다물 수밖에 없었다.

고향을 떠날 때부터 '붓다를 만나면 이 점을 질문해야지'하고 평소에 품고 있었던 의문을 마이트레야가 붓다에게 질문하였다.

"붓다, 마음에 동요가 없고 더러움도 없으며 일체의 욕망에서 초월한 사람이란 어떤 사람을 말합니까?"

붓다는 부드러운 눈길을 그녀에게 쏟으면서 이렇게 대답했다.

 "마이트레야여, 많은 중생이 욕망의 포로가 되어 그 욕망이 채워지지 않으면 불평을 하고, 성내며 험담하고 시기·질투의 마음을 가지지. 자신의 마음을 동요시키고 더럽히며 고뇌의 씨를 뿌린다네.
 중도中道를 깨닫고, 욕망에는 만족으로 이기며, 애욕에는 순결로써 지키고, 심신에서 생기는 욕망을 제거하며, 언제나 편협되지 않은 사념과 행위를 다스리고 사유하여 항상 마음이 평정하면 동요가 일어나지 않아.
 자애를 남에게 베풀고 정도正道의 척도로써 생활하므로 마음이 더러워질 리 없으며, 항상 청정하고 법을 실천하므로 지혜는 풍부하며 일체를 초월하고 있네.
 진성眞性의 인간이란 이렇게 깨달은 사람을 가리키지."

 "예, 잘 알았습니다. 고맙습니다."

 올바른 마음의 척도도 가지지 않은 채 의식 중심으로 신에게 제사를 올리고 있는 바라문교의 사고방식과는 큰 차이가 있다는 것을 안 그녀는 붓다의 가르침이야말로 인간이 마땅히 걸어가야 할 정도라고 생각했다. 그리고 그녀는 붓다의 법을 배우고 실천하여 자기 완성에 정진하리라고 굳게 다짐했다.
 붓다는 일행에게 다시 질문을 재촉했다. 그러자 마이트레야가 손을 들고 두 번째 질문을 했다.

"붓다, 크샤트리아도 바라문도 다 같이 신에게 많은 공양을 해왔습니다. 특히 저희 바라문들은 제사 때마다 많은 공양물을 신에게 바치고 있습니다. 여기에 대해서 가르쳐 주십시오."

그녀의 질문은 푼나가도 궁금하게 여기고 있던 의문이었다.

"저도 같은 의문을 가지고 있었습니다. 많은 바라문, 크샤트리아, 베이샤 등이 신에게 공양을 바쳐왔습니다만 실제로 신은 이런 공양을 좋아하는 것입니까. 그리고 공양의 소원을 들어주시는 것입니까. 혹은 들어주시라고 했던 것입니까. 가르쳐 주십시오."

붓다는 두 사람의 물음에 이렇게 대답했다.

"많은 중생은 자신의 행복을 위해서 신에게 공양을 해왔지. 혹자는 현재의 불행에서 구제받고 싶다, 혹자는 현재의 행복을 그대로 유지해 가고 싶다는 등으로 인간에겐 저마다 소망이 있을걸세.
 하지만 고뇌는 모두 자기 자신의 마음과 행위가 만들어 내고 있다는 것을 명심하지 않으면 안 되네.
 고뇌의 원인을 제거하는 것이 중요한 일이네.
 원인을 제거하지 않는 한 고뇌는 늘 따라다닌다네.
 참다운 공양은 공양물을 신 앞에 차리고 비는 것이 아니야.
 올바른 사념과 행위의 실천이야말로 참다운 공양이야.
 아무리 신을 받들고 찬미한들 욕망을 구하는 공양으로써

는 아무 효험도 없다네. 이익을 추구하고 애욕을 충족시키기 위한 공양이라면 제아무리 열심히 쏟는다 하더라도 그것은 생존에 대한 욕망이요 집착이었지 삶과 죽음을 초월할 수 있는 길은 못 된다네.

이 지상계는 혼자서는 살아갈 수 없네. 타인과의 상호 관계에 의해서 생존이 가능하지. 타인의 도움이 있다는 것을 안다면 자기 중심의 생활을 버리고 거짓이 없는, 남을 살피고 상호 협조하는 인간관계가 중요하다네. 살아 있는 불쌍한 인간에게 공양하는 것이 참다운 공양이라네.

상부상조하는 생활의 실천과 노력이야말로 우리를 살려주고 있는 모든 것에 대한 보은의 행위이며, 이 보은의 행위가 신이 좋아할 가장 큰 공양이 될 것일세."

마이트레야는 붓다의 한마디 한마디를 놓칠세라 가슴 깊이 새겨듣고 있었다. 푼나가가 다시 질문했다.

"많은 중생은 열심히 공양해 왔습니다만 공양에 의해서는 삶과 죽음을 초월할 수 없다는 것을 알았습니다. 그렇다면 삶과 죽음을 초월한 사람이란 어떤 분을 말합니까."

"세상의 모든 것을 알고, 어떠한 현상에 대해서도 동요하지 않으며, 니르바나Nirvana[5]의 경지에 도달하여 거짓의

---

5) **니르바나**: 산스크리트어 निर्वाण. 니르(밖으로, 멀리) 바나(불다, 분출) 로 두 단어가 합쳐져, '불어나간, 꺼진'의 뜻. 즉 탐욕, 분노, 어리석음이 꺼진 상태로 고통에서 벗어난 것을 의미한다.

어두운 마음이 없고 괴로움도 없으며, 만족할 줄 아는 사
람이야말로 삶과 죽음을 초월한 사람이라고 할 수 있지."

"잘 알았습니다."

푼나가는 대답이야 그렇게 하였지만 붓다의 설법이 너무나 명쾌하고 솔직해서 깨달음의 경지를 머리로는 이해하겠는데 가슴속까지는 울려오지 않았다.

때가 되면 이 설법의 무게가 절실히 느껴질 날이 있으리라.

이어서 멧다구가 질문하였다.

"우리의 고뇌는 어디서 생겨납니까. 가르쳐 주십시오."

붓다는 좋은 질문이라며 다음과 같이 설명했다.

"내가 깨달은 그대로 설명하겠네. 지금 여기 모인 여러분들은 저마다 인생의 고뇌를 체험했을 터이지. 인간은 태어날 때부터 고뇌가 따라붙는다고 할 수 있지.
고뇌의 근본 원인은 인생의 목적과 사명을 모른 채 맹목의 인생을 보내고 있는 표면 의식의 위아僞我가 만들어 내는 것이라고 할 수 있다네.
법을 사념과 행위의 지침으로 삼고 생활한다면 위아僞我에 의한 고뇌의 늪에 빠질 리도 없으며, 맹목적인 인생도 보낼 턱이 없을 것이네.
고苦와 락樂의 양극단을 버리고 항상 반성·지관止觀하고 일

체의 집착에서 초월한다면 생로병사의 괴로움에서 해탈할 수 있다네. 고苦는 모든 편협된 사념과 행위가 원인임을 알아야 한다네."

멧다구는 붓다의 최고의 법에 의해서 마음을 바로잡고 행위를 정도에 올려놓음으로써 해탈의 길이 있다는 것을 이해할 수 있었다.

§샘솟는 붓다의 지혜

"올바른 마음 가짐이란 대우주의 변함 없는 운동이 가르치는 대로 좌에도 우에도 기울어지지 않는 중도中道의 법을 말하지.

그 법을 생활에 살리기 위해서는 자신의 사고가 법이라는 중도中道에 따르고 있는가, 아니면 왜곡되었는가를 늘 지관止觀 반성해 볼 필요가 있다네.

그래서 잘못된 사념思念이 마음 속에 도사려 그것이 근본이 되어 사물을 보고 행동하였다면 그 잘못을 수정하여 두 번 다시 잘못을 저지르지 말아야 하지.

중도中道의 생활이란 모든 욕심에서 떠나 대우주의 마음과 하나가 되는 것을 말한다네.

붓다의 깨달음은 대우주의 마음과 일체가 되는 것이네.

중도中道의 사념과 행위는 대우주의 마음을 현현顯現한 깨달음에 의해서 그 때까지 모호했던 고뇌의 원인이 이해되었고 그 고뇌에서 벗어날 수 있었네.

그래서 붓다의 제자나 붓다의 법을 믿는 자는 붓다가 설하는 중도中道의 생활을 실천하는 자들이며, 그러함으로써 생로병사의 미망에서 자신을 구제할 수 있다네."

멧다구는 올바른 생활이 중대하다는 붓다의 설법이 차츰 선명하게 이해되었다. 붓다는 멧다구에게 계속 말을 이어갔다.

"동서남북 어디에 있든 여러 가지 현상이나 집착에 마음이 흔들려서는 안 되네. 또는 거기에 안주하거나 기대어서도 안 되네. 사념을 집중하여 반성과 명상을 게을리하지 않고 수행하는 사로몬·사마나들은 삶과 죽음에서 해탈하여 괴로움과 슬픔을 물리칠 수 있다네.

멧다구여, 여덟 가지의 올바른 도(팔정도八正道)는 일체의 고뇌에서 해탈할 수 있는 가장 빠른 지름길이라는 것을 알아야 한다네."

멧다구는 감격하여,

"붓다의 법을 저는 기꺼이 받아들이겠습니다.
일체의 고뇌에서 해탈한 위대한 성자 붓다야말로 모든 신리神理를 깨달으신 분입니다. 붓다의 법을 듣고 실천한 사람들은 모두 인생의 고뇌에서 해방될 것입니다.
저도 붓다에 귀의하고 법에 귀의하겠습니다. 부디 저를 인도해 주십시오."

하고 목이 잠겨 가슴의 고동을 진정시킬 수가 없었다. 붓다와 17인의 주위에는 사로몬·사마나들이 어느 틈엔가 몰려들어 붓다의 설법을 듣고 있었다. 그 누구도 그 자리를 뜨려고 하지 않았다.

해가 서쪽으로 기울어지며 하늘을 붉게 물들이고 있었다. 해가 지면 공기가 냉각되어 갑자기 한기가 피부를 엄습한다. 누군가가 붓다와 17인 사이에 모닥불을 피웠다.

붉게 타오르는 모닥불을 가운데 두고 붓다는 설법을 계속했다.

"우주의 대법을 신리神理라고 하며 그 신리神理를 깨닫고 실천함으로써 비로소 성자가 되는 거라네.
성자는 욕심이 없으며 자비로 충만하지. 도를 구하는 자에겐 그가 원하는 만큼 자비를 주고 빛을 내려준다네.
성자는 무욕無慾이며 애욕愛慾과 생존에는 집착하지 않는다네. 인생의 그 어떠한 장애에도 인욕忍辱으로 대처하며, 피안에 도달하여 흐트러짐도 의혹도 없지."

"붓다, 고맙습니다."

멧다구는 그만 목이 메어 엉엉 울음을 터뜨리고 말았다. 감동이 오체五體를 흔들었으며 환희의 눈물은 그칠 줄 모르며 그의 마음을 씻어 내렸다.

그의 옆에 앉아 있던 우바시바가 물었다.

"붓다, 부탁입니다. 저는 붓다의 법을 믿습니다. 그러나 저는 혼자서 인생의 격류를 극복할 수는 없으리라고 생각합니다. 무엇을 의지하고 인생 항로 고락苦樂의 격류를 극복할 수 있겠습니까. 그 의지할 바를 가르쳐 주십시오."

붓다는 우바시바에게 시선을 던지며 대답하였다.

"오관五官의 번뇌를 물리치고 모든 일에 사로잡히지 말며, 법을 마음과 행동의 지침으로 삼고 삶의 격류를 헤쳐 나가게. 오관五官에 의한 마음에서 생겨나는 애욕을 끊고 일체의 잡념에서 벗어나 항상 마음과 행동을 청정히 하게."

"오로지 붓다의 법만을 의지하여 고뇌에서 해탈한 사람들은 퇴보하는 일 없이 늘 그 경지에 머물러 있을 수 있는 것입니까?"

"그렇고 말고. 하지만 법을 의지하고 생활하고 있으면 문제 없지만, 그 법이 지식이 되어 행동이 따르지 않고 공전하여 정도正道에서 벗어나게 되면 애써 올라간 산정의 평안도 더 이상 지속할 수 없게 된다네.
 행위가 없는 법은 속계의 먼지를 덮어쓰게 마련이지.
 또한 행위가 없는 법은 언덕 위에서 굴러떨어지는 바퀴처럼 아차 하는 순간에 낙하해 버린다네.
 항상 올바르게 도에 정진하는 노력을 게을리하지 말게."

우바시바는 법의 엄함을 비로소 깨달았다. 법에 귀의한다는 것은 법을 의지하여 자신을 엄하게 다스리고 지관止觀과 선정禪定을 게을리하지 않으며, 법을 생활 속에 살려나가야 한다는 것을 알았다.

"그러면 한번 더 질문드리겠습니다. 법을 의지하여 정진하고 있는 사람은 언제까지나 조화된 마음의 경지를 유지할 수 있으며 자연스레 그대로 해탈할 수 있는 것입니까."

"우바시바여, 육체는 이 대자연 속에서 살아 존재하네. 이 육체도 유년에서 소년으로 성장하고 나아가서 청년·장년·노년으로 노화하여 자연으로 돌아가는 것이지.

그러나 육체를 지배하고 있는 의식은 공의 세계, 실재의 의식계로 돌아가며 언젠가는 연생緣生에 의해서 다시 이 현상계에 전생하게 된다네.

하지만 성자는 의식계와 현상계를 자유로이 왕래할 수 있기 때문에 전생 윤회에서 해탈해 있다네.

우바시바여, 여행을 할 땐 말을 타기도 하고 코끼리 등에 오를 때도 있으며, 배를 타고 강을 건널 때도 있지. 하지만 탈 것이 달라졌다 하더라도 타고 가는 사람은 변함이 없어. 그처럼 육체는 인생 항로의 탈것에 지나지 않는다는 것을 알 필요가 있다네.

해탈에의 길도 법을 의지 삼아 실천하는 생활을 계속해 나가면 자연히 조화되어 참다운 평안의 경지에 도달할 수 있다네.

생로병사의 미망과 고뇌라는 것은 육체를 자기로 보고 영생의 자신을 몰라보기 때문에 일어나는 것이라네."

"잘 알겠습니다."

이번에는 도다카가 질문했다.

"붓다의 말씀을 듣고 그대로 실천하면 저같은 사람도 최고의 경지에 도달할 수 있는 것입니까?"

붓다는 미소를 머금고 대답했다.

"도다카여, 나의 법을 열심히 공부함이 좋을걸세. 올바르게 보고, 올바르게 생각하며, 올바르게 말하고, 올바르게 일하며, 올바르게 생활하고, 올바르게 도에 정진하며, 올바르게 염하고, 올바르게 반성·명상하는 여덟 가지 정도를 지침으로 삼고 자기완성을 이루도록 하게.

법을 실천하여 최고의 깨달음에 도달하면 전 우주의 만물이 모두 자신의 몸이라는 것을 알게 될 것이야. 즉 우주야말로 자신이며 우주는 자신의 마음속에 있다는 것을 알게 된다네.

육체는 우주의 나타남의 축도라는 사실도 알게 될 것이네. 조그마한 오관五官에 의한 인간적 판단으로 고뇌를 지어서는 안 된다네.

최고의 깨달음을 알면 지금 이 육체가 얼마나 하잘것 없는 시궁창보다 더 더러운 것인가를 알게 될 것이네.

우주즉아宇宙即我의 경지로 의식이 확대되었을 때는 일체의 물질적 욕망의 어리석음을 깨달을 수 있다네.

물질적 욕망에는 이것으로 됐다는 한도가 없음에도 불구하고 물질 그 자체에는 한도가 있지. 그 엄청난 간격의 차이를 인간은 이해하려고도 하지 않아.

육체에 집착을 가지는 자는 물질에도 집착하지. 육체에 집착하여도 육체는 언제까지나 살 수 있는 것이 아니야.

이 이치를 깨닫는다면 물질이나 욕망에 번롱당하고 있는

인간의 가여운 모습을 이해할 수 있을걸세. 단단히 법을 공부하여 실천해 보게."

붓다는 한숨을 쉬고 일동을 둘러본 다음 헤마카를 지적하며,

"그대는 의문이 없는가. 무엇이든지 좋으니 질문하게."

하고 말을 던졌다. 헤마카는 자기가 지적당하자 잠시 당혹감을 감추지 못했지만,

"예 붓다, 붓다의 가르침이 감명 깊게 가슴에 와 닿습니다. 지금까지 제가 배워온 가르침은 조상으로부터 전래되어 온 제사였으며 '이전에는 이렇게 했다', '이런 수행이 좋다' 혹은 '장차 이렇게 되리라' 등 남들로부터 들은 이야기가 전부였으며 속알맹이가 없었습니다.

뿐만 아니라 '아무 곳에 있는 대성선은 이렇게 수행하였으니 이럴 경우에는 그런 방법은 어떤가'하고 결국은 논쟁의 씨가 되기 일쑤였습니다.

저는 그런 설법에 항상 의문을 가지고 있었습니다. 그러나 붓다의 가르침은 스스로 깨달은 체험이기 때문에 의문의 여지가 없습니다.

설법하신 가르침을 잘 인식하여 실행하면 고뇌에서 해탈하고 깨달음의 경지에 도달할 수 있다는 것을 확신하였습니다.

진심으로 감사 드립니다."

하고 겸허하게 자신의 소감을 늘어 놓았다.

"헤마카여,
이 현상계의 온갖 움직임에 마음이 흔들리지 말고 욕망과 탐욕을 제거한다면 깨달음의 경지에 들 수 있다네.
이것을 알고 항상 마음의 평안을 누리고 있는 사람들은 혼란한 세상의 온갖 집착에서 해탈한 사람들이라네.
정도正道를 확실하게 마음의 양식으로 삼기 바라네."

붓다는 이렇게 말하고 이번에는 여성인 도데야 바라문에게 질문을 재촉했다. 도데야의 얼굴은 긴 여행으로 햇볕에 그을어 남자인지 여자인지 얼른 분간이 서지 않았다.

여행의 피로를 풀 겨를도 없이 붓다의 설법을 경청하였고, 설법 후엔 둥글게 둘러앉아 붓다의 응답식 가르침을 받았다. 그런데 이상하게도 피로는 도무지 느껴지지가 않았다. 모습은 남자 같았지만 말씨는 지극히 여성적이었다.

"예 붓다, 만일 애욕이 마음 구석에 없고 갈망도 없으며, 항상 정도를 마음의 기둥으로 삼고 마음이 흔들리지 않으며 일체의 고뇌의 원인을 제거하고 있다면 그 사람의 해탈은 어떤 상태입니까."

붓다는 도데야의 질문에 답했다.

"그것이야말로 최고의 해탈이니라."

"최고의 해탈을 이룬 사람은 전혀 욕망에 마음이 흔들리는 일은 없는 것입니까? 지혜의 문은 열려 있는 것입니까?"

"그런 분은 고뇌의 원인이 될 욕망을 결코 품지 않을 걸세. 인간은 누구나 불지佛智를 지니고 있으므로 지혜의 문이 설령 열리지 않고 있다 하더라도 이미 영지를 갖추고 있네. 집착에서 벗어났다는 것은 그 자체가 무욕을 의미하며 애욕에 마음이 유혹당하는 일은 있을 수 없지."

붓다의 부드러운 설명에 그녀는 고개를 끄덕였다. 이어서 도데야의 옆에 앉아 있던 포사라가 질문했다.

"붓다, 물욕이 없고 모든 현상에 사로잡히지 않으면 마음의 안팎이 그야말로 무일물無一物인 사람의 지혜에 대해서 알고 싶습니다."

"붓다는 일체의 인식 활동의 단계를 알고 있으므로 무일물의 경지는 어떻게 이루어지는가도 이해하고 있으며, 일체의 고락苦樂은 마음의 속박에 있다는 것도 알고 있다네.
그러므로 마음 속에서 솟아나는 샘물처럼 지혜가 넘치고 있지.
포사라여, 그런 경지에 이를 수 있도록 수행하게."

"예, 감사합니다."

붓다는 한 사람 한 사람의 질문에 진지하게 응답해 나갔다. 그리고 질문자의 심경에 맞추어 알기 쉽게 대답했다.

그들 일행은 이와 같이 붓다를 만나 그 때까지 경험도 못했고 인식도 못했던 사항들을 모조리 이해할 수 있게 되었으며 긴 여행의 목적이 이루어졌음을 서로 기뻐했다. 스승 바바리가 그들 17인을 선발하여 준 배려와 자비에 대해서 새삼 감사하였다.

만일 선발에서 탈락되어 붓다를 만나지 못했다면 그 때까지 경험 못 했던 기쁨을 결코 체험할 수 없었을 터였으니 말이다.

그들은 바라문을 통해서 서로 도를 구해 온 동지들이었다. 그런만큼 붓다의 설법은 천금의 무게를 지니고 그들의 진심에 전달되어 왔다.

붓다가 한 말은 빛이 되어 그들의 마음을 씻어 주었다. 그리고 그 일언일구는 백만의 말이 되어 마음 속에 확대되어 갔다. 더 이상 붓다에게 질문할 말이 없어졌다. 붓다가 한 말은 씹으면 씹을수록 의미심장한 것이었다.

그들 사이에 정적이 흘렀다. 그러자 바로 그 때였다. 일행 중의 한 사람인 바도라베다가 연방 눈물을 훔쳐 내며 입을 열었다.

"우아한 보금자리 카필라 성을 버리고 일체의 애욕과 욕구를 끊어 인생의 승자가 되었고 지혜의 화신이 된 붓다여, 미로를 헤맨 저희들에게 법등을 밝혀주셨으니 진심으로 감사드립니다.

 저희들은 지금 이 자리에서 붓다의 법에 귀의하고 승단에 귀의하고자 합니다. 제발 거두어 지도해 주시기 부탁드립니다."

그는 이렇게 말하고 붓다에게 합장하여 깊이 고개를 숙였다. 붓다는 그를 보고 조용히 말했다.

"바도라베다여, 인간의 마음의 모양은 오관 번뇌에 미혹당하여 무한히 변화해 마지않는다네.
 욕망의 마음이 생겨나면 그 욕망이 이루어져도 다음의 욕망이 그 마음을 지배하여 평안의 경지에 도달할 수는 없는 것일세.
 올바른 기준을 잃은, 마음이 어두운 자들은 위아僞我가 지어낸 마음의 마魔에 의해서 자신이 지배당하여 고뇌의 인생을 걷게 된다네.
 그대들은 법을 잘 알고 실천하여 물질계의 여러 현상에 집착의 마음을 키우지 않도록 하게.
 생사의 문제에 사로잡혀 애착을 가진 자들은 아직도 집착에서 벗어나지 못한 자들이네.
 욕망으로 마음을 파괴하는 일이 없도록 항상 경계를 게을리해서는 안 되네.
 실천에는 용기가 필요하고 날마다 노력을 쌓아감이 중요한 일이야.
 그리고 보다 풍부한 지혜로써 집착의 뿌리를 제거함이 평안에의 지름길이지."

"고맙습니다, 붓다. 고맙습니다."

바도라베다는 감격으로 몸을 떨고 있었다.

앞사람에 가려 잘 보이지 않는 뒷자리에 앉아 있던 난다가 손을 들어 붓다에게 질문했다.

"붓다, 세상에서 성인이라고 불리는 사람들과 자칭 성자임을 뽐내는 사람들은 많은데 성인이란 지식이 뛰어난 사람을 말하는 것입니까, 아니면 육체 고행을 하고 있는 수행자나 훌륭한 업적을 남긴 사람을 말하는 것입니까."

"난다여, 진짜 성인은 일체의 집착에서 떠난, 욕심도 없고 괴로움도 없으며 아픈 사람의 마음을 달래고 법등을 밝혀 주는 사람을 말한다네.
 학문적 연구로써 얻은 지식으로 무장된 사람들이 생활 속에 위아僞我를 만들고 거짓의 행위를 하고 있으면 그것은 이미 지식일 뿐 행위는 죽고 없으니. 거기에는 참다운 지혜가 없고 논쟁의 씨앗이 뿌려질 따름이네.
 지식이라는 것은 보고 듣는 것으로부터 얻어지는 것이며 대개 외부에서 얻어 들인다네. 그러므로 지식의 범위라는 것은 넓은 듯하지만 실은 좁다네.
 하지만 지혜라는 것은 속에서 우러나는 것이야.
 그러므로 끝없이 샘솟지.
 그 어떠한 사상에도 대처해 나갈 수 있다네.
 세상은 시시각각으로 변화해 마지않는다네.

그 변화에 마음이 빼앗기지 않고 사상을 헤쳐나가는 데 필요한 것은 지식이 아니라 지혜라네.
 지혜는 올바른 행위에 의해서 마음 속에서 샘솟는다네. 중생에게 자비를 베풀고 어두운 인생을 법등으로 밝혀주는 것은 무진장의 지혜라네.
 성인이란 자기를 완성하고 인류에게 법등을 밝혀주는 사람이라네."

"잘 알았습니다. 감사합니다. 그러면 한 가지만 더 묻겠습니다. 바라문의 신분으로 태어난 저희들은 예부터 제사 같은 종교적 행사를 치름으로써 청정하게 된다는 가르침을 받아왔습니다.
 한편으로는 엄한 육체 고행을 함으로써 청정해질 수 있다고 말하는 수행자도 있습니다.
 또한 일부에서는 학문을 닦음으로써 청정해진다고도 말합니다. 과연 이러한 방법으로 생사의 고뇌에서 벗어날 수 있는 것입니까."

"난다여, 그대가 말하는 청정이라는 것에 의해서 깨달음의 경지에 도달한 자는 단 한 사람도 없었느니라.
 타력 신앙으로 신불 앞에 많은 재보와 음식을 공양해 보아야 광명의 길은 열리지 않는다네.
 왜냐하면 이 이상 더 신에게 무엇을 부탁한단 말인가.
 신은 이미 우리에게 필요한 것은 죄다 주고 있지 않은가.

살아가는 데 필요한 대지·물·공기·태양의 광열光熱..
 신의 은총을 받지 못하는 것은 인간이 그것을 받아들일
만한 생활 환경을 만드는 것을 잊었기 때문이지.
 머리만의 지知나 독선적인 행위로써 청정한 마음은 얻어지지 않는다네.
 타력으로써는 생사의 집착에서 절대로 해탈할 수 없다는 것을 알아야 하네.
 출가한 사로몬·사마나 등 모든 수행자들이 다 생사의 속박에 얽매여 있다고는 할 수 없으나, 요는 이 현상계에서 체험한 그릇된 관념·행위·견문 등을 버리고 일체의 욕망을 물리쳐서 마음의 때를 벗긴 사람만이 인생의 험한 파도를 건너갈 수 있네.
 전통·습관·교육 등이 만들어낸 환경 속에서 그것들에 얽매이지 않고 항상 의문과 추궁을 게을리 하지 않으며 용기와 노력 그리고 지혜로 사는 자는 마침내 보편적 신리神理에 도달할 수 있다네."

"붓다, 잘 알았습니다. 의문과 추궁으로써 비로소 신리神理에의 길이 열린다는 그 말씀 명심하여 저도 열심히 정진하겠습니다."

 그들의 질문은 베이샤나 크샤트리아와는 달리 핵심을 건드리는 것이 많았다.
 지식화된 바라문이라고는 하지만 베다나 우파니샤드는 본디 신리神理를 설한 것이었으며, 요는 그 신리神理를 어떻게 자신이 밝히는 교재로 삼는가가 그들에게 남은 과제였으므로, 그 방법을 가르치는 붓다의 일언 일구는 그대로 가슴으로 강도 있게 전달되었다.

종교에는 반드시 벌이라는 것이 따라다니는 것 같다. 이를테면 신의 노여움 따위이다.

이 때문에 인간은 신의 노여움이 두려운 나머지 의문과 도리의 추궁을 포기하고 함부로 신을 숭앙하고 제사 공양하는 일에 부심하고 있다.

바라문교가 화석화된 것도 신의 노여움이라는 것이 오랜 제의祭儀의 역사 속에 홀연히 나타나 그것이 사람에서 사람으로 전해져 내려왔기 때문이다.

바라문교는 본래 브라흐만의 신리神理를 바탕으로 하고 있다.

바라문교란 브라흐만의 가르침이란 뜻이다.

그 바라문의 가르침도 표현이 바뀌고 분장되고 먼지 속에 매몰되고 말았던 것이다.

당시의 바라문교는 오늘날의 불교의 모습으로 비유할 수 있다.

바라문교의 승려들은 브라흐만의 노여움이 두려워 오로지 제의祭儀에 열중하였으며 제의祭儀를 위한 신앙이 되고 말았다.

사라난다는 이 점에 대해서 평소 의문이 많았었다. 그래서 그녀는 붓다에게 이렇게 질문했다.

"바라문교의 지도자들은 제의를 태만히 하면 벌을 받는

다고 가르치고 있는데 신은 정말 벌을 내리는 것입니까.
붓다, 가르쳐 주십시오."

"사라난다여, 그대의 어버이는 건재한가."

붓다는 부드러운 눈길을 던지며 오히려 사라난다에게 반문하였다.

"예, 부모님은 아직 건강하십니다."

"형제는 있는가."

"예, 아우와 언니가 있습니다."

"오늘날까지 그대의 부모님이 그대를 불행하게 하려고 그대를 돌보지 않은 적이 있었던가."

"없었습니다. 언제나 저의 일을 걱정해 주셨습니다. 저를 불행하게 하려는 생각은 티끌만큼도 없었을 것입니다."

"사라난다여, 신이 장님 같은 인생을 체험하고 있는 제 자식에게 벌을 주리라고 생각하는가. 신은 아버지요 어머니라네. 벌은 자신의 마음과 행동에 잘못이 있을 때 자기 자신이 만들어 내는 것이네. 신이 인간에게 벌 따위를 내릴 리가 없다네."

사라난다는 가슴 속에 응어리졌던 의문이 비로소 얼음 녹듯 풀렸다. 신의 노여움이나 신의 벌이라는 것은 이를테면 종교 지도자들이 자기들 형편에 맞추어 멋대로 만들어낸 신도들에 대한 협박이었다. 그들은 자기들의 입장을 굳히기 위해서, 신도들이 등을 돌리는 것을 예방하기 위해서 이러한 협박의 수단을 썼던 것이다. 참으로 비열한 행동이라고 하지 않을 수 없었다.

그녀는 무게 있는 붓다의 설명으로 비로소 신벌神罰의 진상을 이해할 수 있게 되었다.

사라난다의 질문이 끝나자 자토칸닌이 질문했다.

"붓다,
어째서 애욕을 부정합니까.
저는 그것이 궁금합니다."

"애욕은 마음속을 불덩어리로 만들어 인간 본래의 불성佛性을 상실하게 하네. 한번 불이 붙으면 자제심을 잃고 일시적인 쾌락 때문에 도를 그르치기 쉽네.
애욕은 독점욕을 낳고 인간을 욕망의 포로로 만든다네.
이성을 보고 마음이 흔들려도 간통의 죄를 범한 것과 마찬가지지. 그리고 애욕은 마음속에 구름을 끼게 한다네.
마음속의 구름은 광명을 차단하고 고뇌를 지어내지.
그러므로 애욕을 억제하고 애욕에서 벗어남으로써 비로소 마음의 평안을 얻을 수 있네.
하지만 이 때문에 마음 속에 집착을 만들어서는 안 되네.

집착은 응어리가 되어 남으며 언젠가는 현상화되는 것이기 때문이지.
 핵심은 그 원인을 제거하기 위한 용기와 결단이야."

"붓다, 재가在家의 수행자는 애욕 문제를 어떻게 다루어야 합니까."

 이 질문에는 모두들 비상한 관심을 쏟았다. 왜냐하면 그는 바바리의 곁을 떠난 그 날부터 붓다를 만난 그 날까지 오는 도중 내내 일행들과 이 문제에 대해서 논쟁을 거듭해 왔지만 결국 붓다에게 해답을 얻는 길밖에 없다는 결론을 내리고 있었기 때문이다.
 그는 얼굴을 붉히고 붓다의 대답을 기다렸다.

"재가在家에 있어서는 부부의 경영이 소중하네.
 그런 가운데 애욕을 불태우고 마음을 어지럽히는 일은 없을 것이네. 하지만 그 애욕이 제삼자에게까지 발전되면 거기에 미움이 싹트고 질투심이 불타오를 것이네. 그렇게 되면 부부는 저마다 증오와 질투의 독을 마음 속에 품고 고뇌를 만들어 낼 걸세.
 일부일처의 가정에 있어서 만족할 줄 아는 사랑의 생활은 허용된다네. 즉 마음을 통제할 수 있는 이성의 힘이 강한 사람이라면 걱정 없을 것이네.
 한편 출가한 독신의 수행자가 애욕의 포로가 되면 스스로 고뇌라는 욕망에 쫓겨 깨달음의 경지에서 멀어지고 말걸세. 애욕의 체험이 있었다 하더라도 그 무상無常을 깨닫고 잘 반성하여 두 번 다시 같은 잘못을 저지르지 않는다면 마음은 안정되고 평화의 경지를 얻게 된다네."

"붓다, 잘 알았습니다. 애욕은 오관을 통해서 만들어지는 것이며 마음 속에 고뇌의 씨앗을 뿌린다는 것을 알았습니다. 고맙습니다."

자토칸닌의 얼굴은 평정을 되찾았고 자신의 마음 속을 지배하고 있던 이성에의 동경이 차츰 꼬리를 감추는 것을 느꼈다. 다음으로 얼굴이 긴 갓파가 붓다에게 질문하였다.

"붓다, 지금 인생의 항로에서 몹시 어려운 환경에서 고통을 받고 있는 사람들, 그리고 삶과 죽음의 갈림길에서 고뇌하는 사람들을 구제하는 데는 어떻게 하면 좋겠습니까."

"갓파여, 인생의 고뇌의 늪에서 허덕이는 사람들은 왜 고뇌에 빠졌는가 그 원인을 찾아내어 그 고뇌의 뿌리를 뽑아내고, 법을 의지하여 마음의 집착을 팽개치고 일체의 사로잡힘에서 벗어나야 하네. 마음과 행동의 잘못을 수정할 때 비로소 광명에 싸여 마魔의 노예에서 해방될 수 있네."

"붓다, 잘 알았습니다. 정도正道에 정진하고 자신을 완성하여 고뇌에 허덕이는 중생의 마음에 환한 법등을 밝혀 나가도록 노력하겠습니다. 감사합니다."

마지막으로 몸집이 가장 큰 인솔 책임자인 핀기야가 질문하였다.

"저는 이젠 늙어서 눈은 피로하고 귀도 멀어졌습니다. 종래의 수행 방법으로서는 마음의 평안도 얻기 전에 죽고 말 것입니다. 끝도 맺지 못하고 이 세상을 하직하고 싶지는 않습니다. 붓다, 저에게 도를 설해 주십시오."

"오관五官에 사로잡혀 있는 자들은 마음의 본성을 알아야 합니다. 감정에 흐르지 않고 애욕의 늪에 빠지지 않으며, 지식을 코에 걸지 않고 항상 정법을 좇는 이성으로 마음을 조화시키지 않으면 안됩니다. 사념과 행위에 있어서 정도에서 이탈하지 않는 청정한 생활이야말로 보다 풍부한 마음을 길러냅니다.

늙는 것이 괴롭다면 더욱 열심히 법을 실천하여 일체의 욕망을 버리고 마음을 청정하게 해야 합니다. 이런 생활을 계속하면 언젠가는 그대도 깨달음의 피안彼岸에 도달할 것입니다.

그대는 바바리에게 돌아가서 이 사실들을 보고해 드리는 것이 스승에 대한 보은입니다.

바바리는 그대가 돌아오는 날을 큰 고통속에서 학수고대하고 있습니다. 푹 쉬었다가 곧 귀국함이 좋을 것입니다."

"붓다, 법을 실천하겠습니다. 바라문교의 성전은 잘 이해하고 있다고 자부해 왔습니다만 결국은 지식의 학문이었지 실천이 따르지 않는 무용지물임을 알았습니다. 이제야 말로 마음의 위대함을 분명하게 알았습니다. 고국에 돌아가서 스승님께 보고드리고 붓다의 가르침을 단단히 실천하겠습니다. 그리고 붓다의 법을 바라문에게 펴 그들의 마음을 법등으로 밝히고 싶습니다."

"그것이 좋습니다."

붓다는 고개를 끄덕이고 나서 17인을 둘러보면서 이렇게 말끝을 맺었다.

"여러분의 질문도 끝난 것 같습니다. 나의 대답을 하나하나 잘 이해하여 마음의 척도로 삼고 법을 실천하면 생로병사의 고뇌에서 해탈하고 피안彼岸의 깨달음에 도달할 것입니다. 한눈 팔지 말고 공부하기 바랍니다."

붓다와 17인의 바라문과의 대화는 이로써 끝났다. 이 대화 속에는 온갖 인생의 어려운 문제들이 담겨 있었다. 그들은 붓다를 만나기 이전까지는 이 문제들을 해결할 수도 사고思考를 전진시켜 나갈 수조차 없었다. 붓다를 만나 비로소 인간의 마음의 위대성을 실감하였다.

17인은 바바리의 제자 가운데서도 이를테면 엄선된 우수한 제자들이었다. 그런 그들도 바바리의 밑에서는 경전에 쓰여있는 것을 통째로 외는 것밖에 다른 방법이 없었다. 어려운 문제에 부딪치면 서로 경전에 쓰인 것들을 예로 들어 논쟁을 벌이기가 일쑤였다. 그리고 결국은 흐지부지 결론도 내리지 못한 채 인습과 전통 속에 꼬리를 감추어 버리는 것이었다.

지식에 관한 한 그들은 대단한 자부심을 가지고 있었으며 어떠한 수행자가 와도 입씨름에 지는 예가 없었다. 하지만 지금 이렇게 붓다를 만나고 보니 그 지식의 허무하고 무력함을 뼈아프게 느끼지 않을 수 없었다. 마음 속에서 솟아나는 지혜의 위대함에 그들은 눈떴다.

태양은 완전히 서산을 넘어갔고 그리드락터 산 능선과 하늘의 경계선이 보이지 않을 만큼 어둠이 에워쌌다. 붓다와 17인을 따뜻하게 해주는 모닥불이 기세 좋게 타오르고 있었다. 환한 불빛이 모든 얼굴을 붉게 비추고 있었다.

네 사람의 여성의 처우에 대해서 붓다는 잠깐 생각에 잠겼다.

왜냐하면 여성 사로몬의 입단은 석가 교단에서는 허용하지 않고 있었던 일이었으며, 출가자는 모두 남성으로 한정되어 있었기 때문이다.

하지만 네 사람은 과거세부터 깊은 인연을 지니고 있었으며 여성이라는 이유로 이들을 거절할 명분이 없었다. 지조가 견고하고 남성에 결코 뒤지지 않는 자라면 승단의 일원으로 가입시키는 것이야말로 법이 아닌가.

남녀는 법의 그늘에서는 평등하며, 인간 사회는 남녀의 올바른 만남으로써 성립되는 것인 만큼 승단의 운영도 마땅히 그래야만 자연스러운 것이다.

이 생각을 좀더 확대시키면 석가 교단은 출가승으로 성립되어 있지만, 출가는 이를테면 전도자들의 모임이므로 법의 적용이 출가자들에게만 국한되어 재가在家에 미치지 않는다고 한다면 법은 결코 인간 사회에서는 살아남지 못하고 말 것이다.

법은 일부 인간들의 독점물이 아니다. 인류 전체의 것이다.

신神의 것이다.

따라서 법의 적용은 재가在家에 미침으로써 비로소 그 진가가 드러나는 것이며 언젠가는 조화있는 불국토를 기대할 수 있게 되리라. 석가 교단은 붓다의 법을 전 인류에게 침투시키는 소위 첨병으로서 재가의 사회에 법의 씨앗을 뿌려가는 존재이다.

이런 의미에서 남녀의 구별이 있어서는 부자연스러운 일이 될 것이며 지조만 견고하다면 여성의 출가도 인정함이 마땅하리라. 붓다는 네 사람의 여성에 대해서는 바라문의 출가 수행자로서 승단 입단을 허용하기로 했다. 다만 남성의 수행자와는 별도로 수행소에서 생활하도록 지시했다. 이것은 남성과의 사이에 불순한 교섭이 일어나지 않게 하기 위한 배려였다. 그리고 이 네 여성에겐 붓다의 설법을 사전에 대중에게 알리는 역할을 담당하게 하였다.

핀기야를 제외한 16인의 바라문 수행자는 붓다의 법을 소화시키는 것이 빨라서 마이트레야를 선두로 차례차례 아라한의 경지에 도달했다.

며칠 동안의 휴양을 취한 다음 핀기야는 바바리 곁으로 돌아갔다. 그는 스승을 만나자 이렇게 말했다.

"스승님, 진짜 아바로키티슈바라였습니다. 붓다가 틀림없었습니다.

지혜의 덩어리 같은 청정한 붓다는 당신의 체험담으로 깨달음의 길을 설법하셨습니다.

일체의 욕망에서 벗어나 만족함을 알고 집착도 없었으며 거짓말 같은 것은 당장에 꿰뚫어 보았습니다.

마음속은 때가 없었고 오만이란 그림자조차 없었으며 저희들에게는 친절한 말로써 설법해 주셨습니다.

과거·현재·미래를 자유롭게 꿰뚫어 보았으며, 마음 속의 어둠을 몰아내고 공의 세계인 실재계에 노니셨으며, 생과 사의 전생 윤회에서 이미 해탈하여 일체의 고뇌를 끊었으며, 마음은 항상 평화롭고 동요함이 없었으며, 말씀은 그대로 신리神理였습니다. 그 분이야말로 진짜 위대한 붓다였습니다.

붓다는 남의 말을 빌리는 일이 없었으며 늘 붓다 자신의 마음 속에서 솟아나는 신리神理로써 신리神理를 설법하셨습니다.

저도 이제야말로 진실한 정도를 찾은 것 같습니다. 그리하여 마치 메마른 대지가 자우慈雨를 만난 것처럼 마음은 붓다의 법으로 윤택해졌습니다.

붓다의 오체는 엷은 황금색 광명으로 환하게 감싸여 있었습니다. 붓다는 총명과 평화와 정일靜逸로 충만하였으며 자비 그 자체였습니다.

붓다는 저의 마음 속에 어둠을 걷어내 주셨습니다. 그 법등에 의해서 마음은 광명으로 충만하게 되었으며 갈망은 근절하고 일체의 번뇌 재액을 멸각할 수 있게 되었습니다.

 지금까지 체험해 보지 못했던 마음의 평안을 얻게 되었습니다. 이런 기회를 갖게 해주신 스승님의 큰 은혜에 진심으로 감사드립니다."

핀기야는 한 번도 머뭇거림이 없이 단숨에 말을 쏟아냈다.

바바리는 고개를 끄덕이며 묵묵히 핀기야의 보고를 듣고 있었다. 핀기야의 보고를 들으면서 자신도 '좀 더 젊었더라면 그 위대한 붓다를 직접 만날 기회를 가질 수 있었을 텐데.'하고 감개무량한 아쉬움에 잠겼다.

하지만 자신의 뜻은 제자들의 정법 귀의에 의해서 빛을 보게 되었다고 자위하였다.

"핀기야여, 그대는 그 곳에 머물러 돌아오지 말아야 했었구나. 나는 이제 여명이 얼마 남지 않았다. 그리고 그대에게 줄 것이라곤 아무것도 없는 몸…. 비록 보고하라는 분부를 내리긴 하였지만 위대한 붓다 밑에서 수행함이 좋지 않았던가."

"스승님, 그것은 안 될 말씀입니다. 붓다가 설한 법은 직접 저의 마음 속에 뿌리를 내려 그대로 꽃 피웠으며 일체의 집착에서 벗어날 수 있었습니다.

저는 언제든지 붓다를 마음의 눈으로 뵙고 법을 의지하고 있으므로 아무리 멀리 떨어져 있어도 붓다와 통하고 있습니다.

저도 나이가 많아 붓다 곁으로 돌아갈 수는 없습니다만 붓다의 법을 앞으로도 의지 삼아 정진해 나갈 것입니다."

그러자 바바리는 기쁨을 감추지 못하고 그 긴 몸을 굽혀 핀기야의 손을 잡고는 울면서 말했다.

"부디 그 법등을 마음 속에 밝혀 일체의 고뇌에서 해방되어 피안彼岸에 도달하여라. 나도 붓다의 법을 단단히 마음 속에 새겨 열반涅槃의 경지에 들도록 정진하겠다."

"스승님, 붓다의 마음은 신神의 마음 그대로였고 그 태도는 티끌만한 조잡함도 없는 자비 그대로였으며 그 생활은 법 그대로였습니다. 붓다는 모든 현상의 원인과 결과를 깨닫고 있었으며 어떠한 의문도 명쾌하게 풀어주셨습니다.

스승님, 위대한 붓다의 제자가 될 수 있도록 천거해 주신 이 은혜 뼈에 사무칩니다."

핀기야도 바바리의 무릎 밑에 엎드려 흐느끼고 말았다. 바바리도 흐르는 눈물을 닦을 생각도 없이 자기 앞에서 흐느끼고 있는 핀기야를 내려다 보면서 제자의 지성에 감동하고 있었다.

바바리는 갸름하고도 기품이 넘치는 얼굴이었다.

반면 핀기야는 우람한 큰 체구에 박력이 넘치고 있었으므로 두 사람이 함께 있으면 어느 쪽이 스승이고 제자인지 얼른 분간이 서지 않았다.

하지만 바바리는 다년간 많은 제자를 거느렸고 그 지식의 풍부함에 있어서는 타의 추종을 불허하였다.

마음이 온유하여 제자들의 건강과 사소한 일에까지 자상하게 마음을 썼다.

그가 제자들에게 붓다에 귀의할 것을 강도 높게 강조하지 않았더라면 17인도 그의 곁을 떠나지 않았을 것이다.

스승과 제자들의 관계라기보다는 어버이와 자식의 사이 같은 친근감으로 묶여 있었으며, 아무리 작은 일이라도 스승에게 의논하였다.

그러므로 비단 스승에게 돌아온 핀기야 뿐만 아니라 붓다 곁에 남아 있는 16인의 제자들도 고국에 남아 있는 스승 바바리에 대한 사모의 정을 달래면서 수행에 정진하고 있었다.

바바리는 핀기야로부터 법을 전해 듣고 그 법을 마음의 기둥으로 삼아 그 때까지의 인생을 되돌아보면서 잘못이 발견되는 대로 고쳐 나갔다.

그리하여 마침내 깨달음의 경지로 승화해 가는 것이었다.

이 바바리야말로 바라문의 위대한 스승 '아축여래'[6]라고 불리는 바로 그 사람이었던 것이다.

---

6) **아축여래**: 산스크리트어 अक्षोभ्य (악쇼브야). 동방에 선쾌정토(善快淨土)를 세우고 설법하는 부처님

고국에 돌아온 핀기야도 반성과 정진을 거듭한 결과 아라한의 경지에 도달하였다.

그리고 그는 붓다의 법을 바라문에게 펴나갔다.

바라나시의 수행자들은 핀기야가 설하는 법을 마음의 등불로 삼고 차례차례 붓다의 승단에 귀의하였다.

그는 야사와도 서로 연락하면서 카시국에 법등을 켜고 많은 중생을 교화해 나갔다.

(3권으로 이어집니다.)

인간석가 2 위대한 인연   Human Buddha 2

글쓴이   고교신차 高橋信次

옮긴이   김해석 金海錫

편 역   김윤이 金尹伊

발행일   1판   / 1996년 5월 24일 / 미리내

　　　　개정판   / 2025년 11월 28일 / 엘

ⓒ본서는 1996년 미리내 출판사에서 출간된 《인간석가》의 개정판입니다.

펴낸곳

이메일   yuneeyeliz@gmail.com

ISBN   979-11-991744-3-6

가 격   18,000원

책정보